高等学校小学教育专业卓越教师培养系

# 小学德育案例分析


主　编　佟雪峰

副主编　王　珺

王永保



南京大学出版社

**图书在版编目(CIP)数据**

小学德育案例分析 / 佟雪峰主编. — 南京 ：南京大学出版社，2017.7

高等学校小学教育专业卓越教师培养系列教材

ISBN 978 - 7 - 305 - 12903 - 2

Ⅰ. ①小… Ⅱ. ①佟… Ⅲ. ①小学教育—德育—高等学校—教材 Ⅳ. ①G621

中国版本图书馆 CIP 数据核字(2017)第 156541 号

出版发行　南京大学出版社
社　　址　南京市汉口路 22 号　　　邮　编　210093
出 版 人　金鑫荣

丛 书 名　高等学校小学教育专业卓越教师培养系列教材
**书　　名　小学德育案例分析**
主　　编　佟雪峰
责任编辑　罗　凡　钱梦菊　　　编辑热线　025 - 83592146

照　　排　南京南琳图文制作有限公司
印　　刷　常州市武进第三印刷有限公司
开　　本　787×1092　1/16　印张 12.75　字数 280 千
版　　次　2017 年 7 月第 1 版　2017 年 7 月第 1 次印刷
ISBN 978 - 7 - 305 - 12903 - 2
定　　价　32.00 元

网址：http://www.njupco.com
官方微博：http://weibo.com/njupco
微信服务号：NJUyuexue
销售咨询热线：(025) 83594756

---

* 版权所有，侵权必究
* 凡购买南大版图书，如有印装质量问题，请与所购图书销售部门联系调换

# 前　言

“道”通常表示事物运动变化的规律和规则，“德”同“得”，人们认识了“道”，内得于己，外施于人，便被称为“德”。道德与善有关，是认识善、追求善的活动。道德既是社会现象，也是个体现象；既是历史的，也是现实的。道德既是一种约束和规范，也是人类历史实践中积淀和传承的生活智慧，是人为了美好生活而主动选择的生活方式，是关涉何谓美好生活以及如何实现美好生活的实践智慧。因而，道德与实践密切相关，与日常生活密切相关。

德育的核心是道德的代际传承，而道德与人性的关系却很微妙。一方面，道德属性不是内在于人性的，即人的自然本性与道德要求并不具有天然的一致性。许多情况下，道德要求与人的自然本性是冲突的。道德的核心是对人的生物本性的适当约束。另一方面，道德又是符合人性的，人的天性中包含道德的潜在因子。传统儒家文化强调“人性本善”，就是看到了人性之中“善”的基因。性善论虽然夸大了人自然属性中的道德成分，但也表明了儒家文化对人性的乐观主义态度：只要善加教诲，人人都可以“成圣”。

因此，面对复杂的人性，德育需要教师的教育智慧。历史的经验、前人的积淀应该成为教师教育智慧成长的重要借鉴。德育案例作为这种经验或积淀的代表，本身蕴含着丰富的教育价值，是提升教师专业素养和改进德育实践的重要思想资源。

本书围绕着日常生活中的道德事件、德育事件，汇聚了一线教师德育实践的经验或教训、部分媒体关于相关事件的报道或评论、理论研究者的相关理论探讨或反思，以及部分国家或地区的相关文本如关于德育的法规、政策等，并把这些内容按照一定的主题组织起来，目的在于通过多样化、多主体的视角关照当前的德育实践，在某种意义上，这些相关报道、评价、反思以及文本，也算得上是一种“案例”。通过这些案例，希望能够达成三个目标：

印证。通过这些德育案例印证或检验德育理论的根据、来源和实践价值，并为德育理论的学习打下实践基础。传统的德育理论教科书较为关注理论体系的建构与命题系统的周延，相对而言缺乏与实践的密切关联；而且，传统的德育理论还抱有一种对于德育实践的“优越感”，“不仅把教育实践看作教育理论的应用，而且认为教育实践的合理性必须通过教育理论来加以说明"(程亮,2008)。这种所谓的优越感使得德育理论教科书缺乏放下身段与德育实践密切融合的内在动机。因而,传统的德育理论教科书在编写中大多缺少与德育实践密切相关的各种事实或案例的呈现,使得读者或学生乃至教师在使用这些教材或书籍的时候,大多只能进行较为抽象的理论思考或记忆,这种"空对空"的学习或教学很容易导致"头重脚轻根底浅"。

拓展。限于篇幅和课时,一般师范院校包括教育学专业所采用的教育学教材或德育课程教材中,德育理论体系虽然较为完整,但内容相对单薄,既缺乏可操作性较强的德育工作技巧、方法或策略,也缺乏关于德育现实的批判与重构,更缺乏关于道德本身的理性反思。这导致学生关于德育、关于道德的理解较为肤浅,难以全面深刻地认识和把握道德及德育的本质和价值,进而影响其未来的德育理念和德育实践。希望本书提供的相关内容能够在一定程度上拓展当下德育课程或教材的内容,改变德育课程或教材机械、单调、乏味的老面孔。

实践参考。本书尤其希望通过呈现一线教师德育工作的经验、教训以及相关研究者们的理论反思,能够为具体的德育实践工作提供参考。德育虽然不具备自然科学般的规律性,但毕竟人还是具有相似性的,这些经验、教训或反思应该能够为具体且复杂、重复又多变的德育实践提供参考。值得注意的是,德育案例不是教科书,更不是教条。世界上没有两片完全相同的树叶,也没有两个完全相同的学生和场景,教师需要根据学生个体和场景的特殊性,采取既有创造性又有合理性的渠道和方式才可能达成德育的目的。

此外,本书配置二维码,微信扫一扫,即可获得丰富的数字学习资源与服务,主要包括教师资格考试小学德育历年考点与真题、《小学德育纲要》及相关配套资源,同时还设计了"德育交流圈",可实现主题讨论、发帖与评论等在线互动,使得教材更加立体化且具有互动性。

编　者

**2017 年 6 月**

# 目　录

微信扫一扫

✓课件申请
✓教学资源
教师服务入口

✓加入德育交流圈
✓在线讨论互动
学生服务入口

主题一

# 道德与德育的哲学基础

- 道德与法律的异同
- 道德的意蕴
- 道德的起源
- 道德与人的关系
- 德育的价值

## 第一节　道德的内涵及意蕴

德育指的是教育者采取道德的方法，通过恰当的途径和内容培养学生特定思想道德品质的活动。德育是道德传承的重要途径，也是个体道德成长的重要场域。但德育并不具有天然的、不证自明的合理性。对德育及其合理性的理解与批判离不开历史的追溯和哲学的反思，这种理解与批判越是深刻、越是全面，德育理论和实践工作的基础才能越坚实。

能与不能是科学问题，要有事实依据。
准与不准是法律问题，需要制度规范。
该与不该是道德问题，需要人心向往。

## 开篇案例:“常回家看看”立法已两年仍面临执行难[①]

春节将至,外地工作的你是否已买好车票,准备回家看望父母。我国《老年人权益保障法》要求“与老年人分开居住的家庭成员,应当经常看望或者问候老年人”,因此,“常回家看看”不仅是尽孝之道,更成为法定义务。

那么,对于不常回家的子女,父母们是否真的将他们诉至法庭?记者从越秀区法院获悉,“常回家看看”入法两年来,虽然很多老人在庭审时都表达出希望子女多看望的想法,但很少有人在起诉书中明确要求子女“常回家看看”,老年人与子女的纠纷多集中于赡养费。而且,用法律强行约束子女探望父母,亲情也会打折扣,还面临着执行难的问题,在司法实践中多以调解为主。

记者从越秀区法院了解到,从2013年7月1日至今,越秀法院共受理赡养类纠纷案9起,审结的8起纠纷案中,有4起案件原告的诉求中包含要求作为被告的子女履行探视义务、对父母多加关心照料,其他部分老人也在开庭时表达了希望子女探视的愿望,但并没有正式提出诉讼请求。

在越秀区法院审理的几件案件中,均是因父母儿女矛盾尖锐而诉至法院,为了防止矛盾激化,法官更多的是劝导双方调解或撤诉。老人在诉讼请求中还有一些比较特别的请求,比如要求子女将自己从养老院接回同住等,由于这些请求不属于法院受案范围,因此一般都无法受理。

法官表示,案件的调解和撤诉都是在法官的主持并引导下进行的,法官之所以尽力引导该类案件向调解、撤诉发展,是因为赡养纠纷中除了涉及赡养费的给付问题外,还涉及子女对父母的探视问题。

法官认为,法律与道德调处的范围有相同之处,但也有不同的领域,虽然法律规定法院在审理赡养纠纷案件时可以一并处理探视的问题,但这毕竟属于一种人身权利,法律也不能强行支配子女的人身自由,使其履行探望的义务。

此外,子女赡养、照顾探望父母的行为蕴含着道德所要求的“孝”这个中华民族的美好品质,如果运用法律的强制性去强行约束子女,用一纸判决去规范子女遵守孝道探望父母,这种履行判决书式的探望已经变质,亲情就没有了实质意义。

最后,要求子女履行探视义务的判决存在执行难的问题。司法实践中,执行法官也只能约定一个地方让双方见面沟通,无法达到父母想子女“回家看看”的期望,这种执行方式无疑增加了法院的负担。因此,在面对赡养纠纷案件,法院注重双方能协商一致、调解和好,尽量和谐地解决家庭纠纷。

(来源:广州日报)

---

① http://news.xinhuanet.com/edu/2015-01/28/c_127430024.htm.2015-01-28

**思考：**“常回家看看”应不应该立法？立法后的可能后果有哪些？道德和法律究竟有何不同？

## 一、道德概念解析

“道德”一词在汉语中是道和德组合构成的一个合成词。在中国古典文化中，“道”通常表示事物运动变化的规律和规则，又被赋予社会理想或道德理想等意义。“德”同“得”，是个体在实践中成就的一种内在品格，通常指人的善行、善念。人们认识了“道”，内得于己，外施于人，便被称为“德”。日常生活中，道德既可以指调整人们之间的相互关系的行为准则和规范，也可以指人的思想品质或德行修养，有时也指对人们行为的善恶评价。

关于道德的一个常见疑问就是，同样都是对人的规范或约束，有了法律为什么还要有道德？

法律和道德都是人的行为规范，二者的出发点有着根本的不同。法律有一个预设前提：人性需要规制，是从保护人权、防止侵权的角度做出限定；道德则是一种教化，设定了“人人皆可以为尧舜”，人性是可以培养的，是从人可以自愿行善的视角出发的。法律是一种强制规范，道德是一种自觉履行，二者分别从外在要求与内在需要两个向度对人的行为进行规约。[①]

换句话说，法律基于人性恶，而道德基于人性善。东西方文化的重要区别之一就是西方文化重视法律，东方重视道德。根源在于东西方关于人性的假设不同，西方文化基本上是以人性本恶作为人性预设，相较而言儒家文化基本上认为人性本善。儒家文化相信人性本善，希望借由道德把人性的美好发扬光大；西方文化认为人生而有罪，需要用法律克制以获得救赎。

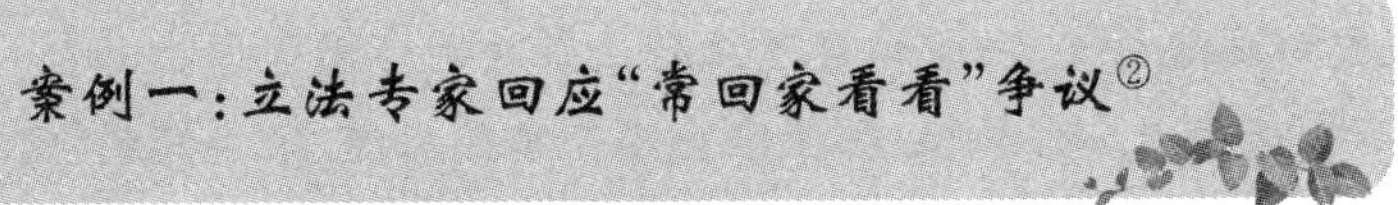

### 案例一：立法专家回应“常回家看看”争议[②]

新华社北京7月5日电（记者　霍小光　崔清新）修改后的老年人权益保障法（2013年）7月1日实施以来，社会各界对“常回家看看”条款的法律和道德界限、实践中可操作性、落实探亲假等问题持续关注，记者联系到全程参与这部法律修改的山东大学法学院教授肖金明，对社会关切，甚至是一些争议做出了回应。

---

① 高国希. 道德哲学[M]. 上海：复旦大学出版社，2005：162.

② http://news.xinhuanet.com/mrdx/2013－07/06/c_132517807.htm. 2013－07－06.

问：有人认为"常回家看看"是属道德范畴的内容，不宜用法律规范，您怎么看？

答：全国人大常委会去年年底审议通过了修改后的老年人权益保障法，该法自今年7月1日起正式实施。其中第18条规定："家庭成员应当关心老年人的精神需求，不得忽视、冷落老年人。与老年人分开居住的家庭成员，应当经常看望或者问候老年人。用人单位应当按照国家有关规定保障赡养人探亲休假的权利。"

立法起草过程中，不少人就认为子女常回家看看是道德范畴的事情，不应该用法律来调整。我国目前处于社会转型期，无论家庭道德、社会道德还是伦理道德的作用力都出现下降，用法律来调整社会伦理是不得已的做法。这样规定是希望用法律来支持道德，不存在法律对道德领域的强行介入。

另外，我国有很多法律涉及道德方面，例如很多地方在尝试见义勇为立法、慈善立法、志愿服务立法等。也有不少国家的法律都有类似精神赡养的条款。所以法律和道德的关系不可能决然分开，会出现法律和道德同时发挥作用的情况。

当前，我国人口老龄化与少子化和家庭小型化并存，加上人口大规模流动，空巢老人越来越多，老年人的精神需求得不到关心的问题日益凸显，老年人权益保障法第18条的规定反映了广大老年人的心声和时代的要求。

问：江苏无锡的法院1日依据"常回家看看"条款进行了首例判决，引发社会对该条款可执行性的讨论，今后是否会引发这类诉讼的"井喷"？

答：无锡一个区级法院在该法生效之日做出首个精神赡养判决具有一定的意义。首先在法院审判过程中对"常回家看看"的"常"怎么理解是据当地情况和社会常理做出判决的；其次这个案例会促使每个赡养人认真对待条款以及背后所反映出来厚重的道德诉求。但实际上通过司法方式实施该条款不是立法的本意，现实生活中父母状告子女的情况也不多。

社会上对"不常回家看看怎么处罚"的疑问，实际上是把法律条款的可操作性与可诉性、可制裁性两个概念混淆了。可操作性包含的内容除了可诉性、可制裁性外，还包括评判是非、行政问责、调处家庭纠纷等重要原则。社会立法中很多条款不具有可诉性、可制裁性，而侧重于鼓励、倡导、保障。如果能督促政府和社会履行应有的责任，能促使家庭更好地履行义务，就体现了社会法条款的可操作性。

问：有人认为因工作繁忙、探亲假难休等客观原因，很难做到"常回家看看"，法律这样规定是否欠考虑？

答："常回家看看"属于倡导性条款。实际上，经常问候是满足老年人精神需求的主要形式。有条件能常回家看看当然好，条款是将"看看"与"问候"并列，中间用了"或者"。是说即使回不了家，打电话、发短信、写信问候也可以达到这样的效果。问题是现实生活中不少人连"经常问候老年人"都做不到。

另外，家庭的精神赡养是满足老年人精神需求的最好途径，但并不是说政府与社会在"常回家看看"方面没有责任。这部法中提到用人单位有责任认真执行国家有关探亲休假制度也是"常回家看看"条款的应有之意。有人主张调整、延长公休假，增扩休假主

体，保障探亲假的真正落实等是可行的。对政府而言，建立和完善国家支持家庭养老制度，出台相关政策支持老年人宜居环境建设、规划亲情住宅，是对“常回家看看”条款更具实效性的做法。

道德与法律的不同之一就在于二者的范围和调整的对象不同，相对而言，法律调整的范围比道德要小得多，许多问题都不属于法律调整的范围，比如许多家庭与爱情纠葛。“子女常回家看看”究竟是必须还是应该？如果是必须，那就需要立法来加以规范，如果是应该，那就属于道德的范畴。

道德对人们的行为要求比法律高得多，如果把本属于“应该”的要求纳入立法的范畴，看起来好像更容易操作、更容易执行、更容易短期内见效，但这种做法可能会降低人的道德自豪感、打击人的道德自尊心。子女“常回家看看”体现了子女的亲情、也是子女道德自尊和自豪感的重要来源，但如果把“常回家看看”纳入法律，“常回家看看”不过是履行了法律的义务，那么，子女的道德自尊和自豪感又何处安放呢？

**思考**：立法者很清楚“常回家看看”属于道德范畴，为什么要把这一条款纳入法律范畴？有何现实考量？

你会遵守“常回家看看”这条法律规定吗？回家看看的时候你的心情会是怎样的？

道德的价值与意义何在？

## 二、道德的三层意蕴

道德既是社会现象，也是个体现象；既是历史的，又是现实的。对道德的内涵和意义可以做多个层面的理解。首先，从个体的角度看，道德首先意味着一种约束和规范；其次，道德是人类历史实践中积淀和传承的生活智慧，是为了美好生活而主动选择的生活方式；第三，道德是人性自我证明的基本方式。

1. 道德首先是一种约束和规范

对于特定的个体而言，道德作为一种先在的、原初性的存在，首先意味着一种规范和约束。没有人生下来就具有品德。对于一个新生的个体而言，人更多的是生物学意义上的存在，各种本能、欲望与其他动物基本并无二致。但这种生物学意义上的存在与其他动物的最大不同，在于他必须与其他人类个体结成群体，必须被接纳为特定群体或社会的成员才能够生存和成长，而群体或社会必然需要对个体的言行进行必要的约束。如果说成年个体可能已经把这种约束视为当然和自然，那么，对于年幼的个体而言，这种当然和自然可能会被体验为一种约束和规范。

道德的这种约束的特点在现代社会表现得尤为明显。由启蒙运动所肇始的理性、自由、权利的观念使得"个体主义"流行，个人的自由、权利受到尊重和保护，个人的欲望，尤其是物质方面的欲望也得以合理化、膨胀化，为了维系社会就必须对个体进行起码的约束。"由于现代道德已经被看作是维护社会生活的最小要求，因此那些要求就被认为是每个人都必须严格服从，而且，在满足那个条件的情况下，每个人都可以去自由地追求他理性地认同的生活观念。密尔和康德都从不同的角度强调说，一个道德上像样的生活必须以不违背和侵犯他人的自由和权利为前提。"①现代道德的核心概念是"义务"、"责任"和"规则"等，在许多人看来，这本质上带有惩罚性或纠正性倾向，从某种意义上说的确如此。

2. 道德是一种人特有的生活方式

道德是人类在长期的社会历史实践中积淀和传承的生活智慧，是人为了幸福的生活而进行的主动的自我约束。

如果仅仅把道德理解为一种约束和规范，那么，人与动物的区别就不值得我们骄傲了。动物无疑也有其约束和规范，尽管是无意识的。区别在于道德这种约束是人为了生存和发展以及实现美好生活理想而进行的一种主动选择。"人性使我们每个人在追求自己的幸福或生活理想时都不是自我充分的，人类的生存条件使我们在追求自己的自我利益时必然会发生冲突。所以，为了在现实的人类条件下能够顺利地追求我们自己的幸福或生活理想，我们就必须遵守和服从某些共同认识到的规则，按照这些规则来引导我们的行动。……道德的目标就是要创造一个繁荣昌盛的人类共同体。"②

按照亚里士多德等人的观点，一个成熟的、具有理性的人会自然地对道德的观点产生兴趣，因为那就使一个人幸福和完善的自然要求。正如密尔所言，德性本身不是可欲的，只有在它与幸福相关联时，它才是可欲的。道德正是幸福生活的要件之一。虽然关于幸福的理解各不相同，但毫无异问的是，幸福离不开其他的人类个体，幸福总是在一定的群体关系中实现的。与他人建立恰当的关系是幸福的前提，而只有通过道德这种自我约束才能构建起这种恰当的关系。

3. 道德是一种自我确证的方式

"仔细推敲'人'这个概念中所包含的含义，我们可以看到道德品性可以说是最重要的因素。因而，人类无论是类还是个体，总是要不断地确证自己是一个有道德的动物，是一种不同于别的动物的动物，以此来证明自己是人而不是禽兽。"③和其他动物一样，人也有着各种各样的欲望和冲动，康德称之为"倾向"，这些倾向体现了人性中的动物性方面。正是在这个意义上，康德把美德定义为理性和意志对欲望和冲动的控制。康德认为，人的尊严就在于人能够是自主的和自由的——人必须自己来选择和决定自己的

① 徐向东. 自我、他人与道德[M]. 北京：商务印书馆，2007：510.

② 徐向东. 自我、他人与道德[M]. 北京：商务印书馆，2007：181.

③ 张传有. 伦理学引论[M]. 北京：人民出版社，2006：53.

生活方式。道德证明人了的理性和意志,使得人在各种各样的动物性的欲望和冲动面前保有一份自由,也确证了人之为人的尊严。在这个意义上,道德是个体乃至人类证明自己人性、获得自我认可的基本方式。

## 案例二:"横渠四句"为何至今令人崇尚?①

张载是北宋著名思想家、教育家,是理学创始人之一。他是凤翔郿县横渠镇人,所以世称横渠先生。宋神宗二年,张载出任崇文院校书。时值王安石变法,很希望得到张载支持。张载注重"外王",也主张经世致用,并不反对变法,但提出不能"教玉人追琢",于是与王安石"语多不合"。后因其弟张晋反对变法获罪,张载便辞职回乡,以讲学著书为生,"躬行礼教"倡道于关中。

张载有四句名言:"为天地立心,为生民立命,为往圣继绝学,为万世开太平",原本只是表达儒家学者的境界和理学的哲思。但他将儒家学者的历史使命和社会责任讲得如此天经地义,而且高于古来"士子"身份地位,自视为"玉人",可谓一种独立意识的觉醒,这在中国文化史上是破天荒的。

这四句话经过后来的传扬和诠释,被现代学者概括推崇为"横渠四句",便成为中国知识分子的自觉意识的表达,实际上是对知识分子的历史使命、社会担当和身份地位、人格尊严的最清醒宏达的表述。

人们对于"横渠四句"意义的理解,其实是随着时代的变迁和思想的进化而演变的。比如何谓"为天地立心",最初是拘泥于儒家和理学,就是仁者之心、圣人之心,如马一浮所说的:"学者之事,莫要于识仁求仁,好仁恶不仁,能如此,乃是为天地立心。"

但是后来冯友兰的解释显然就具有现代意识。他说,宋朝有一个无名诗人,在客店的墙上题了两句诗:"天不生仲尼,万古长如夜。"这是以孔子为人类文化的代表。天地是自然的产物,文化则是烛照人心的。这实际上就是说,知识分子是人类文化的承载者,他们的历史使命,就是创造和传承文化,也就是为天地"立心"。

再如,"为生民立命",过去解释直接源于孟子的"立命"的思想。《孟子·尽心上》说:"尽其心者,知其性也。知其性,则知天矣。存其心,养其性,所以事天也。夭寿不二,修身以俟之,所以立命也。"意思是通过修身致教,保持自己的性体全德,那么作为一个生命个体,就可以说已经安身立命了。

冯友兰先生解释,儒家所谓"命",是指人在宇宙间所遭遇的幸或不幸,认为这是人所不能自主的。所谓"修身以俟之",就是既然个人不能控制,那就顺其自然,做个人所应该做的事,让人的精神境界达到应有的高度。这也就是说,知识分子的社会责任,就

① http://news.163.com/16/0603/00/BOJJ6DEV00014AEE.html. 2016-06-03.

是以思想启蒙人，以文化人，让人的行为和精神达到较高的文明程度。

“为往圣继绝学”，所说的“往圣”，宋儒当然是指孔子、孟子所代表的先儒；“绝学”则是所弘扬之道学。其实在我们今天看来，完全可以泛指对传统文化精粹的弘扬。而“为万世开太平”，所表达的也不再是宋儒的永恒政治理想和张载《西铭》描述的文化理想，而是现代人所追求的公道正义的社会理想和人类精神家园。

（作者：曹宗国）

**评析：**斯宾诺莎说过“道德基础不是别的，而是人类自我保存的努力。”从道德发生学意义上讲，道德的目的有二：其一，调节个体之间的关系，维持社会的稳定，以利于社会的生存和发展；其二，为个体和社会的发展提供精神动力和方向，促进个体和社会精神世界的完善。

作为传统文化主流和代表的儒家文化，在道德方面具有明显的精英主义倾向，推崇只讲义务、不讲权利的美德。儒家文化基于对人以及道德的理解，把道德看作是人之为人的基本点，把履行道德义务看作是“义”，进而把“义”看作是君子与小人的基本差异，“君子喻予义，小人喻于利。”造成了儒家文化不言利、耻于言利的传统，进一步发展成为不仅不言物质利益，而且也不顾及个人其他权利的状况。“正其谊不谋其利；明其道不计其功。”在对待国家、民族的问题上，儒家始终把无我、忘我作为道德修养的最高境界，把那些完全不顾及自己的利益，为国家、为民族无私奉献的人奉为道德英雄。“先天下之忧而忧，后天下之乐而乐”成为儒家文化理想人格的最好写照。“民胞物与”、“厚德载物”也一直是儒家道德修养孜孜以求的境界。

“儒家伦理学对人的心理感召力是巨大的，千百年来造就了千千万万‘先天下之忧而忧’的道德英雄人物，在这个意义上，我们甚至可以不夸张地说，是儒家的思想及其所倡导的内心激励机制在支撑着我们的民族和历史。”[①]

idea

**思考：**“内圣外王”是儒家的理想，家国情怀是君子的底色，儒家的这种道德中心主义的、带有某种浪漫主义色彩的精神追求深刻地影响着中国传统文化和中国人的精神世界。

儒家传统思想中包含有道德理想主义的成分，道德理想主义与个人的道德自觉和道德自豪感的关系如何？

① 王云萍. 道德心理学：儒家与基督教之比较分析[J]. 道德与文明，2002(3).

## 争鸣：道德是在压抑人性，还是在提升人性？①

**导语：**以内圣外王、家国情怀为代表的道德要求远离人的日常生活，加之自汉代董仲舒提出“罢黜百家、独尊儒术”开始的道德政治化进程，道德越来越成为束缚人的工具。鲁迅先生甚至称之为“吃人”。那么，道德究竟是在压抑人性还是在提升人性？

“人性”绝不能简单地等同于“人的自然本性”，“人性”事实上应当是“人的属性”，是人之所以为人所应当具备的基本属性的总称。换句话说，就是只要是“人”就应当具有这些属性，否则就不是人。那么，“人”到底应当具有哪些属性呢？人的属性应当包括两个方面：即人的自然属性和社会属性。前者表达的是人作为动物而存在的自然本性，后者表达的是人作为社会的存在的内在本质。可见，人性是具有二重性的，如果人性中不包含人的自然本性，那么人就丧失了其存在的生物基础；但是如果人性中不包含人存在的社会本质，那么人就成了与动物没有实质性区别的存在，因而也就不再成其为“人”的存在。

人性的二重性告诉我们，人是动物，又不是动物。人的自然属性反映的就是所有动物所具有的生物本能。但人又毕竟是“人”而不是动物，其原因就在于人除了具有其自然属性所反映出来的“动物本性”以外，还具有其社会属性所体现出来的人的“本质”。人的本质的形成取决于后天的教化，是人们在社会生活中通过自我认知和环境教化而赋予自己的作为“人”的存在的内在规定性。这种规定性使得人们懂得了“人伦之理”和“为人之道”，拥有了作为人的存在的“为人之德”。而正是这种“德性”的赋予最终帮助人类超越了动物，使人的存在不再完全受制于动物本性的支配。

假如在个体人性构成的两个组成部分中，人作为动物性存在的某些“兽性”在一个人的人性构成中占据了几乎所有的空间，而真正能够体现这个人作为人的存在的本质的因子非常少，那么，这种人的人格境界是最低的，我们通常将这种人称之为“禽兽”。

假如在个体人性构成的两个组成部分中，人作为动物性存在的某些“兽性”在一个人的人性构成中处于明显的优势状态，而真正能够体现这个人作为人的存在的本质部分却处于一种相对劣势的状态，那么，这种人的人格境界就是古人所说的“小人”。

假如在个体人性构成的两个组成部分中，人的自然属性所反映出来的“兽性”和人的社会性本质处于一种均衡态势，那么，这种人的人格境界就是我们通常所说的“凡夫俗子”。由于其人性构成的特点，“凡夫俗子”对于做人的基本原则非常明了，所以他们做人本分、老实，主张通过诚实劳动来获取自己的物质需要，奉行“一分劳动，一分收获”，一般不会通过不正当的方式来为自己谋取利益。但是，“凡夫俗子”人性构成的特

① 邹顺康. 道德：是在压抑人性，还是在提升人性？[J]. 道德与文明，2005(6).

点又决定了虽然他们一般不会以损人利己的方式来获取自我利益，但你若要期望他们能够有大公无私、舍己利他、无私奉献的精神往往又是不大可能的。

假如在个体人性的构成中，一个人通过后天的社会教化以及自我修养不断地克服自我人性的弱点，从而使得自己的人性构成中社会性的本质占据了绝大部分空间，那么，这种人的人格境界就是我们通常所说的“君子”。“君子”的特点在于：就人的自然本性而言，“君子”也爱财，但由于在“君子”的人性构成中，社会性的本质处于支配和主导地位，因此，他们主张“君子爱财，取之有道”。也就是说，“君子”的行为虽然有受本性欲望驱使的一面，但“君子”却并不完全受本性欲望所控制。

假如在个体人性构成的两个组成部分中，一个人通过对自我人性弱点的超越使得人的社会性存在的本质在自我的人性构成中成了占据决定性主导地位的力量，那么这种人的人格境界就是我们通常所说的“圣人”。“圣人”最大的特点是他能够克服人性的弱点，让人类的理性精神主宰自己的灵魂和躯体。

在道德与人性的关系上，我们必须认识到，道德的束缚和限制并不是要消极地消除人们正常的各种欲求，而是主张这些欲求应当有一个正当合理的满足方式，从而“使自己的物与心、灵与肉、形与神、理与欲等诸多方面达到协调，使物制于心，肉摄于灵，形统于神，欲合于理，使人身有所适，魂有所系，心有所安”。道德并不是要消灭人的自然本性，消灭人的自然本性既不现实也不可能，因为消灭了人的自然本性就是消灭了人本身。道德的要求作为人的社会属性的体现，它不过是希望人的这些本性与本能有一种正当的实现和满足方式而已，从而体现出“人”与“兽”的区别。这种方式一是在正常情况下的“以德畅欲”。“德”者，应当之方式也，“畅”者，顺通而达者也。“以德畅欲”就是主张人应当以一种正当的方式来实现和满足自己的各种本性欲望。

道德本然的定位并不是要压抑人性，恰恰相反，道德自始至终都是立足于提升和完善人性。在人类历史上，道德的确有走向人性的反面的情况，而这不过是由于我们将道德绝对化、制度化和虚无化后所致。

抛开传统儒家文化的理想主义和浪漫主义成分，现实生活中道德与人的关系需要面对三大问题：①

第一，道德与生活孰重孰轻？是道德重于生活还是生活重于道德？第二，对于个人来说，道德是自主的选择，还是不得不服从的外在要求？第三，道德是为了个人还是为了社会？

首先，生活对于道德具有价值优先性，道德作为对于人的要求.就是为了生命更有意义、为了生活更为幸福。真正的幸福必定包含着道德的实现，而真正的道德必定是促进幸福的。

其次，独立人格是道德的基石。一个社会如果不把自主自决看作是“人”的基本品

① 崔宜明著.道德哲学引论[M].上海：上海人民出版社，2006：12－16.

格，这样的社会就是一个幼稚的社会；一个社会如果压迫和摧残人的自主自决，这样的社会就是一个不道德的社会。

再次，关于人与社会的关系，用一句通俗的话来表达，就是“人人为我，我为人人”。社会应尊重个人的权利，维护每个人自我实现的同等权利。个人作为社会的主体应当尊重和维护社会的普遍规范，把社会的普遍规范当自我的内在要求去维护。

**思考：**道德是为了个体还是为了社会？德育是为了学生还是为了管理？

## 第二节 道德的功能

道德之所以是一个重要的社会现象，是因为道德对于人类社会而言具有极其重要的功能与价值。这种价值既包括了对人类生存的维系作用，使得人类在漫长的进化和残酷的生存竞争中得以存留；也包括对人类社会繁荣和完善的促进作用，这种作用使得人类不断约束自己的生物本性，使得人类社会不断趋近人类的理想状态。同时这种价值也应该包括道德对个体的价值，比如生存技能的改善和心理幸福感的获得。

### 一、道德的教化职能

道德的教化职能，是指道德通过造就社会舆论、形成道德风尚、树立道德榜样、塑造理想人格等方式影响人们的道德观念和道德行为，进而培养人们的道德习惯和道德品质的作用。道德教化的重大意在于，它能够启迪人们的道德觉悟，培养人们道德上的自觉性和主动性。①

下面列举的传统道德故事中的许多个在民间广泛流传，影响了一代又一代的中国人。

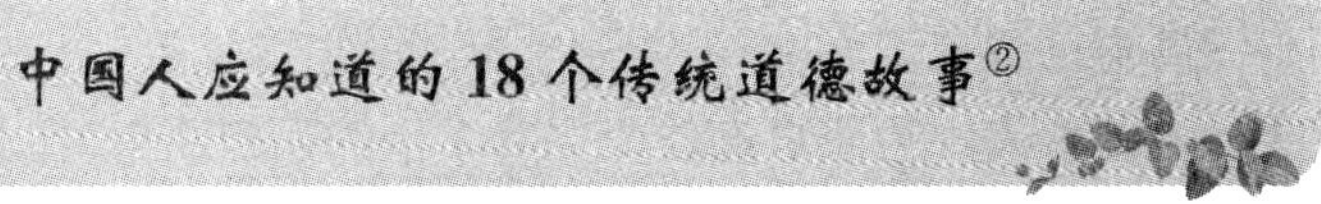

**中国人应知道的18个传统道德故事②**

孔融让梨。孔融是东汉末年著名的文学家。他年幼时，每次和哥哥一起吃梨总是

① 唐凯麟等编著. 伦理学刚要[M]. 长沙：湖南人民出版社，1985：54.

② http://news.163.com/14/0912/01/A5TFR8GT00014AED.html. 2014-09-12.

拿一个最小的。父亲问他原因,他说:"我是弟弟,年龄最小,应该吃小的。"后来,"孔融让梨"成为团结友爱的典范。

曾子避席。曾子是孔子的弟子,有一次孔子要向他传授高深的理论,曾子本来坐着,听了便从席子上站起来,走到席子外面站立,表达了他对老师的充分尊重。

三顾茅庐。东汉末年,刘备为求诸葛亮出山辅佐自己,三次到其住处请他,最后才等到诸葛亮。"三顾茅庐"后来成为形容求贤若渴的著名典故。

程门立雪。宋代时,程颐的学生杨时、游酢某次一同前往程颐家求教问题。来到老师家时却发现程颐睡着了。他们不忍打搅,就静静地侍立门外等候。当时天寒大雪,当老师醒来时他们的脚下已积雪一尺深。"程门立雪"后来成为广为流传的尊师典范。

张良拜师。张良在成为刘邦军师以前,有一天在桥上散步,碰到一个老人故意把鞋子掉到桥下,让张良把鞋捡起来给他穿上。张良照做后,老人高兴地称他孺子可教,并给他一本《太公兵法》。张良仔细研读,终于成为一代军师。这个故事后来成为尊敬老人的典故。

千里送鹅毛。唐朝时,云南一少数民族的首领派特使缅伯高向太宗贡献天鹅。在路上,缅伯高不小心让天鹅飞走了,只剩几根鹅毛。到长安后,缅伯高拜见唐太宗,奉上鹅毛并附诗"礼轻情意重,千里送鹅毛"。这个典故比喻礼物单薄,情意却异常浓厚。

管鲍之交。春秋时,鲍叔牙是齐桓公的谋士,他的好友管仲曾经在齐桓公敌人的门下做事,失败后被俘虏。齐桓公让鲍叔牙做相国,他反倒大力推荐管仲。最终管仲做了相国,鲍叔牙则成了他的手下,这段友谊在历史上传为美谈。

许衡不食无主之梨。许衡是元代理学家。有一次他在盛夏时走路,十分口渴,遇到路边有一棵梨树,别人都争着摘梨吃,唯有许衡独自端坐。有人问他,他说,梨树没有主人,我的心却有主人。别人所遗失的东西,即使有丝毫不合乎道义也不能接受。

孟母三迁。孟子幼年时,家附近的环境不好,其母为了更好地教育孩子多次迁居。"孟母三迁"后成为父母用心良苦培育孩子的典故。

……

(来源:郑州晚报,作者:张勤、谢源茹)

## 二、道德的激励功能

道德激励功能主要指通过激发个体道德上的成就感、认同感、尊严感、荣誉感,促使个体不断地完善自己的道德人格,不断追求更好的道德境界。

道德上的成就感表现为使自己成为完善人格的强烈愿望,在成就感中蕴含、内化着人们自己选择的道德价值目标和实现这一目标的内驱力。认同感是对自己能追求的价值目标的深刻理解,是一种自我肯定性的情感和行为态度。人们相互间的认同感则是人们相互理解尊重酌前提。尊严感是人们对自己的社会价值和道德价值的一种自我意识,是人们追求肯定自己成就的一种心理意向;荣誉感别是人们对自己的社会价值和道德价值的社会评价的主观感受，荣誉感常常表现为道德行为的真正动因。①

孟子曰："鱼，我所欲也，熊掌，亦我所欲也。二者不可得兼，舍鱼而取熊掌者也。生，亦我所欲也，义，亦我所欲也。二者不可得兼，舍生而取义者也。生亦我所欲，所欲有甚于生者，故不为苟得也；死亦我所恶，所恶有甚于死者，故患有所不辟也。如使人之所欲莫甚于生，则凡可以得生者，何不用也？使人之所恶莫甚于死者，则凡可以辟（通'避'，下同）患者，何不为也？由是则生而有不用也；由是则可以辟患而有不为也。是故所欲有甚于生者，所恶有甚于死者。非独贤者由是心也，人皆有之，贤者能勿丧耳。一箪食，一豆羹，得之则生，弗得则死。呼尔而与之，行道之人弗受；蹴尔而与之，乞人不屑也。"(《孟子·告子上》)

"天行健，君子以自强不息。"范仲淹"先天下之忧而忧，后天下之乐而乐"；文天祥"人生自古谁无死，留取丹心照汗青"；林则徐"苟利国家生死以，岂因祸福避趋之"。

这些道德楷模的故事激励着一代又一代的中国人。

除了教化和激励功能，道德还具有延伸性的其他功能。

## 案例一：道德的价值——不厚道的经济②

我在美国生活了十几年，在日本生活了一年，并且养了孩子。按老观念，这些发达的资本主义社会应该到处是陷阱。可事实上，人家的社会，在某些方面简单得不可思议。先从出国留学的第一步开始。中国学生最初拿到的不过是一封信，上面有研究院院长和系主任的签字，告诉你被录取了，而且有多少奖学金等，连公章都没有。当年妻子拿着这封许诺了几万美元奖学金的信时，岳父不免忧心忡忡："就凭这么一张纸，你就去个举目无亲的地方。人家骗你怎么办？"可是，几乎所有的留学生都是这么出去的。一次和耶鲁的一位院长谈话，发现他竟然从来没有见过自己的博士学位证书（毕业那年忙，没有参加毕业典礼，事后也没有去领证书）。他一路的学术生涯，从来不需要向雇他的单位证明自己是博士。有时看到国内招聘，竟要博士学位证明等，觉得实在奇怪。你到美国哪个大学申请工作，信上说一下自己的学术背景就行。哪里有让你开证明的道理？

美国人是轻信，还是诚信？我们不妨再看看人家的日常社会生活。我没有车之前，很难外出购物，许多东西都是网上订，信用卡付款。到时候，人家把东西寄来，往你家门口一扔就走。有的摁个门铃，告诉你东西来了。你出门时，人已经没了。有时候，送的东西一百美元左右，也是这么大大咧咧。你不放心吗？那就挂号好了，不过一下子运费

---

① 魏英敏主编. 新伦理学教程[M]. 北京：北京大学出版社，1993：255－257.

② http://news.163.com/12/0427/01/802G1EL000014AED.html. 2012－04－27.

就贵好多，除非是贵重物品，谁会花这个钱？再说，这么多年我都是如此网上购物，从来没有出过差错。最不靠谱儿的，大概就是在亚马逊网上订旧书了。我的几十次订购中，竟有两三次书没有到。通过电子邮箱上告诉人家没有收到书，对方二话不说，钱就退回来，还要向你道歉。这不和路不拾遗差不多了吗？

再看日本，虽然知道人家发达，但真去那里，觉得实在平常。那些高楼大厦，大概已经赶不上北京上海的气派了。不过，人家的无人驾驶列车还是让我惊异不已。这倒不是技术上有什么了不起，而是没有人管的秩序。首先车上干干净净，拥挤时依然秩序井然。再有是入口处，大家从自动卖票机买票，自动检票处仅有一根低低的横竿。如果你不检票，横竿不会抬起来放你过去，但一步就可以迈过去，孩子一低头也能钻过去。有时站上冷清起来，四周无人，还有买票的必要吗？但是，这样无人经营，多少年也无问题。

想想看，这并不仅仅是道德、诚信的问题，也是经济效率的问题。网上订货，东西一般就几十块钱，如果挂号，邮费一下子就涨了几块，你不得不三思而后行，许多东西就不买了，商家的销售量也会锐减。日本则是个严重老龄化、机器人最多的社会。你要多几个心眼，那些机器或者机器人还不都被你给糊弄了？像你这样的"聪明人"一多，人家的社会就得处处加岗，还哪里找得到劳动力干正经事呢？

那么，是不是要信奉"衣食足然后知礼仪"的古训，把目前的一切都归于我们太穷、要不择手段争夺经济资源呢？我看也未必。我台湾的亲友诉苦说：台湾有大量劳务进口。菲佣、泰佣、印尼佣到处都是。台湾因为政治问题，不向大陆开放劳务市场。但也有些人通过各种亲戚关系去的。那些台湾的老太太们彼此议论纷纷：东南亚来的这些女孩子，不管哪国的，就是靠得住，钱可以交给她，用不着担心人家做手脚，像是一家人。

可见，经济发展并不需要一个社会为之付出道德代价。相反，经济发展要为道德沦丧埋单。人不厚道、爱占人家便宜，社会就草木皆兵，结果进个图书馆也被人像贼一样盯着。这样，我们经济运行的交易成本要多高？比如中国的网上购物，不管技术上怎么先进，最终在送货这个关口上，还是没有人家那种"门口一扔"的效率。中国人不厚道，经济腾飞不起来。我们现在的成就，其实还是低起点上的辉煌。以后在高起点上竞争，处处的成本都要精打细算。道德沦丧带来的交易成本的提高，就像是高利率、高油价一样，最终会成为经济发展的负担。

（摘自：《北京晚报》，作者：薛涌）

道德不仅对个体的道德成长具有教化和激励功能，道德还有利于整肃社会环境，降低社会交易成本。

除了这些精神层面、社会层面的功能之外，道德还有一些特殊的个体价值。

## 案例二：道德的个体价值

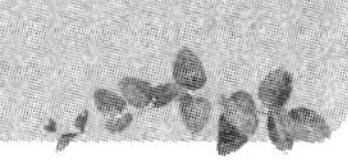

德者寿，养生术语，亦称仁者寿。谓道德崇高者可以长寿。出《礼记·中庸》引孔子："故大德……必得其寿。"德者寿的观点是儒家养生思想最为集中而典型的体现。这是由于儒家特别注重个人道德修养在养生中的作用，主张突出个人养德的主动性，来达到道德自我完善的境界，并认为这是人们得以长寿的基本要素。德者寿的原因，儒家有"天佑说"、"情志说"等看法，以后者的看法较为科学。现代心身医学理论认为，人是大脑皮层统率的完善生物体。因此，心理因素对人的健康有着极其重要的作用。道德感是人的一种社会性高级情感。自我道德感的满足，缓解了这方面的情感矛盾，减少了心理冲突，并通过大脑皮层，又给生理机制带来良性影响，从而有益于人的健康。明·吕坤《呻吟语》说："仁者寿，生理完也。"即"仁者"在形、神诸方面都完全具备了有利于生命延续的全部积极因素。

**道德个体价值现实版：北大哲学名家一半是85岁以上**①

北大哲学系被公认为"长寿系"：90岁以上学者占1/4，85岁以上学者几乎占一半

近日，北大哲学系楼宇烈教授在《文明之旅》节目中谈到，自己虽然年近80岁，但在北大哲学系不敢称老人，因为北大哲学系被公认为"长寿系"。楼宇烈谈到，生理养生节欲，心理养生养情，哲学养生明理。而人生明理至关重要，中国哲学能够养生，儒家进德、道家保真、释家净心，也许正是哲学家长寿的原因。

北大哲学系教授李中华介绍，北大哲学系包括在世的教授，90岁以上的有十余人，冯友兰、梁漱溟、张岱年、任继愈等都是90多岁的高寿哲人，85岁以上的人更比比皆是，超过20人，占有成就的北大哲学系教授近半数。"所谓'仁者寿'，研究哲学的人明白事理，不斤斤计较，达观所以长寿。"

（来源：广州日报）

## 第三节　德育的内涵及价值

德育被许多学生包括老师和家长看作一种管理、约束，被看作灌输甚至是"洗脑"，从而使得德育令人望而生畏，也望而生厌。德育的本质是什么？究竟如何理解和定位

① http://news.xinhuanet.com/health/2013-06/16/c_124860821_3.htm.2013-06-16.

德育才是恰当的？才可能减弱甚至消除当前德育的尴尬？

## 一、德育的内涵

关于德育的内涵有多重理解：

最常见的理解是，德育即道德教育的简称、德育即思想品德教育或品德教育；

较为复杂的理解是，德育即理想教育、道德教育、纪律教育；德育即思想教育、政治教育和道德教育的总称；

更为复杂的带有西方意味的用法是，把道德教育、价值观教育、法律教育、生命生态教育、性教育、生活和职业指导教育、宗教教育等一律纳入道德教育的范畴。

综观古今中外德育的任务、目标和具体内容，德育的外延大致可以划分为思想教育、政治教育、法制教育、道德教育几个组成部分。德育也可表述为：教育者根据一定社会和受教育者的需要，遵循品德形成的规律，采用言教、身教等有效手段，通过内化和外化，发展受教育者的思想、政治、法制和道德几方面素质的系统活动过程。①

## 二、德育的价值：好人与好生活的引领

道德，作为人类的一种精神活动，它是对可能世界的一种把握。道德所反映的不是实是而是应是。它不是人们现实行为的写照，而是把这种现实行为放到可能的、应是的、理想的世界中去加以审视，用应是、理想的标准来对它做出善、恶的评价，并以此来引导人的行为。②

动物只有生存，没有生活。生存，只是作为一种事实性的“活着”，它不去追求什么意义。人却要活得有意义，人跟其他人或事物发生这样或那样的关系，产生这样或那样的相互作用，总是基于某种目的和意义。生活，究其根本就是追求意义的活动。意义内在于生活之中，是生活的有机构成。生活世界既是事实世界又是意义世界，是两者相互联结的世界。……教育不仅要使人学到有关客观事实的知识技能，获得改造世界的能力，教育还要引导人们去把握生活的意义，去探寻什么样的生活才是有意义的，又怎样去实现有意义的生活等问题，据以确立正确的生活态度；教育不仅要让人认清现实的生活是什么样的，还要促使人去探寻可能的生活应当是什么样的。③

通过对人的道德的、善的品质的塑造，赋予人以智慧和道德力量，使他们在一切生产的、生活的社会活动中，有可能按照道德的、人性的要求去做出价值的定向，使人不仅能按照物的尺度去认识世界，而且能按照符合人自身的善的尺度去改造世界。……道德教育就其根本任务来说，就是要使教育者树立一种道德的理想，驱使人们去追求某种当前尚不存在的，却是更符合人性、人道的“现实”。这种“现实”一方面是扎根于现实的

---

① 鲁洁，王逢贤主编. 德育新论[M]. 南京：江苏教育出版社，1994：89－95.

② 鲁洁. 道德教育：一种超越[J]. 中国教育学刊，1994(6).

③ 潘慧芳主编. 走进德育课堂——小学《品德与生活》《品德与社会》课堂教学百例[M]. 南京：江苏教育出版社，2006：序.

社会与人性之中的，另一方面它却又是高出于现实的。道德教育的主要属性就在于使人实现某种超越而不仅是适应。①

## 什么是好的德育？②

"洗脚秀"算德育吗？

我曾从报上看到一张场面壮观的照片——

大操场上，成百上千的人排得整整齐齐，横看竖看斜看都宛如大型体操表演；仔细看，是孩子正给家长洗脚——母亲（或父亲）坐着，脚伸进盆里，孩子蹲着，双手正搓着一双成人的脚。

这是最近几年时兴的一种"德育方式"，而且还是"德育创新"，但我很自然想到几个问题：第一，组织这次活动的教师在家里是否给父母洗脚？如果自己没做到，偏要孩子做到，这是什么"德育"？第二，就算组织者本人每天都回家给父母洗脚，于是想推而广之，但是否有了这么一次声势浩大的"洗脚秀"，孩子们从此每天都会给爸爸妈妈洗脚了？第三，这些爸爸妈妈们大多四十岁上下，身强力壮的人需要孩子给自己洗脚吗？第四，孩子今天在学校操场上给父母洗脚了，但他回家给自己洗袜子、洗内裤吗？每天起床收拾自己的床铺和房间吗？每次饭后都洗碗吗？在家扫地吗？周末帮着妈妈做饭吗？

如果我们可以把"道德"简单地定义为人与人之间交往的行为准则或者说规范，那么德育也可以通俗地定义为教会学生如何在社会生活中自然而然遵循文明的行为准则。甚至可以干脆简洁地说——德育，就是一种积极的生活方式。

这里有两个关键词："生活"与"自然而然"。而上述组织学生给父母洗脚的"德育"，既非"生活"的，也非"自然而然"。因此在我看来，这样的"德育"是应该摒弃的。

类似的简单化、作秀般的"德育创新"还不少。我知道教育必须通过一定的形式，我也不反对适当地开展一些类似演讲比赛、参观访问之类的德育活动。但有效的德育主要不是靠这些。德育应该给孩子呈现一种自然的生活常态，一种举手投足的自然。尽管我也相信，类似"洗脚秀"之后，孩子们的命题作文中一定会有许多诸如"通过这次活动，我真切感受到了"之类的语言，但是如此一次性的"感人肺腑"，一次性的"震撼人心"，一次性的"催人泪下"，一次性的"强烈反响"……就真的能够收到持久的实效吗？

我愿意再次强调，德育是一种积极的生活方式。所谓"积极"，说的是行为文明规范，符合公民精神，所谓"生活"指的就是我们（不只是学生，还包括教师和学校所有成

---

① 鲁洁主编. 德育社会学[M]. 福州：福建教育出版社，1998：32－33.

② 李镇西. 什么是好的德育？[J]. 人民教育，2013(21).

员)每时每刻彼此交往的状态。和其他学校一样,我所在的成都武侯实验中学也有必要的"德育常规"或者说叫"显性德育",如升旗仪式、报告会、歌咏比赛、征文比赛、演讲比赛等各类活动,但我校的德育更多的是一种情境、一种氛围、一种气息、一种感染……如何让日常生活充满德育因素而又尽可能了无痕迹,这是我校的德育追求。

真正的德育,不是做给别人看的。完全不用刻意"提升",也不用专门"创新",更不用一天一个花样地"人无我有,人有我新"。德育,不是为了通过上级验收而"彰显"的所谓"特色",不是为了扩大学校影响而"打造"的所谓"品牌",而是为了"人"——教师和学生——本身。把德育看作是一种积极的生活方式,就是努力让师生都共同生活在一种充满道德意义的环境中,不知不觉地彼此学习,情不自禁地互相感染。像青草一样朴素,像小花一样美好,像流水一样自然而然,像阳光一样无处不在。

## 你可能忽略的几件小事①

德育首要的不是道德标准,不是制度、规范与标准的约束,而是人性的关怀与教育。孩子看事情的角度往往是单一的,要提升他们的认识,先要指导学生从多角度看事情。德育的作用不仅在于帮助孩子认清社会,还在于引领孩子达到较高的道德境界。德育中,我们寓教于乐,也不妨寓教于美。让孩子道德水平与审美能力一同提高。

### 橘子风波

课间,有一个小女孩拿出一个橘子吃。被一个小男孩看见了,就伸手向女孩要。小女孩不给,男孩子就动手枪。这时,小女孩哭了起来。旁边另一个大个子男生看见了,前去制止。小男孩看见小女孩哭了,又听到大男生劝阻,就把橘子还给了小女孩。最后,小女孩把橘子掰成3份,一起分吃了。

我们该怎么评价孩子的行为?从道德的角度看,可以说,小女孩不给别人橘子吃,有点自私;小男孩抢他人东西,有点坏;大个子男生见义勇为,很正义;最后共享橘子,是讲团结。自私、正义、团结等是一种社会尺度,我们常拿这些尺度去衡量孩子。

其实,孩子们吃橘子的事情,还可以从另外一个角度去看:小女孩不给别人橘子吃是自我保护,小男孩抢吃是一种本能的欲望,大个子男孩帮助女孩是因为同情,小男孩把橘子还给女孩是因为怜悯女孩,而且害怕大个子男生,分吃橘子是因为这样做开心。自护、欲望、同情、怜悯、害怕、开心等是人的天性,与生俱来。人性只有善恶之别,没有对错之分。

用道德与人性的视角去看待孩子的行为,结果不同。由此,我想到学校德育的源头问题,德育首先要从哪里切入?是社会道德标准还是个体的人性?毫无疑问,德育首要

① 陈艳,陈大水.你可能忽略的几件小事[N].中国教育报,2010-4-30(007).

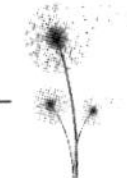

的不是道德标准，不是制度、规范与标准的约束，而是人性的关怀与教育。

孩子抢了别人的水果，做了错事，我们首先要做的是问孩子是否肚子饿了，告诉他抢东西会伤感情，然后才能批评他做得不对。

只有顺应人性实施德育，才能引领孩子真心向善，否则，仅凭道德实施德育，德育就变成束缚。而且，没有人性教育做基础，儿童建立的道德观到青春叛逆期后容易产生自我动摇和颠覆。

我们可以通过活动让孩子多体验同情心、爱心等人性中善的一面，同时，帮助孩子抑制冷漠、攻击性等恶的一面。在人性教育的基础上，参照社会道德标准，进而帮助个人形成良好的德行，最终实现社会道德教育的目的。

**感悟：**德育不应该仅仅是灌输，不应该仅仅是管束，德育更应该是对孩子未来美好生活的引领。

idea

**思考：**德育应该向小学生们提供何种美好生活的预期以引领他们的成长？

# 主题二 小学生品德发展的心理学基础

《小学德育纲要》拓展阅读

- 小学生自我意识与社会性发展的一般特点
- 小学生品德要素发展的基本特点
- 小学生道德发展的年龄特征
- 促进小学生品德成长的心理学效应

小学德育的最终目标在于促进小学生品德的发展。兵法有云:“知己知彼,方能百战不殆”。全面认识和深刻理解小学生品德发展的特点和规律是做好小学德育工作的前提和基础。这些特点和规律包括小学生自我意识和社会关系的发展、知情意行等品德要素的发展、品德发展的阶段性特点等,本章最后还搜集了一些有助于融合师生关系、提高教师影响力进而有助于促进学生品德发展的心理学效应和技巧。

## 开篇案例:我的道德小故事[①]

王懿智　张家港市暨阳实验小学六(4)班

当你看到这个题目时,一定会觉得很陌生吧!那我就告诉你吧:道德就是一个人的人品、行为道德……我身上也发生过许多道德故事,就讲给你听听吧!

那是一次寒假里,西北风“呼呼”地吹着,太阳照耀着大地,虽然寒风让人瑟瑟发抖,但那一份暖意却仍然在心中回荡。因为今天是去敬老院的日子。前几天下着雪,护路工人用铲子铲除路旁的雪,我来到了社区,同王佳媛还有其他同学,还有社区的几位领导上了到敬老院的车。

汽车急速向前,一会就到了泗港敬老院。上了大楼,见房间里面空空如也。心里想道:这会儿,老爷爷、老奶奶们应该在房间里休息才对呀,怎么一个人也没有呢?肯定在

---

① http://blog.sina.com.cn/s/blog_53a1fc220100fx58.htm.2009-10-22.

大厅里迎接我们的到来吧！我们跟着负责人来到了敬老院的大厅，只见老爷爷、老奶奶们在大厅里坐着，整个大厅黑压压的一片，但那慈祥的面庞却清晰地呈现在我面前。

我们拿着自己的画向大家展示，有些同学竟唱起了歌、跳起了舞，爷爷奶奶们看了我们的节目，掌声一片哗然。我展示了自己画，画着大家欢聚一堂的情景，我踱着慢悠悠的步子，把那幅画送给了一个满头苍发的老奶奶；当我递给她时，手有些发抖，但心情依然激动万分，这可是我第一次给老人送礼物呀！老奶奶接过我的画，握住我的手："谢谢你，谢谢！""不用谢，祝您身体健康！"我满脸笑容地说。此时，我的心情犹如兔子怦怦直跳，礼物送了出去，我向那位老奶奶鞠三躬后；我便一蹦一跳来到主席台，与其他同学向全体爷爷、老奶奶鞠躬、道谢。爷爷、奶奶们拍着手，掌声如雷声轰鸣；一会儿我们便依依不舍地与爷爷、奶奶们挥手告别。我心想：爷爷、奶奶们在敬老院里孤身一人，只有我们这些新一辈子才能让他们高兴起来。

我希望下次社区再一次举行这样的活动，更让我们去关心老人，帮助老人、关怀老人。

儿童的情绪和情感越来越具有社会性，从刚开始的仅仅与生理需要的满足相关的情绪、情感体验，逐步发展出与人际关系、社会性需求相关的情感体验。小学高年级的学生越来越对来自于他人的、具有道德意味的反馈更为关注、更感兴趣。

**思考：**王懿智同学为什么这么激动？为什么还盼望下一次这样的活动？

## 第一节　小学生自我意识与社会关系的发展

道德的核心是人我关系。小学生自我意识以及社会关系的发展是其品德发展的基础。

### 一、小学生自我意识的发展

1. 自我概念

中高年级小学生的自我介绍：

大家好，我是四年级4班的齐某某。我爱好广泛，比如画画、写字、唱歌、跳舞等，还乐于助人，也是妈妈生活中的小助手，经常帮妈妈洗衣、刷碗、扫地、搬桌子等。

我爱学习，最让我头疼的是英语，不过语文就是我最喜欢的，每次考试都能考90多分。我也爱看电视，大部分时间都用在看电视上了。

我有许多优点，也有许多缺点。以后我改正缺点，取人之长，补己之短。希望通过这次活动给我压力，让我能够克服缺点，做一个崭新的我！

对比：幼儿园小朋友的自我介绍：

我是李某某，小名苗苗，一个活泼开朗的女孩。很高兴能认识这么多的小朋友。我喜欢的颜色是粉色、蓝色，我喜欢的食物是苹果和冰激凌，我喜欢跳舞、钢琴和轮滑。

对自我的认识，学龄前儿童多以其外在持质为主，比如往往以性别、年龄、游戏、所拥有的物品以及自己的爱好为介绍的重点

而到了小学高年级，儿童则开始试图根据品质、人际关系以及其他内在特征对自己进行描述。总的说来，童年期儿童对自我的描述是从比较具体的外部特征向比较抽象的心理特征过渡的。①

2. 自我评价

研究者在辽宁省大连市选取了5所小学，对五、六年级的308名学生进行了问卷调查。包括五年级学生156人，其中男生79人，女生77人；六年级学生152人，其中男生67人，女生85人。调查发现：②

一半以上的学生对自我评价的含义认识不清，而且有相当一部分学生根本不知道自我评价意味着什么。

超过半数的学生还不能通过自我评价认清自己的优点和缺点。

学生对自己的评价主要集中在学业成就和纪律表现方面。

相比之下，道德品质、劳动态度和体育技能显得次要许多；至于性格、交往、礼貌、价值观念和生活习惯等方面，就更没有多少学生提及。

学生做自我评价时，在评价标准的选择上还缺乏一定的独立性。为了解学生“做自我评价时参考什么标准”，问卷给出了3个选项：① 经常结合老师和同学对自己的评价；② 有时会结合他们的评价；③ 有自己的评价标准因而不会考虑他们的评价。对于这3个答案，调查结果依次是：50.3%、40.3%、9.4%。

① 张向葵，刘秀丽主编. 发展心理学[M]. 长春：东北师范大学出版社，2002：229.

② 蔡敏，邢淑娟. 小学高年级学生自我评价的调查研究[J]. 中国教育学刊，2005(3).

## 二、小学儿童的社会性交往

小学儿童的交往对象主要是父母、教师和同伴。在小学阶段，儿童的独立性和批判性不断增长，他们与父母、教师的关系开始从依赖走向自主，从对成人权威的完全信赖和服从开始走向富有批判性的怀疑和思考。与此同时，建立在平等合作基础上的同伴交往也日益增多。表现出以下特点：①

小学生与父母在一起的时间相对减少，对父母的依恋和依赖程度减弱，越来越多地自己做决定。父母更多关注孩子的学业和品德。如辅导学习、检查作业，与孩子讨论学校里发生的事情，讨论日常行为举止的适当性等。

与同伴交往的时间更多，他们能够更好地理解同伴的动机和目的，更善于利用各种信息来决定自己对他人采取的行动；更善于协调与同伴的交往活动；开始形成同伴团体。而且随着年龄的增长，小学生的集体意识越来越强。

师生关系方面，低年级儿童对教师充满了崇拜和敬畏。有调查结果显示，84%的小学儿童(低年级小学儿童为100%)认为要听老师的话。但从三年级开始，学生不再无条件地服从、信任教师了，他们开始对老师进行评价，他们对不同的教师也表现出不同的喜爱，而且这种情绪影响着他们对教师的反应。他们对自己喜欢的教师往往报以积极的行动，如喜欢听这位教师的课、课上遵守纪律、课下努力，而且学业成绩较好。对自己不喜欢的老师会报以消极的行动，如上课捣乱、不注意听讲、课下不努力等。

# 第二节　小学生品德要素的发展

## 一、道德认识的发展

1. 道德观念不够清晰

小学生抽象思维能力较差，容易混淆一些相似的概念。

例如，他们对“勇敢”和“冒险”分辨不清，往往认为别人不敢做的事情自己敢做就是勇敢，因而把爬树、爬墙、从高处跳下等举动当作勇敢的行为。

2. 道德评价标准从行为结果向行为动机过度②

小学低年级儿童最大的特点是他们容易从行为的结果来评价一个人的行为。随着

---

① 郭德俊主编. 小学儿童教育心理学[M]. 北京：中央广播电视大学出版社，2002：42－44.

② 郭德俊主编. 小学儿童教育心理学[M]. 北京：中央广播电视大学出版社，2002：164－170.

自身道德知识的丰富和内化，到了中高年级，小学生开始从主观动机来评价别人的道德行为。

例如，要儿童对“过失”的大小做出判断：故事A：妈妈喊约翰吃饭，约翰开门到饭厅里去，他不知道门后有一个盘子，盘内还放有15个杯子，推门时门碰到盘子，结果把15个杯子都打碎了。故事B：一天，亨利的妈妈外出，亨利想从碗柜里偷东西吃，便爬上椅子去拿，因为柜台太高，手探着去摸结果碰倒了旁边的一个杯子，把杯子打碎了。

六七岁的儿童认为损坏程度大的行为更坏一些，所以打碎15个杯子的约翰比亨利更坏一些，因为亨利只打碎了一个杯子；而10岁～12岁的儿童对这两个孩子的道德行为判断相反，认为打碎一个杯子的亨利的行为要比打碎15个杯子的约翰更坏，因为亨利是想偷东西吃，而约翰是无意打破的。这说明年龄大的儿童是根据行为的动机去判断行为的好坏。

3. 自我评价能力较弱

大多数高年级小学生能够对别人做出比较公正的道德评价，但却往往会夸大自己的道德优点，而且他们的自我道德评价不够稳定，往往停留在表面现象。

## 二、情绪、情感的社会性不断增加

小学生越来越关注除父母之外的其他重要的人——老师和同伴，学习成了他们必须承担的一项社会任务，随之就出现了多种与学习实践、学习成败有关的愉快和不愉快的体验。这促使一系列与社会交往需要相关的社会情感，如任感、义务感、友谊感和自尊感相应地发展起来。[①]

当小学生借助拼音自己读完了一个故事或作业得了小红花，他们心中就会美滋滋的；而遇到学习困难或受到老师批评，他们就会感到沮丧。在学校中，社会活动丰富多彩(升旗、入少先队、参观访问、打扫卫生等)，儿童在每一种社会活动中都会产生与之相应的情绪情感体验。例如，参加升旗仪式会使学生产生神圣感，入少先队会产生自豪感，打扫卫生会产生责任感。

## 三、小学生道德动机的发展

以遵守纪律的动机为例：① 服从老师的要求；② 为了获得表扬，成为“三好生”，不落人后；③ 为履行学校班集体和少先队组织的义务和各种制度的要求，或为集体争光；

① 郭德俊主编. 小学儿童教育心理学[M]. 北京：中央广播电视大学出版社，2002：38.

④ 出于社会公德的要求。在整个小学阶段前三种动机比较突出，随着年龄的递增，尤其到了小学高年级，第一种动机在减弱，第四种动机在增强。但是，“出于社会公德的要求应该自觉遵守纪律”的动机一般只能在高年级出现。低、中年级的遵守纪律的表现常常是出于学生对纪律的服从，听老师的话。[①]

## 四、小学道德行为发展的关键期

一些研究发现，小学儿童道德行为习惯是呈马鞍型发展。低年级和高年级的道德行为习惯最好，而中年级较低。低年级儿童的道德行为是一种依附性很强的受“家长和教师权威”影响的行为，这种行为习惯具有不稳定性。随着小学生独立性和自觉性水平的提高，家长和教师权威的下降，导致三、四年级儿童道德行为习惯水平下降，如果能够及时纠正，到高年级时，儿童的道德行为习惯就具有一定的自觉性和稳定性。因此，小学中年级是培养道德行为习惯的关键时期。[②]

## 五、小学生品德发展的年级特点[③]

美国心理学家科尔拍格经过研究后认为，人的道德判断力发展大体可分为三个水平、六个阶段。他认为小学一二年级学生几乎都处于第一阶段，其道德动机主要被恐惧心理所束缚，希望免除“权威人物”曲处罚；其道德认识中有一些准则，并认为某一个人破坏了这些准则，便会产生一定的后果；其思想倾向是“有权威就有道理”，凡是“权威人物”赞扬的就是“好”的，遭到他们的批评的就是“坏”的。

从三年级起，儿童进入了第二阶段的水平。他们的道德动机主要是从自身利益出发，凡事都要对自己有利，做一切“自然要做的”事；其道德认识是人与人的关系完全由直接的互利性决定，即“你帮我，我助你”；其思想倾向是必须为自己着想，一个人的义务只是帮助他自己，每个人都有他自己的需求和意图。

小学高年级学生道德发展基本到达了第三阶段水平。他们的道德动机主要是服从当“诚实儿童”的规则和满足他人的希望，以争取社会的赞许，其思想倾向是认为正确行为是与社会利益相一致的。

---

① 王耘，叶忠根，林崇德编. 小学生心理学[M]. 杭州：浙江教育出版社，2007：335.

② 杨韶刚著. 道德教育心理学[M]. 上海：上海教育出版社，2007：97－98.

③ 王耘，叶忠根，林崇德编. 小学生心理学[M]. 杭州：浙江教育出版社，2007：325.

## 第三节　学生品德发展中的心理学效应

### 一、“闲聊”、“废话”的价值——调味品效应

师生关系除了课堂上的授受关系等正式关系、工作关系之外，应该还有非正式的关系、各种水平和类型的情感关系等。人们常说，“亲其师，信其道”，密切的师生关系有助于教育工作的开展和效果。教师如果过于呆板，每天不苟言笑、一本正经，也许教学效果不错，但师生关系未必融洽，在学生心目的地位未必有多高，对学生的影响力也不会太大。

所谓“调味品效应”指的是在日常师生交往中，教师如果能有意识地利用一些机会，主动与学生“闲聊”、“闲扯”一番，在认真紧张的课堂学习之余不妨来点“废话”，“闲话”，会大大缩短教师和学生之间的心理距离，增加学生对教师的亲近感，无形中增加了教师对学生的影响力。这与“自己人效应”有异曲同工之妙。所谓“自己人效应”（也有称之为“同体效应”），就是说要使对方接受你的观点、态度，就要与对方保持“自己人”的关系，也就是说，采取各种方法使得对方把自己视为一体，有利于双方达到共同目标。①

### 二、好话放在最后说——近因效应

“近因效应”，是指在人与人交往的过程中，往往最好一句话决定了整句话的调子。例如，向考生说：“随便考上一个学校，该没有什么问题吧？虽录取率那么低。”或者说，“虽然录取率那么低，总能考上一个学校吧？”这两句话的意思是一样的，只因语句排列的颠序不同，但给人的印象却全然不同。前者给人留下悲观的印象，后者则相反，给人一种乐观的印象。这就是说，有时尽管你有心讲出令人感到痛快的话，如果最后一句话是悲观的语调，整句话就呈现出悲观的气氛。教师在批评学生时，应注意语句和内容的先后顺序，不妨在批评之余，顺带提一下学生的有点或进步，就会产生一个良好的近因效应。②

### 三、批评的艺术——对比效应

“对比效应”指的是一向口出厉言的教师偶尔讲出几句柔和体贴的话，那么他这几句话就会令学生难忘，而向来宽厚的教师有一天突然大发雷霆，当然也会令学生大吃一

① 任顺元. 奇妙的教育心理效应[M]. 北京：教育科学出版社，1990：24.
② 任顺元. 奇妙的教育心理效应[M]. 北京：教育科学出版社，1990：33.

惊，即与平常不同的批评容易给学生留下强烈的印象。要使学生不把教师的批评当成耳边风，我们平时就该尽可能多地表扬学生。平时只要学生有好的表现哪怕是一点点，我们也要趁机表扬一番。这样经常表扬学生的教师在学生犯错误时，就无须大发雷霆，只要点到为止。就能获得批评的效果。①

## 四、批评的艺术——无声效应

一个学生常常缺课，有人把状告到了校长那儿。校长经过了解，发现他又去康乐球的摊头上。这位校长就跑到摊头找他，站在他的背后。他发现校长严肃地看他，一言不发，便放下球棒，背起书包，闷声不响，低头回到了学校。一路上两人都不说一句话。到校后，校长只用手朝教室一指，他便进教室去上课了。随后，校长也不提起这事，下课也不找他。结果发现他连续几天似乎心事重重，后来他自己到校长办公室找校长。“校长，你什么时使批评我啊?”校长说:“不必了，你现在不迟到，不旷课，又没有什么错误，批评什么?”他如释重负地笑了。这个例子就是一个典型的“无声效应”，电闪雷鸣的批评在必要的时候当然有用，但有时无声的静场也会产生意想之外的奇效。②

这个例子中，无声的批评之所以产生效果，是因为无声的批评能使周围的气氛沉闷起来。加上此时批评者的表情，更使得受批评的学生处于高度的注意戒备状况，他们的思维变得特别敏感，自己想得特别多，因此容易想通自己的不是，记得也牢。其次，学生有可能认为会有更为严厉的批评或更为严重的后果在后面等着，消极的心理预期会极大地增加学生的心理负担，导致其对这次错误印象深刻。

## 五、谈话内容或时长应适可而止——超限效应

据说著名作家马克·吐温有一次在教堂听牧师演讲。最初，他觉得牧师讲得很好，使人感动，就准备捐款，并掏出自己所有的钱。又过了十分钟，牧师还没有讲完，他就有些不耐烦了，决定只捐一些零钱。又过了十分钟，牧师还没有讲完，他于是决定，一分钱也不捐。到牧师终于结束了冗长的演讲开始募捐时，马克·吐温由于气愤，不仅未捐钱，相反，还从盘子里偷了两元钱。这刺激过多、过强或作用时间过久而引起心理极不耐烦或逆反的现象称之为“超限效应”。这种效应在教师的教育过程中也会出现。有些教师在批评学生之后，觉得意犹未尽，同样的内容又重复了一次，过了没多久，又来了……这样一而再，再而三地重复同样的批评容易使学生极不耐烦、讨厌至极。③

## 六、积极期待的作用——罗森塔尔效应④

这是一个各个版本教育学和心理学教材中经常提到的心理学效应。1968 年，心理

① 任顺元. 奇妙的教育心理效应[M]. 北京:教育科学出版社，1990:51.
② 任顺元. 奇妙的教育心理效应[M]. 北京:教育科学出版社，1990:57.
③ 任顺元. 奇妙的教育心理效应[M]. 北京:教育科学出版社，1990:60.
④ 任顺元. 奇妙的教育心理效应[M]. 北京:教育科学出版社，1990:81.

学家罗森塔尔在美国的一所小学，从一至六年级各选3个班，对这18个班的学生做了一番“煞有介事”的预测未来发展的测验。然后以赞赏的口吻，将“最佳发展前途者”名单悄悄交给校长和有关教室并一再叮嘱：千万保密，否则会影响实验的正确性。8个月后进行复试，奇迹出现了，名单上的学生，个个成绩进步快，情绪活泼开朗，求知欲旺盛，与老师感情特别深厚。为什么？

心理学家通过“权威性谎言”暗示教师，坚定了教师对名单上助学生的信心，激发了教师特定的情绪、情感，教师掩饰不住的深信通过眼神、笑貌、嗓音滋润了这些学生的心田，使得些学生更加自尊、自爱、自信、自强。一股幸福、欢乐、奋发的激流在孩子们的心中荡漾。这种由于教师的期待和热爱而产生的影响，就叫作“罗森塔尔效应”。

罗森塔尔本人认为，产生这种效应有四个社会心理机制：① 气氛，即由于对他人高度的期望而产生的一种温暖的、关心的、情感上的支持所造成的良好气氛；② 反馈，即教师对他所寄予期望的学生，给予更多的鼓励和赞扬；③ 帮助，即教师对学生提出的问题给予有启发性的回答，并提供极有帮助的知识材料；④ 鼓励，对学生的表现、对学生做出的反应，给予真挚的鼓励。

## 七、“投桃报李”——感情投资效应

所谓感情投资效应，就是情感的沟通与纽带作的使得对方从深处获得对所从事事物的价值认同，进而促进对方向预期目标发展的心理。美国的一家电视机厂因经营不善而濒临倒闭，万般无奈之际，老板请来了一位日本人担任经理。日本经理上任后，使了三招：一是邀请员工喝咖啡，还赠给每人一台半导体收音机。二是经理主动拜访工会负责人，希望“多多关照”，解除了员工的戒备心理，在感情上与工厂靠近了。三是看到人手不够，经理没有雇佣别人.而是把以前被解展的老员工请回来，使员工从内心里感到了温暖。这些措施的出台，极大地调动了员工的积极性和创造性，生产蒸蒸日上，企业重振雄风。[①]

该企业为什么能够重整旗鼓呢？说到底是因为日本经理重新凝聚了人心。他采取的对策饱含了对员工和工会的积极情感，换来了工人的情感回馈，把员工的积极性和创造性激发起来了，企业也就有了活力。

人是一种感情动物，而感情是讲究公平和回报的。社会心理学认为，我们喜欢那些喜欢我们的人，同样，我们讨厌那些讨厌我们的人，说的就是这个道理。教师要想获得学生的积极情感回馈，自己首先必须付出积极的情感投资，把对学生真诚的关心、关注、关爱通过恰当的途径表达出来，为学生所接受，就能获得学生的尊重、信任、喜爱等积极的情感回馈，这种积极的情感回馈极大地促进了教师的教育、教学工作。

---

① 陈德华.教学中的心理效应[M].上海：上海教育出版社，2009：52.

## 案例分析：孝顺的学问——情感表达的难题[①]

**编者按：**下文的这个案例，就是关于情绪和情感表达的。“我认为我很爱她”与“她”是否感觉到了“我”的爱并不一定是一回事。

朋友阿星从马来西亚省亲回来，满心郁闷，满腹牢骚。他千辛万苦地挤出一个月的时间，大老远地赶回家，陪伴年过八旬的老母，共享天伦之乐。阿星并不晓得，行孝之道不是“一加一等于二”那般理性，它掺杂了许多“不按常规出牌”的感性成分。

和以往无数次一样，母子俩屡屡起冲突，弄得大眼瞪小眼，气氛极僵。冲突的起因，是爱。

阿星又急又气地对我说：“我一向对吃完全没有兴趣，从小到大，每顿饭，总要家人喊上五百次，才肯上桌。离家去国之后，母亲好像完全忘记了我是个不爱吃的人，每次回家乡，她便待在厨房里，大汗淋漓地弄出满桌的鸡鸭鱼肉，我食欲不振，又心疼她操劳，语气便失控；她觉得我不领情，脸色自然也不好。最让我受不了的是，我买回燕窝和鲍鱼，她都拿来煮给我吃！我不吃嘛，浪费；吃了呢，心里又不爽，明明是买给她的，却莫明其妙地落进我肚子里。她还不怕麻烦地包粽子，足足忙上一两天，蒸好的粽子堆得好像小山丘一样高；我嫌粽子撑胃，最多只吃那么一两个。你说，她这不是自讨苦吃吗？”

阿星的老母亲，嗜食的偏偏都是一些对高龄老人身体不利的肉食；每回阿星看到她吃得满嘴油腻的样子，总用粗声大气地抱怨，甚至拦着不许她吃，母子俩闹得不欢而散。同样的事情一再发生，母子俩在桌上相见，已变成了一种无形的压力。

此外，阿星希望母亲能够在家里享清福，可他母亲却总喜欢往外跑，尤其是村里有红事白事，邻里都常找她帮忙。

阿星苦恼地说：“她居然去帮人煮大锅饭。你想想看，煮大锅饭，要使多大的力？一个白发苍苍的八旬老人，还得为这些琐事操心，我能不心疼吗？我一开口，她便生气，她觉得助人为快乐之本，越做便越有成就感。”

阿星皱着眉头，继续说道：“人的身体是不能复制的，年纪老了以后，对于已经退化的器官，就必须加倍小心地照顾，我妈这样不爱惜自己的身体，着实令我生气。”

阿星并不晓得，行孝之道不是“一加一等于二”那般理性，它掺杂了许多“不按常规出牌”的感性成分。我们不能一味依照自己的认知和感觉，去管束年迈的父母，得顺着他们的心意。去宠爱他们。

阿星的母亲，其实极懂生活的哲学。她享受美食、享受劳动、享受良好的人际关系，

① http://emotion.yxlady.com/201004/3667.shtml.2010-04-21.

然而，阿星基于善意，处处“从中作梗”，自然惹得她心里不痛快。

**评析：**“我认为我很爱他(她)”和他(她)是否体会到了爱并不总是一致的。情感表达的主观动机和客观效果未必总是一致的，教师的满腔热忱可能会被学生误解或无视。教师认为自己很爱学生，可是学生总是不领情。这种现象的出现未必一定是学生“冷若冰霜”或者“没有良心”，很可能是教师没有恰当地表达自己的这份“爱”，没有采取学生能够理解或接受的方式表达对学生的“爱”。

idea

**思考：**小学生由于身心发育尚未成熟，对他人情绪情感表达的觉察和感知能力可能会较差，小学教师如何恰当地表达对学生的某种情绪、情感？比如如何表达对某个学生的喜欢和不满？

**主题三**

# 小学德育目标、内容与课程

教师资格考试
小学德育历年考点与真题

- 中日美三国德育目标及其差异
- 日本小学德育内容及其借鉴
- 欧美国家德育内容及其借鉴
- 中国和欧美、亚洲各国德育课程概况
- 德育课程建设的价值诉求
- 学校德育课程开发的相关经验

## 第一节　德育目标

德育目标作为国家教育方针的一部分，具有稳定性、统一性和强制性，地方各级教育主管部门和学校都无权对其加以修改或删减。但不同时期和不同国家的德育目标之间还是存在较大差异，呈现和分析这些差异为深入理解德育目标进而深入理解德育内容、课程和方法具有重要参考价值。

### 一、文本呈现

#### (一) 中国德育目标

1. 中国古代德育目标

朱熹在南宋淳熙六年重建庐山白鹿洞书院时所做的《白鹿洞书院揭示》中概括了白鹿洞书院对学生未来发展的要求，相当于当下的培养目标，这些培养目标基本上都与修身有关，基本上代表了儒家关于德育目标的思想①：

（1）五教之目：父子有亲、君臣有义、夫妇有别、长幼有序、朋友有信。

（2）为学之序：博学之、审问之、慎思之、明辨之、笃行之。

（3）修身之要：言忠信、行笃敬、惩忿窒欲、迁善改过。

---

① 朱熹. 白鹿洞书院揭示[A]. 陈谷嘉，邓洪波. 中国书院史资料[C]. 浙江：浙江教育出版社，1998：199.

(4) 处世之要：正其义不谋其利。明其道不计其功。

(5) 接物之要：己所不欲，勿施于人，行有不得，反求诸己。

2. 新中国成立后的德育目标

在1993年国家教育委员会颁布的《小学德育纲要》中，将小学德育目标规定为："培养学生初步具有爱祖国、爱人民、爱劳动、爱科学、爱社会主义的思想感情和良好品德；遵守社会公德的意识和文明行为习惯；良好的意志、品格和活泼开朗的性格；自己管理自己、帮助别人、为集体服务和辨别是非的能力，为使他们成为德、智、体全面发展的社会主义事业的建设者和接班人，打下初步的良好的思想品德基础。"①

### (二) 美国和日本的德育目标

1. 美国学校德育目标

美国是一个分权制国家，没有一个全国性的、统一的学校德育的目标。但总的说来，美国各州学校德育目标还是具有一些共性，即把学生培养成具有爱国精神，能对国家尽到责任和义务的"责任公民"，以建立和维持一个强大的美利坚合众国。其中培养学生具有美国精神，尤其把不断涌入的移民"美国化"是德育目标的一大特点。② 这种"责任公民"是具有爱国主义精神和国家意识，具备良好的品质和职业道德，能对国家尽到责任与义务的合格公民。

美国学校德育还重视培养"道德上成熟的人"。所谓"道德上成熟的人"的标准包括以下六个方面：第一，尊重人的尊严，包括尊重所有人的权利和价值、诚实和平等。第二，关心他人幸福，包括关心国家、寻求社会公正和助人为乐。第三，把个人兴趣融于社会职责之中，包括参加社会活动、完成社会赋予的合理的工作、自我控制、勤奋、有礼貌和履行诺言。第四，为人正直，包括能坚持捍卫道德原则、具有道德勇气、能为大局达成和解、有责任感。第五，能做出正确的道德判断，包括考虑行为后果、关心社会和世界的重大问题。第六，力求以和平的方式解决冲突，包括和平解决个人与社会的冲突、避免身体和言语的侵犯、倾听他人意见以及为和平而工作等。③

2. 日本学校德育目标

日本文部省于1998年12月改订、于2000年开始实施的《小学学习指导要领》和《初中学习指导要领》，对道德教育的方针、目标和内容进行了阐述。具体来说，日本的小学和初中的道德教育目标包括以下几个部分的内容：① 培养尊重人的精神与敬畏生命的观念；② 培养丰富的心灵；③ 培育继承和发展传统文化、并创造富有个性文化的日本人；④ 培育致力于促进民主社会国家的形成和发展的人；⑤ 培育为了实现和平的国际社会做出贡献的人；⑥ 培养开拓未来、具有主体性的日本人；⑦ 培养道德性。④

① 教育部基础教育司编. 中小学德育工作文献规章要览[M]. 北京：人民教育出版社，1998：20.

② 贾仕林. 美国学校德育研究[D]. 南京师范大学，2006：9－10.

③ 李霞. 中外德育比较研究[M]. 武汉：湖北人民出版社，2009：132.

④ 曹能秀. 当代日本小学与初中的道德教育述评[J]. 云南师范大学学报，2003(4).

## 二、分析：中外德育目标的差异

与美国和日本的道德教育目标相比，我国的德育目标具有以下特点：

1. 政治色彩较为浓厚

“社会主义事业的建设者和接班人”的表述政治色彩较为明显，政治性表达较为直接，彰显着德育目标的鲜明的社会主义教育的性质。相对而言，“责任公民”、“道德上成熟的人”等德育目标表述的政治色彩较为隐晦。

2. 社会本位特点突出

美日的德育目标具有较为突出的个体本位导向，无论是“责任公民”，还是“道德上成熟的人”都凸显“个人为本”，秉持着个体主义的文化价值取向。而我国德育目标强调“社会本位”，强调整体利益、集体利益、社会利益的优先性。

3. 理想主义色彩较为典型

我国德育目标对学生的要求相对较为高远，富于理想主义色彩，爱祖国、爱人民、爱劳动、爱科学、爱社会主义等目标与社会主义政治制度的终极理想关系较密切。相对而言，德育目标与学生的日常生活距离较远，不太容易为学生所理解和接纳。美日的德育目标则相对较为具体，可操作性更强些。

**思考：**德育目标集中体现了特定社会或文化对未来一代的要求，也集中反映了特定社会或文化的价值观。中国、美国和日本的德育目标既有相似，也有差异，这与这三个国家的历史、文化、政治制度因素等密切相关。试分析不同国家德育目标背后的历史、文化和现实根源。

# 第二节　德育内容

## 一、文本与分析

### （一）日本小学德育内容

日本文部省于1998年12月改订、于2000年开始实施的《小学学习指导要领》关于

小学道德教育的内容规定如下(一、二年级)①:

1. 有关自己的内容

(1) 注意健康和安全,珍惜物质和金钱,整理好自己的东西,不任性,生活起居有规律。

(2) 在学习和生活中,认真地做自己必须做的事情。

(3) 能够区别好的事情和坏的事情,认为是好的事情的,就好好地去做。

(4) 不说谎、不敷衍了事,诚实、愉快地生活。

2. 有关与他人关系的内容

(1) 高高兴兴地与别人打招呼,注意自己的言行举止,待人接物愉快明朗。

(2) 对周围比自己小的孩子及老人亲切、和善。

(3) 对朋友友善,并互相帮助。

(4) 感谢日常生活中照顾和帮助自己的人们。

3. 有关与自然及崇高事物关系的内容

(1) 喜欢周围的大自然,友善地对待动植物。

(2) 对自己活在世界上感到高兴,并有珍重生命之心。

(3) 接触美好的事物,心情愉快。

4. 有关自己与集体以及社会关系的内容

(1) 爱惜公物,遵守约定和规则。

(2) 尊敬祖父、祖母、外祖父、外祖母,主动帮助做家务,并为能为家里做事感到高兴。

(3) 尊敬老师,和学校里的人们友好相处,喜欢参加学校和班级的活动。

(4) 热爱家乡的文化和生活,对家乡有难分难舍的感情。

日本小学德育的内容紧紧围绕着学生的生活和生命历程,把内容分为由近及远的四个层次,有关自己的、有关于他人关系的、有关于自然与崇高事物关系的,有关自己与集体及社会关系的。强调从个体出发,不断向外扩展,由己及人、自然与社会;而且内容相对较为具体,具备较好的可操作性。

### (二) 美国学校的德育内容

1. 宗教教育

美国宪法第一修正案提出了"不得确立国教和不得干涉信教自由"的政教分离原则。禁止在公立中小学设立宗教课程和宗教仪式,强调把宗教的事情交给家庭、教会和私立学校。但20世纪后期,整个美国社会道德滑坡现象严重、美国社会中的传统价值观和道德衰落,美国人逐渐转向对传统宗教理想和价值的回归。

1660年左右出现的《新英格兰初级读本》是美国教育史上最重要的课本之一,其中

---

① 曹能秀,李平.当代日本小学和初中的道德教育述评[J].云南师范大学学报,2003(4).

有一首诗歌代表了传统道德教育中的宗教传统："好孩子须牢记，时刻敬畏上帝。听从父母管教，不要瞎说一气。不要走入歧途，永远热爱上帝。心中默念祷告，不可贪玩调皮。"这种传统源于英国清教伦理，清教徒们宣扬禁欲苦行，对天生原罪进行终生的忏悔和洗刷，笃信宿命论，对奢华和懒惰风气严加惩戒，提倡勤奋、诚实、节俭、谦卑和节制等伦理观，它们成为学校道德教育的基本内容和价值基础。[①] 这种传统的新教伦理被认为是资本主义蓬勃发展的内在精神动力。

2. 公民教育

根据1991年颁布的《公民教育大纲》和1994年颁布的《公民学与政府国家标准》全国课程标准，美国公民教育的主要内容包括：一是个人应享有的权利，包括个人生命的权利、个人自由自主行动的权利、个人尊严的权利、个人安全的权利、寻求和得到平等机会的权利、得到正义的权利、保持隐私的权利和私人拥有财产的权利。二是个人应享有的自由，包括参与政治程序的自由、宗教信仰的自由、思想的自由、意识的自由、集会的自由、咨询及获得信息的自由和表达意见及感情的自由。三是个人应有的责任，包括尊重人类的生命、尊重别人的权利、诚实、宽容、有同情心、证明有自我控制的能力、参与民主程序及其职能，包括政府应当由人民来选，政府应当尊重和保护个人的权利和自由，政府应当保护民权，政府应当为大众的福利而工作。[②] 全美学校已经形成了以《宪法》《独立宣言》和《解放黑奴宣言》等经典文献为理论依据的完整的公民教育内容体系。

3. 品格教育

品格教育代表了美国道德教育发展的主流趋向。20世纪80年代，鉴于美国社会在现代化发展过程中出现的诸多问题，品格教育受到政府、教育理论工作者、学校、家庭的欢迎。1994年美国众、参议院一致通过议案，确定每年12月16日至22日为"全美品德关注周"(National Character Counts Week)。

美国并没有全国统一的品格教育大纲，不同的州、学区、教育组织和教育学者对品格教育内容的界定也不尽相同。如加利福尼亚州规定K－12的学校品格教育的基本内容包括：个体性尊严和价值、公平和平等、诚实、勇敢、自由和自律、个人的社会责任感、社群和共同的利益、正义、机会平等。新泽西的1992年参议院决案第13号和第298次大会(Senate Resolution No. 13 and Assembly No. 298)认为，品格教育应该包括同情、谦恭、诚实、正直、负责、自律、自尊和宽容等。而德克萨斯州的普拉诺学区确定的品格教育内容则是：礼貌、勇敢、自律、诚实、自尊、正义、爱国、个人的公共义务、尊重自己和他者、尊重权威、负责和坚毅。[③]

美国的道德教育内容既体现出传统的基督教尤其是新教伦理的要求，也反映了现代社会发展对新一代个体的期望；既体现出个人自由和对权利的尊重，也反映了社会对

---

① 程晋宽. 论美国道德教育的传统及其面临的挑战[J]. 外国教育研究，2005(6).

② 陈洪涛. 美国的爱国主义教育及其经验借鉴[J]. 全球教育展望，2004(8).

③ 郑富兴，高潇怡. 道德共识的追寻——美国新品格教育的内容浅析[J]. 外国教育研究，2004(11).

个体责任与义务的要求；既渗透了国家的核心价值观念，也具有较强的可操作性。尤其是关于品格教育的理念和实践探索，值得新时期我国道德教育借鉴和学习。

### （三）我国德育内容

1993 年颁布的《小学德育刚要》规定我国小学德育内容主要包括以下部分：

1. 热爱祖国的教育

教育学生知道自己是中国人，尊敬国旗、国徽，认识祖国版图，会唱国歌；初步了解家乡的物产、名胜古迹、著名人物，祖国的壮丽山河、悠久历史、灿烂文化和社会主义建设的伟大成就以及改革开放带来的巨大变化，培养热爱家乡、热爱祖国、热爱社会主义的感情和民族自尊心、自豪感；知道历史上中华民族曾遭受帝国主义的欺侮和进行的英勇反抗，我国与世界发达国家的经济水平还有很大差距，社会主义现代化建设还会遇到很多困难，逐步树立长大为建设家乡、振兴中华做贡献的理想；知道我国是一个多民族的国家，各族人民要互相尊重、平等相待，完成祖国统一大业是各族人民的共同心愿；逐步懂得“祖国利益高于一切”，爱护国家财产，立志保卫祖国，热爱和平，反对侵略战争。

2. 热爱中国共产党的教育

教育学生知道中国共产党领导人民进行革命斗争，建立了新中国，现在正领导人民进行社会主义现代化建设，使学生懂得幸福生活是中国共产党领导人民取得的；学习老一辈无产阶级革命家和优秀共产党员英勇奋斗、艰苦创业、大公无私、坚持真理、全心全意为人民等高尚品质，培养热爱中国共产党的感情；知道中国共产党是中国少年先锋队的创建者和领导者，少先队员要接受党的教育，做党的好孩子。

3. 热爱人民的教育

教育学生知道我国劳动人民在旧社会受剥削、受压迫，新社会人民是国家的主人，各族人民共同建设我们的国家；知道我国人民创造了中华文明，了解我国人民勤劳勇敢、自强不息、不畏强暴、热爱和平等传统美德，培养热爱人民的感情；要尊重各行各业的劳动者，向先进人物学习，初步培养为人民服务的思想；要孝敬父母、尊敬师长、尊老爱幼、友爱同学、同情和帮助残疾人、助人为乐，与各族少年儿童、外国小朋友友好相处。

4. 热爱集体的教育

教育学生知道自己是集体中的一员，要热爱集体、关心集体，培养集体意识和为集体服务的能力；服从集体决定、遵守纪律、努力完成集体交给的任务，珍惜集体荣誉，为集体争光；在集体中团结、谦让、互助、合作，关心他人，积极参加集体活动，学习做集体的小主人。

5. 热爱劳动、艰苦奋斗的教育

教育学生懂得劳动光荣，懒惰可耻，祖国建设离不开各行各业的劳动，幸福生活靠劳动创造；要热爱劳动，参加力所能及的自我服务劳动、家务劳动、公益劳动和简单的生产劳动，掌握一些简单的劳动技能，培养劳动习惯，爱护公物，勤俭节约，珍惜劳动成果；学习老一辈艰苦创业的优良传统，初步培养吃苦耐劳、艰苦奋斗的精神。

6. 努力学习、热爱科学的教育

教育学生知道学习是学生的主要任务，是公民的权利和义务；初步懂得建设祖国、保卫祖国离不开文化科学知识，从小把自己的学习与实现社会主义现代化的理想联系起来，启发学生的学习兴趣和求知欲望；培养勤学好问、刻苦努力、专心踏实、认真仔细的学习态度和良好的学习习惯；热爱科学，相信科学，反对迷信，不参加各种封建迷信活动。

7. 文明礼貌、遵守纪律的教育

教育学生关心、爱护、尊重他人，对人热情有礼貌，说话文明，会用礼貌用语，不打架，不骂人；初步掌握在家庭、学校、社会上待人接物的日常生活礼节；遵守学校纪律和公共秩序；讲究个人卫生，保持环境整洁；爱护公用设施、文物古迹，爱护花草、树木，保护有益动物。

8. 民主与法制观念的启蒙教育

教育学生懂得在集体中要平等待人，有事和大家商量，少数服从多数，个人服从集体；在少先队组织里学习开展批评与自我批评，行使少先队员的权力，学习过民主生活。知道国家有法律；法律是保护人民利益的，公民要知法、守法，学习和遵守《中华人民共和国交通管理规则》《中华人民共和国治安管理处罚条例》《中华人民共和国道路交通管理条例》《中华人民共和国义务教育法》和《中华人民共和国未成年人保护法》等法规中与小学生生活有关的规定。

9. 良好的意志、品格教育

教育学生要诚实、正直、谦虚、宽厚、有同情心、活泼、开朗、勇敢、坚强、有毅力、不怕困难、不任性、惜时守信、认真负责、自尊自爱、积极进取。

10. 辩证唯物主义观点的启蒙教育

引导学生学习怎样正确看待周围常见的事物；初步学习全面地发展地看待问题的方法。

中国德育内容体系存在的问题：一是重视政治教育，但对基础文明行为的培养、法纪教育和道德品质教育缺乏应有的重视。二是德育内容经常变动，缺乏一贯性；部分内容过于笼统，缺乏具体的可操作性。道德理想教育多，道德规则教育少，正所谓“理想泛滥，规则贫乏”，德育内容缺乏操作性。三是讲究面面俱到的德育内容，造成学生负担过重。德育内容几乎涵盖社会的一切道德规范与要求，以一种完美的标准来要求学生，内容的繁多与学生的有限时间产生矛盾，造成学生负担过重。[①]

## 二、记者观察：日本小学德育内容[②]

道德课，不只是中国独有，日本中小学也非常重视，而且还将更加重视。日本道德

① 张忠华. 中国德育内容体系构建的反思与探索[J]. 教育导刊，2006(10).

② http://news.ifeng.com/a/20151118/46291460_0.shtml. 2015-11-18.

课具体讲些什么？

“森林里有座独木桥，大灰狼很霸道，每次有比它小的动物经过时，它会把别人挤回去。有一天，大灰狼过桥时遇到了一只比它大很多的熊，它很害怕，没想到大熊一把将其抱起来放到了对岸。大灰狼为自己以前的做法感到惭愧，从此以后，每次遇到比它小的动物过桥，它会像熊一样把它们抱过去。”

这是日本东京中央区立泰明学校一年级的一堂道德课，主题是“亲切和善良之心”。讲课的是年轻的班主任，他自带独木桥和动物卡片等道具，讲得惟妙惟肖，讲台下六七岁的小学生听得入神。

老师讲完，让学生模仿并做换位思考，假如你是大灰狼、你是小动物，怎么办、什么心情？模仿体验完，让学生动手写下感受。最后老师由此寓言联想到日常生活细节：讲自己小时候坐公交车，抱着侥幸心理没有给老人让座一路上的忐忑和愧疚，在主动让座后听到别人说谢谢非常开心。并问学生帮助别人是什么心情？做了坏事又是什么心情？

一堂45分钟的道德课在不知不觉中结束，作为成人聆听的我，亦是颇受教育。

泰明小学副校长村上隆史告诉凤凰网，道德课非常重要，虽然不像其他课程那样能以分数评定，但对学生人生观、价值观的塑造意义重大。他同时强调，老师的行为示范作用至关重要。

## 日本道德课的四块内容

文部科学省初等中等教育局教育课程课课长辅佐美浓亮向凤凰网介绍了日本道德课的设置，日本的道德课覆盖小学和初中，每周一个课时，一学年下来共35个课时。该课程没有教科书、目前不计入评分考核系统，更多是在潜移默化中教育。国家有一个指导性大纲和总的原则，每个地区和学校根据自己的情况自主调整。

道德课的主要内容涵盖四大领域：一，关于自己：对好坏的辨别能力，学会制定目标，自己的事情自己做，自己的东西自己收等；二，与他人如何相处，见人打招呼，用语适当，和朋友处好关系等；三，与社会集团的关系：具有契约精神，遵守诺言，公共的东西要珍惜爱护，自己理解做一件事情的重要性，为了他人能做一些有益的事情，奉献自己；四，和自然生命的关系：尊重、爱护动植物以及自己的生命。

除了课堂上讲解，日本小学还有一个特别活动课程，培养孩子内心的调和性、健全个性发展。比如班级性的活动：儿童会、学生会等；学校性的活动：入学典礼、毕业典礼、郊游等；义工活动：清扫活动等。

美浓亮强调，道德的表现不仅仅是在德育课上完成，更多在生活细节方面的融入，体现在方方面面。在泰明小学的参观中，这种细节在课堂上、午餐时感触更为明显：

学生回答问题或者上讲台，离开座位时一定顺手把椅子推到桌子里面；教室有不同的分类垃圾箱，一年级的孩子从小已经学会分类垃圾；楼道里手工课所用的材料是各种废弃的盒子，强调资源再利用；学生手工课用的材料是用过的牛奶盒等。

日本小学生中午都在学校吃饭，除了对食物过敏的孩子有特殊餐盒，其他学生都吃集体餐。一个人的午餐费是 250 日元。老师会进行“食育”教育，告诉学生吃的东西产自哪里、家乡有什么特产、怎么从地里到餐桌、每天要吃多少蔬菜才健康等。负责食育课的佐藤老师告诉凤凰网，让学生喜欢饭菜，一方面菜要做好，另外要讲一些故事，激发孩子的兴趣。此外，学生一年还会有 2～3 次帮厨教育。

当天中午的午餐是红薯米饭、一盒牛奶、一块鱼、一些蔬菜和一份味增汤。摆放桌椅、盛饭、分食等，全部由学生自己完成。每天有不同的值日生，他们会戴上口罩、穿上围裙，给每一位学生盛饭。六七岁的孩子做起来有模有样，老师在旁边忙自己的事情，不会去主动替学生做什么。

盛好饭，摆放到桌子上，四五个人一桌，不能先吃，一定要等大家都忙完才可以动筷子。

要等全部同学到位后才可以用餐

在就餐前，一个小学生不小心把汤洒了，很快旁边三四个小学生帮他一起清扫、擦桌子。在吃饭前，值日生会简单“致辞”，然后大家开始一起用餐。当天的主菜是鱼，中国家长一般会担心鱼刺卡到，不让孩子自己吃，日本小学生都是自己剔鱼刺。不能剩饭，喝完的牛奶盒顺手撕开折叠好，碗筷自己收好。日本从小学生就强调，制定好的规则，大家都要遵守。

泰明小学每天正式课程结束后，是清扫课时间，美浓亮告诉凤凰网，清扫目的并不是让孩子干活，而是让学生从小有一种使命感，对自己完成一项任务有成就感，同时在这个过程中与人分享合作。

（来源：凤凰评论，作者：陈芳）

---

**评析：**德育内容是为德育目标服务的，不同的德育内容反映了不同德育目标的基本追求。德育内容部分的关键点在于所设置的内容是否能够促进德育目标的达成，换句话说，德育内容的设置与德育目标的一致性如何是判断德育内容的重要依据。如何根据德育目标设置德育内容是学校德育的难点和重点之一。好的德育内容不仅要与德育目标保持一致性，同时还应该具备可操作性、与日常生活联系的紧密性等特点。日本小学的德育在这方面做得相当不错，既能够从小学生日常学习生活的实际出发，同时也关注细节，具有较强的人文关怀和可操作性。

---

idea

**思考：**如何判断德育内容与德育目标的一致性？如何对当前某所小学德育内容进行一致性判断？

## 第三节　各国德育课程概览

### 一、争鸣：关于德育课程必要性的争论

德育课程是指德育教学的科目和进程。关于学校是否应该开设专门的课程对学生进行道德教育，国外教育界曾经有过长时间争论，到目前为止仍然没有达成共识。

对开设德育课程的怀疑始于关于“道德是否可教”的争论。

在苏格拉底看来，美德即知识，而作恶不过是因为对善的无知，知识可教，所以美德也是可教的。但苏格拉底却怀疑甚至否认美德教师即能够教他人美德的人的存在。道德并非如高等数学般艰深难懂，非有他人的指点方能习得。道德就是生活智慧，存在于日常生活之中，为什么需要有专门的教师来教呢？何况如何保证这种专门的教师在道德上一定高于学生？又如何衡量教师的道德水平高低？

杜威就对道德课程持否定态度，道德课程企图通过训诫、口号、誓言、信条、准则和例示、问答教学等方法，向学生灌输某些固定的具体的道德规范和道德观念，这既不科学也未必道德。

美国在20世纪20年代至50年代曾经出现了否定学校道德课程教学的思潮。加州教育主管部门在调查学校德育状况时发现，近半数的高中没有德育大纲，80%的高中没有列出供教师使用的德育资料，80%的学校没有制定德育规定，结果在青少年中出现了普遍的精神失落、困惑、矛盾。20世纪70年代，经过理论与实践反思，美国道德教育学院研究和编制了一套道德课程，并在美国五个大城市进行了历时10年的实验，1986年正式推广。现在美国许多公立学校重新设立了学校道德课程。①

从20世纪初开始，西方学校德育课程经历了一个肯定到否定再到否定之否定的曲折发展历程，即从品格教育到反对灌输、强调价值中立，再回归到品格教育的发展历程。……20世纪90年代以来，欧美各国重新审视德育课程的必要性和重要性，如美国专门成立了品德教育研究所；英国成立了"英国品德教育课程大纲"编写委员会；法国组建了公民课程编写委员会；德国也在宗教课程之外开设了社会科课程。在东方，日本颁布了道德学习指导法；新加坡和马来西亚也分别成立了道德教育机构，规定在学校开设相应的德育课程。②

## 二、文本呈现

### （一）中国小学德育课程

为贯彻落实《中共中央国务院关于进一步加强和改进未成年人思想道德建设的若干意见》和《中共中央国务院关于进一步加强和改进大学生思想政治教育的意见》精神，进一步促进大中小学德育工作的衔接，2005年，教育部出台了《关于整体规划大中小学德育体系的意见》，对不同教育阶段的学校德育课程体系进行了系统规划。从德育课程总的名称来看，小学称"思想品德课"，中学称"思想政治课"，大学称"思想政治理论课"。从不同教育阶段的德育课程来看，小学开设以公民基本道德素质教育为基本内容的"品德与生活""品德与社会"类课程。小学1～2年级开设"品德与生活"课，小学3～6年级开设"品德与社会"课。

### （二）美国德育课程

1. 概况

美国的教育体制不是中央集权制而是地方分权制，没有国家统一的课程，联邦政府和教育部只对全国的教育课程标准提出建议。德育课程的设置由各州和各校自行决定。另外，很多非营利组织也会提出各自的各种课程改革计划。

① 尧新瑜.道德课程论[M].徐州：中国矿业大学出版社，2007：46.

② 李霞.中外德育比较研究[M].武汉：湖北人民出版社，2009：215－217.

美国教材和课程标准的制定主要由州政府教育部掌管，这些标准是学区和学校课程制定的主要依据，也是州各级教育部门对学校课程实施情况检查的主要标准。

各学区可以根据本州的课程标准选择不同版本的教材。学校根据学区的课程安排情况及教材的选择进行课程安排。虽然课程的标准和教材已经确定，但学校在课堂教学及使用教材方面依然拥有很大的自主性。

美国学校的德育课程一般分为三类：即显性德育课程、隐性德育课程和活动德育课程。显性德育课程即学科德育课程。学科德育课程有两种形式，一是在私立学校中设置的宗教课；二是公民学课程。

隐性德育课程主要是指非德育学科课程，即存在于其他学科课程之中的德育渗透教育。

活动德育课程主要有家庭俱乐部活动、校园文化活动和学生会活动等。活动德育课程比较典型的形式是班会。班会的主要形式有漫谈式班会、教育诊断式班会和解决社会问题式班会。漫谈式班会即通过形式自由、畅所欲言的思想和经验的交流，激发学生独立分析问题的能力。教育诊断式班会是教师了解学生对德育课程内容的掌握情况，以便开展具有针对性教学的一种形式。解决社会问题式班会是通过讨论社会的热点问题，提高学生分析和解决社会问题的能力，从而形成社会参与意识和社会责任感。

2. 美国的社会科课程

美国的社会科课程是基础教育中承载公民教育的主体。美国社会科协会自 1992 年起组织了众多学者和教师，研制开发了《全美社会科课程标准——卓越的期望》。这个标准包括十个主题，贯穿于 K－12 年级的全部社会科课程：文化；时间、连续与变化；人、地与环境；个体发展与自我认同；个人、群体与公共机构；权力、权威与管理；生产、分配与消费；科学、技术与社会；全球关联；公民理想与实践。①

**表 3－1　全美社会科课程标准十大主题解析**

| 主题 | 主要相关学科 | 核心 | 层次 |
|---|---|---|---|
| 文化 | 文化学 | 文化认同和多元文化理解 | (1) 人文素养积淀——认识自身，不同群体成员的信仰、知识、价值观和传统；<br>(2) 社会认识视角形成——语言和信仰，文化的独特性对人类行为的影响；<br>(3) 基本概念的理解和形成——接纳、同化、文化适应、传播。 |
| 时间、连续与变化 | 历史学 | 历史观的形成与阐释 | (1) 初步历史观的建立——从时间顺序的意识开始，理解历史是人们对过去发生的事的解释；<br>(2) 不同历史观的理解——对历史的阐释受个体经验、文化价值观等影响；<br>(3) 考察历史的实践——分析、重释历史（运用知识、形成判断）。 |

① 高峡. 美国公民教育课程的设计与内涵——美国社会科课程标准主题探析[J]. 全球教育展望，2008(9).

（续表）

| 主题 | 主要相关学科 | 核心 | 层次 |
| --- | --- | --- | --- |
| 人、地与环境 | 地理学 | 空间观和世界地理视野的建立 | (1) 具体的人地关系的理解——个人经验与具体的地理概念、技能；<br>(2) 关联性的人地关系的理解——本地与异地，联系地看问题，抽象化；<br>(3) 超越性的地理概念的运用——历史与现实，不同文化的理解，理解全球关联的核心。 |
| 个体发展与自我认同 | 社会学、心理学 | 自我与他人关系的认识 | (1) 自我，个体的认同——个人自我，个人与他人；<br>(2) 人际关系的理解——社会文化背景下，人与人的关系；<br>(3) 人的行为方式的考察——运用多学科方法、概念。 |
| 个人、群体与公共机构 | 社会学 | 理解公共机构对人的核心价值观的影响 | (1) 社会生活实然的认识——社会结构，公共服务；<br>(2) 社会生活应然的认识——公众利益，公共需求；<br>(3) 社会生活理想的追求——公共生活的和谐与一致，社会生活制度。 |
| 权力、权威与管理 | 政治学，法律、管理、历史 | 理解政治制度，维护民主体制 | (1) 认识——公平和规则的性质，认识权利与义务；<br>(2) 实践——在复杂的情况下，行使权利和义务；<br>(3) 运用抽象原则——认识历史与现实，权力和权威的形成，各种体系中的管理。 |
| 生产、分配与消费 | 经济学 | 理解社会经济生活，认识全球经济关联 | (1) 区分和体验经济概念——“希望”和“需要”；自身和他人的经济体验，探索经济决策；<br>(2) 拓展经济概念和知识——论证四个经济问题（生产什么？怎样生产？怎样分配生产和服务？什么是生产资料的有效分配？）<br>(3) 形成经济观点——系统学习经济学和政治制度，考察经济政策和相关问题。 |
| 科学、技术与社会 | 自然科学、社会学 | 辩证地认识科学技术与社会的关系 | (1) 认识技术改变历史的事实——日常生活与技术发展的关系，历史与现实技术的发展；<br>(2) 认识技术与社会生活的关系——技术、价值观、信仰和行为之间的关系分析；<br>(3) 思考控制技术的问题——管理与控制，解决错误利用；技术的挑战，对生活质量、宗教信仰的影响。 |
| 全球关联 | 地理学、历史学、文化学、政治学、经济学 | 建立世界文明视角，认识全球化 | (1) 感受全球问题；<br>(2) 认识国与国之间的相互影响，文化的复杂性；<br>(3) 系统思考全球、国家及其相互影响、因果关系。 |

（续表）

| 主题 | 主要相关学科 | 核心 | 层次 |
| --- | --- | --- | --- |
| 公民理想与实践 | | 有批判力地参与社会 | (1) 考察经验和理想之间的关系，了解公民的理想与行动；<br>(2) 发展分析和评价意识和行动的能力，参与社区活动；<br>(3) 提升对公民权利与责任的认识，实际参与公共服务，学习民主程序、影响公共政策。 |

3. 美国的品格教育课程

品格教育的显性课程是当代美国中小学品格教育最主要的实施路径。课程形式与内容多样，举例如下：

“美德月”课程。该课程为品格教育联盟开发的课程。实施该课程的学校会在每个月选定一种美德作为主题，比如诚实、尊重、合作等，在这个月中，学校会利用各种场景提醒学生本月的美德，强化学生的美德观念。教师会引导学生就该美德展开道德讨论，加深学生对美德的理解。学校会通过宣传栏、奖励等方式表扬本月示范该美德的学生。该课程被全国400多所中小学采用。①

哈特伍德课程。该课程是一个以文学作品为载体的、通过向儿童讲述多元文化的故事传授伦理价值的课程。课程由三部分构成，每一部分都有两本书论述七种道德品质：勇气、忠诚、公正、尊重、希望、诚实和关爱。这些书富有多元文化特色，特别强调民间故事、传说和童话。在课程中，介绍道德品质的概念，向孩子讲故事阐明品质，结合讨论，学生实施行动。课程的目标是帮助学生发展价值、伦理和道德的结构系统，理解多元文化的伦理标准，使学生成为有爱心的和负责任的人。②

### （三）欧洲国家小学德育课程概况

欧洲国家的德育课程主要是开设“社会科”和“公民教育”等。英国德育课程包括宗教必修课程和道德选修课程。当下英国德育课程大多采用英国道德教育家麦克菲尔编写的《起跑线》和《生命线》，前者供小学使用，后者供中学使用。这些德育新教材不仅在英国广泛流行，还以各种文字出版，流传到全欧以及北美，可谓是经久不衰。法国在小学开设“公民与道德”课程；初中、高中开设“公民”课程。德国学校的德育课程以宗教课程为核心课程，同时开设“伦理科”和“社会科”等德育课程。

### （四）日本小学德育课程概况

日本小学的课程由学科、道德和特别活动三部分组成。特别活动包括班会活动、文体活动、野游和生产劳动等。道德课每年大约35课时，特别活动课也是35课时。

在日本，道德课称为“道德时间”，是一种非学科课程。道德课并没有专任教师，而

① 郑来纪. 当代美国中小学品格教育及其启示[D]. 浙江师范大学，2012：19－20.
② 郑来纪. 当代美国中小学品格教育及其启示[D]. 浙江师范大学，2012：19－20.

是由班主任负责教学。课程没有如我国"思想品德"课般的统一的标准教材，而是根据文部省颁布《学习指导要领·道德篇》中的德目安排选用各出版社编写出版的教材，各学校和教师也可以自己编写教材。文部省还要求各个学校根据德目制定本校的德育总体规划和年度指导计划，使德育课程既符合文部省的要求，又与当地、本校和学生的实际相结合。

**表 3-2　日本小学各阶段道德课程的结构和具体内容①**

| 年级<br>基本观点 | 一至二年级 | 三至四年极 | 五至六年级 |
|---|---|---|---|
| 有关自己切身 | (1) 注意健康及安全，爱惜财物，整理好自己的东西，不任性，生活起居有规律<br>(2) 在学习和生活中，认真完成自己应该做的事情<br>(3) 明辨是非，择善而行，诚实坦率 | (1) 自己的事自己做，生活有节制<br>(2) 思而后行，有错必改<br>(3) 认为是正确的事情，能够有勇气地去做<br>(4) 正直、开朗、活泼地生活 | (1) 反省自己的生活，注意做事有节制，不过分<br>(2) 树立更高的目标，并且能够满怀勇气、坚定不移地为达到目标而努力<br>(3) 珍爱自由，行动有规律<br>(4) 诚实、开朗、快乐地生活<br>(5) 珍爱真理，日益求新，力争上游<br>(6) 了解自己的优缺点，发扬优点，改正缺点 |
| 有关自己与他人 | (1) 真心问候，注意遣词用语和动作，明快地待人<br>(2) 爱护幼小，尊敬长辈<br>(3) 对朋友友善，互相帮助<br>(4) 懂得感谢日常生活中照顾和帮助自己的人们 | (1) 懂得礼节的重要性，真诚地对待每个人<br>(2) 体谅和关心别人，待人亲切，有同情心<br>(3) 和朋友互相理解、相互信赖、相互帮助<br>(4) 对抚养自己的人和老人有尊敬和感激的心情 | (1) 懂得在不同的场合和时间合适地待人接物，对人彬彬有礼、诚心诚意<br>(2) 懂得体谅和关心别人，能够设身处地为别人着想，与人为善<br>(3) 信赖朋友，相互合作，相互帮助，在相互学习中加深感情<br>(4) 谦虚谨慎，包容他人意见，尊重与自己的观点和立场不同的人<br>(5) 懂得感谢在日常生活中对自己有所帮助的人，并且不辜负大家的期望 |
| 有关自己与自然 | (1) 亲近自然，爱护动植物<br>(2) 爱惜生命<br>(3) 接触美好的事物，心情愉快 | (1) 感受自然界的奥妙，爱护自然及动植物<br>(2) 尊敬生命，爱惜生命<br>(3) 对美丽和高雅的事物具有感动之心 | (1) 了解自然的伟大，关心自然环境<br>(2) 爱惜生命，尊重自己与他人的生命<br>(3) 对美好的事物具有感动之心，对超越人类力量的自然力量具有敬畏感 |

① 周宏芬. 日本小学新道德教育课程标准研究[J]. 外国教育研究，2003(3).

(续表)

| 年级<br>基本观点 | 一至二年级 | 三至四年极 | 五至六年级 |
|---|---|---|---|
| 有关自己与集团、社会 | (1) 爱护公物,遵守诺言<br>(2) 敬爱父母、祖父母,分担家务<br>(3) 敬爱老师,爱护同学<br>(4) 热爱家乡的文化和生活 | (1) 有公德心,遵守社会规范和公共道德,知行合一<br>(2) 懂得劳动的重要性,主动参加劳动<br>(3) 敬爱父母、祖父母,和家人合作,为建设快乐的家庭而努力<br>(4) 敬爱师长,同学协力合作,为建立快乐的班集体而努力<br>(5) 热爱家乡,珍惜家乡的文化和传统<br>(6) 关心本国文化及传统,同时关心外国人士及外国文化 | (1) 主动参加周围的团体活动,自觉发挥自己的作用,与别人同心合力,有责任感<br>(2) 有公德心,守法,尊重自己与他人的权利,主动地尽自己的义务<br>(3) 对任何人都一视同仁,没有偏见,力求公正、公平,为正义的实现而努力<br>(4) 尊重劳动,愿意为社会服务,为公共的利益做事<br>(5) 敬爱父母、祖父母,为家庭的幸福主动地发挥自己的作用<br>(6) 敬爱师长,努力与大家合作,为建立良好的校风而努力<br>(7) 热爱家乡和本国文化及传统,了解前人的成就,爱国爱家乡<br>(8) 尊重外国人和异国文化,自觉为日本人,与世界人民友善相处 |

## 三、分析

总体而言,中国与美日两国及欧洲表现出了不同的道德教育定位与追求:中国传统道德教育目标定位于以“内圣外王”为己任的“君子”,强调自我道德修养和家国情怀,强调家、国利益的优先性,强调自我克制,修身、齐家、治国、平天下;且当代中国道德教育目标有着鲜明的政治特色。而美日等西方国家则坚持个体主义的理念,把个人的民主、自由、平等、权利、义务作为道德教育的核心目标,同时关注人与人的关系、公民意识和全球意识等主题。

中国与美日德育课程的另一个重要差异就是,中国的课程设置强调中央集权,西方强调地方分权。近年来我国课程改革虽然强调地方和校本课程,但大一统的传统并没有太大改变,相对而言,美日德育课程强调价值和内容的多元化,强调地方和学校的地方和校本课程设置权利。

在课程内容方面,中国的道德课程经过了长期的实践探索,在传统道德文化和特色国情的基础上渐渐地形成了“大德育”课程框架,即包括政治教育、思想教育、道德教育、法律教育和心理教育等内容都纳入了德育课程的范畴。美国以公民教育、品格教育为基本内容,并强调通过公民课、历史课和社会课等学科课程渗透来实施。日本强调传统

教育与公民教育结合，以民族意识、民族精神为核心，在情性方面培养国民的图强进取、精诚团结、舍身奉献精神。①

**思考**：为什么会出现关于德育课程必要性的争论？争论的实质是什么？

## 案例：看得见的隐性德育——有感于华盛顿的几处景观

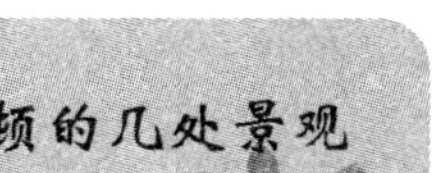

窦桂梅 全国著名特级教师

**导语**：隐性课程又称“隐蔽课程”、“潜在课程”、“非正式课程”等，是指学校情境中以间接、内隐方式呈现的，对学生的品德发展能够产生一定影响的德育课程。隐性课程具有影响的间接性、内隐性、范围的广泛性和作用的无意识性等特点。下文所描述的场景虽不属于学校情境的范畴，但也可以为学校情境中的隐性德育课程建设提供借鉴。

来到华盛顿，给我的感觉特“生态”。城市处处是教育资源。

**一、梅西百货公司的气质**

首都华盛顿几乎没有一处视觉污染。为了提高国民文化素养，所有博物馆都免费向公众开放。我们去了国家美术馆、国家航天博物馆。还有国家画廊、自然历史博物馆、国际女性艺术博物馆等多处等待我们免费前往。以个人和集体名义冠名的纪念性的，如我们去的林肯纪念堂、华盛顿纪念碑广场等，不胜枚举。

可以说，华盛顿的每一座建筑，每一处景观都是一座博物馆。甚至，连我们去过的商场，给你的感觉都好像是一座具有艺术气质的宫殿。就连商店的外观，一个商品推销广告都没有，干净得很纯粹。就拿拥有200家连锁店的macys(音译梅西百货公司)来讲，从外观上看：米色建筑，典雅高贵，名字毫不招摇，谦卑地嵌入建筑里，浑然一体。

在中国的任何商场，景象就完全不一样了，商家们会使出浑身解数，试图通过视觉的刺激、感官的碰撞来俘获消费者。浓妆艳抹的模特走秀、琳琅满目的奢侈品广告、垂挂于整个建筑的霓虹灯幕墙、喧嚣热闹的电子大屏，每个空间都在诉说着欲望与消费、空气的每个角落里都在散发着钞票的味道……

来到梅西百货公司，一是这里的商品便宜，货真价实。用导游的话说，你到美国买任何东西没有假的，尽管买，尽管吃，不像在中国；二是喜欢这个商店的宁静；三是喜欢

① 尧新瑜．道德课程论[M]．徐州：中国矿业大学出版社，2007：51－52．

她朴素的气质——不仅外观给你的感觉庄重典雅。

**二、奥巴马夫人的小菜园**

白宫园子里有人种菜，得追溯到“二战”期间。罗斯福夫人为了应对战时食物短缺，在白宫里开辟了胜利菜园。当时许多美国家庭都响应这一号召。这次，菜园的主人，奥巴马·米歇尔。她在白宫的南草坪，划出100多平方米的地，种植50余种蔬菜，包括甘蓝、甜菜、辣椒等。这次我来到菜园看到小白菜、菠菜、莴苣，还有说不上名字的几种蔬菜。每一种都单独划分开来，分别种在或三角形，或长方形，或菱形的大槽里。小白菜嫩绿嫩绿的，舒展着小叶子。菠菜叶子现在已经长得近两寸了。

虽然不能指望这座小菜园提供总统一家所需的全部食物，但至少抵消了一部分开支。整个菜园的成本才200美元，节省费用不说，还以如此小的代价，带来巨大的社会效应。原来，这里俨然成了一个露天教育基地，奥巴马夫人经常邀请小学生来菜园子里参与劳动，一并享受有机膳食。她希望通过教育这些小学生，影响更多的家庭、更多的社区，大家共同劳动，勤劳自给，营造一种充满劳作情趣、简朴自然的低碳生活方式。

……

**四、处处飘扬的美国国旗**

华盛顿的这几天，吸引我们的视线，冲击我们心灵的，还有国旗。无论你走到哪里，到处飘扬着美国国旗。记得在电视上，看到万人体育馆升旗时，所有观众不约而同起立致敬，没有人讲话，没有人照相。在这浓浓的爱国气氛中，你会敬佩那么随意自由的美国人如此严肃认真。

看，华盛顿纪念碑周围五十面国旗代表50个州，迎风飘扬。国旗中的50颗星代表美国的50个州，13道条纹代表最初北美13块殖民地，红色条纹象征英国，白色条纹象征脱离它而获得自由。我发现，每一个部门一般至少两面国旗在大门的一左一右，甚至在汽车上看到路边的每一个家庭也会悬挂国旗。甚至让自己家庭里充满星条旗的小物件，抱枕、碗碟，甚至吊床。导游说美国“国庆节”7月4日这天，国旗会插遍各个角落。离开华盛顿，我们又到了芝加哥。这里的国旗依然处处飘扬。后来在威斯康辛，看到大学、中学老师的办公桌上、墙上都摆放或悬挂着国旗……

按理，我们不断地强化德育教育，专门开设思想品德课程，学生应该学有所得。那么，为什么我们的教育效果却不够明显，甚至国民道德素质整体滑坡，社会风气日益令人担忧呢？德育需要教化，然而，德育是教化出来的吗？

看来，上至国家社会，小到家庭个人，处处都应该是德育资源，人人都应该是教育资源。而且这种教育不是喊出来，也不是靠呼吁来实现，而是实实在在做出来的。我们国家的整个社会环境，必须重新清洗。比如洗去街头马路、商店的美女广告等视觉污染；比如禁止行人随地吐痰的粗俗行为；比如驱除电视、网络传媒中的暴力与黄色；比如倡导公共交通，多一份礼让与关怀；比如建议博物馆、公园的大门免费向公众开放，让人们在历史、文化、自然的滋养中提升人文素养；比如开放大学校园，让人们共享人类的文明与教育科技成果，等等。（原文有删减）

**评析：**品德的核心是态度、是情感，而态度的形成与转变、情感的唤起与积淀仅仅依靠知识的传授是远远不够的，它需要情感的温暖、环境的熏陶、日常生活的历练。相比于学校教育目的明确、内容正规的德育内容和方式，各种学校内部和外部环境蕴含的隐性德育课程的影响可能更为强大和持久。从这个意义上说，青少年的德育工作应该是全社会共同担负起来的责任，而不应该仅仅是学校的责任。

idea

**思考：**从全员德育的角度，学校德育如何建构起全方位的隐性德育课程体系？

## 第四节　德育课程的价值诉求：体现学生立场

中国传统文化属于“群体主义文化”，我国传统的德育概念带有明显的社会取向。以几个典型的关于德育概念的界定为例：

《中国大百科全书教育卷》(1985)：德育是教育者按照一定社会或阶级的要求，有目的、有计划、有组织地对受教育者施加系统的影响，把一定的社会思想和道德转化为个体的思想意识和道德品质的教育。

胡守棻主编的《德育原理》(1989)：德育即将一定社会或阶级的思想观点、政治准则、道德规范转化为个体思想品德的教育活动。

鲁洁、王逢贤主编的《德育新论》(2000)：德育是教育者根据一定社会和受教育者的需要，遵循品德形成的规律，采用言教、身教等有效手段，在受教育者自觉积极参与的互动中，通过内化和外化，发展受教育者的思想、政治、法制和道德几方面素质的系统活动过程。

德育往往站在社会的角度向受教育者提出各种各样的要求，个人的生活目标和价值理想在某种程度上都被社会化、同一化了。德育无论是内容与目标均远远脱离学生的生活现实。①

基于传统德育的弊端，《义务教育品德与生活课程标准(2011 年版)》强调品德与生

① 万伟. 开放性——小学德育校本课程开发的实践与研[D]. 南京师范大学，2003：3.

活课程是一门以小学低年级儿童的生活为基础，以培养具有良好品德与行为习惯、乐于探究、热爱生活的儿童为目标的活动型综合课程。该标准还详尽阐述了该课程的四个基本理念：

1. 引导儿童热爱生活、学会关心、积极探究是课程的核心

品德与生活教育应当引导儿童在体验自身生活和参与社会生活的过程中，学会热爱生活、创新生活；在服务自我、他人和集体的行动中，学会关心、学会做人；在与自然以及周围环境的互动中，主动探究，发展创新意识和实践能力。

2. 珍视童年生活的价值，尊重儿童的权利

童年是一个蕴藏着巨大发展潜力的生命阶段。童年生活具有不同于成人生活的需要和特点，它本身蕴藏着丰富的发展内涵与价值。

学校生活是童年生活的重要组成部分，参与并享受愉快、自信、有尊严的学校生活是每个儿童的权利。

3. 道德存在于儿童的生活中，德育离不开儿童的生活

道德寓于儿童生活的方方面面。儿童品德的形成源于他们对生活的体验、认识、感悟与行动。只有源于儿童实际生活和真实道德冲突的教育活动才能引发他们内心的而非表面的道德情感、真实的而非虚假的道德认知和道德行为。良好品德的培养必须在儿童的生活中进行。

4. 让教与学植根于儿童的生活

儿童的知识是通过其在生活及活动中的直接体验、思考、积累而逐步建构起来的；儿童的发展是其怀着对生活的热爱，通过参与丰富多彩的生活实践，与外部环境积极互动而逐步实现的。课程必须植根于儿童的生活才会对儿童有意义，教学必须与儿童的生活世界相联系才能真正促进儿童的成长。

《义务教育品德与社会课程标准(2011年版)》也强调了类似的课程基本理念：帮助学生参与社会、学会做人是课程的核心；学生的生活及其社会化需求是课程的基础；提高德育的实效性是课程的追求。

小学品德课标的理念如果用一句话来概括，就是德育课程应该体现“儿童立场”。

## 案例　立足儿童立场　构建小学品德拓展性课程①

王静娟　平湖师范附属小学

我校依托绘本和地方民俗文化，尝试开发与实施基于儿童立场的小学品德拓展型课程，引领学生走进广阔的生活世界。

① 王静娟. 立足儿童立场　构建小学品德拓展性课程[J]. 浙江教育科学，2016(3).

## 一、成长主题绘本:提升童年生活价值

好的课程应该是站在儿童的立场,基于儿童的认知与生活经验,关注儿童内心需要的情智共生课堂。以绘本《鳄鱼怕怕 牙医怕怕》为例:

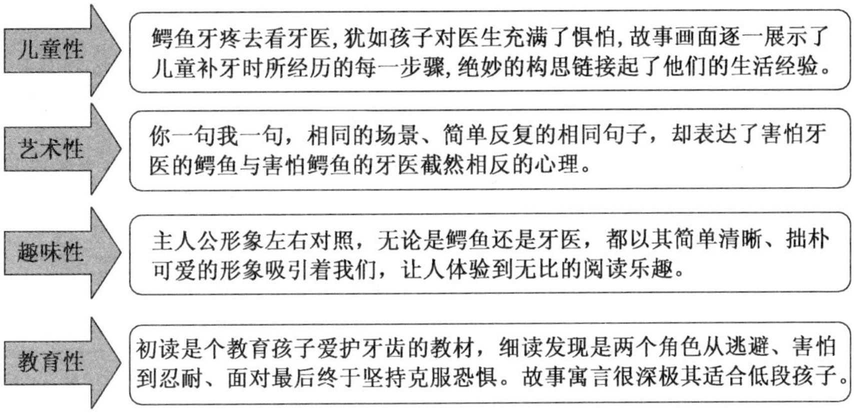

| | |
|---|---|
| 儿童性 | 鳄鱼牙疼去看牙医,犹如孩子对医生充满了惧怕,故事画面逐一展示了儿童补牙时所经历的每一步骤,绝妙的构思链接起了他们的生活经验。 |
| 艺术性 | 你一句我一句,相同的场景、简单反复的相同句子,却表达了害怕牙医的鳄鱼与害怕鳄鱼的牙医截然相反的心理。 |
| 趣味性 | 主人公形象左右对照,无论是鳄鱼还是牙医,都以其简单清晰、拙朴可爱的形象吸引着我们,让人体验到无比的阅读乐趣。 |
| 教育性 | 初读是个教育孩子爱护牙齿的教材,细读发现是两个角色从逃避、害怕到忍耐、面对最后终于坚持克服恐惧。故事寓言很深极其适合低段孩子。 |

**图 1 绘本《鳄鱼怕怕 牙医怕怕》教育价值分析**

成长主题绘本课程围绕成长——这一儿童生活的主题,梳理了品德教材的相关内容,以图文并茂的形式为学生编织了多彩的生活世界,挖掘儿童生活的价值。

1. 单元辅助绘本,延伸品德教学

基于教材分析,根据一年级儿童特点,开发了三个单元绘本以辅助教学。例如,老师们在多年的教学实践中发现,孩子们往往对妈妈比较熟悉,也更加依恋妈妈;而爸爸对孩子的关心或深沉或含蓄,容易被忽视。绘本《我爸爸》便是针对这一问题,为亲子铺设感情的跑道,让品德课堂有了更多爱的生长。

**表 1 《我爱我家》绘本课程**

| 课文 | 教学目标 | 绘本课程 |
|---|---|---|
| 1. 我的爸爸妈妈 | 1. 介绍自己的父母。<br>2. 学会向父母表达自己的尊敬和爱。 | 《我爸爸》 |
| 2. 亲亲热热的一家人 | 1. 学习礼貌用语并运用到生活中。<br>2. 辨析家庭言行,纠正不良言行。 | 《幸福的大桌子》 |
| 3. 让我自己来吧 | 1. 培养力所能及的生活自理能力。<br>2. 养成良好的生活习惯。<br>3. 愿意并能为父母做一些事。 | 《自己的事自己做》 |

2. 绘本故事改编,链接现实生活

在品德教材中,“四季与生活”主题以春节作为教学起点,穿插了新年、春天、儿童节、中秋节、秋天等内容。教学时间跨度大,内容庞杂。我们梳理了品德教材中的相关内容,结合孩子的成长需要,改编绘本故事,开发了主题系列绘本(见表 2)。

**表 2 “四季与生活”主题系列绘本**

| 主题 | 单元 | 课文 | 开发绘本 | 教育价值 |
| --- | --- | --- | --- | --- |
| 四季与生活 | 一上四单 | 《我们一起过新年》 | 《穗穗黏黏》 | 借助此绘本故事，让孩子们充满童趣的学习过程中了解过年的由来。 |
| | 一下一单 | 《春天的歌》 | 《遇见春天》 | 跟随玛库和玛塔这对双胞胎小熊去找“春天”，从而认识春天的特征。 |
| | 一下三单 | 《我在班级中》(了解儿童节) | 《阿呜国王的儿童节》 | 在阿呜国王绘本故事的改编中，感受儿童节的由来。 |
| | 二上二单 | 《我是中国人》(中秋节的来历等) | 《兔子兔子红眼睛》 | 将节庆故事化、拟人化，突破了传统，让孩子们从中了解节庆由来，感受节庆带给人们不同的体验。 |
| | 二上三单 | 《金色的秋天》 | 《14 只老鼠挖山药》 | 本书以黄为主色调，各种深深浅浅的黄色茎叶，点缀以红色的果实、紫色的花儿，组成了大自然的秋天美景。在故事的赏析中感受秋天是个收获的美丽季节，同时启迪孩子们：智慧是从劳动中产生的，劳动使人聪明。 |
| | 二下三单 | 《家在自然中》 | 《不一样的小动物》 | 借助一个又一个生动有趣的小动物故事，帮助孩子们迎接成长过程中面临的种种疑问和挑战。 |

3. 绘本慧心课程，关注生命成长

以“生命”主题开发的绘本慧心课程(见表 3)，旨在提升学生的品格素养和气质性情，让学生具有积极乐观、多元前瞻的视野，成为一个人格健康、心灵丰盈、精神明亮的人。

**表 3 生命主题绘本慧心课程内容结构**

| 章题 | 节题 | 绘本书目 | 学习目标 |
| --- | --- | --- | --- |
| 第一章 倾听花开 | 喜迎新生 | 《我家宝贝要出生》 | 学生感受生命的来之不易并学会珍惜；懂得成长中身体变化、心理的抗拒都是正常现象，学会愉悦面对，并能享受美好。 |
| | 蓓蕾初放 | 《有什么毛病》 | |
| | 美味童年 | 《我不想长大》 | |
| 第二章 品味成长 | 喜爱自己 | 《我》阅读链接:《很新很新的我》 | 学生感受成长的别样风采；学会认识自我、欣赏自我、悦纳自我；能以积极的态度面对迷茫、孤独，青春路上变得更勇敢，更有力量。 |
| | 成长变奏 | 《我有一条红裤子》 | |
| | 成长故事 | 《星空》 | |

(续表)

| 章题 | 节题 | 绘本书目 | 学习目标 |
|---|---|---|---|
| 第三章<br>享受阳光 | 沐浴亲情 | 《驴小弟变石头》<br>阅读链接:《大姐姐小妹妹》 | 学生珍惜友情、亲情,拥有一颗感恩之心;懂得付出爱与关怀,为他人带来福祉,幸福自己的人生。 |
| | 爱的季节 | 《猪小妹谈恋爱》<br>阅读链接:《没人喜欢我》 | |
| | 温暖人间 | 《花婆婆》<br>阅读链接:《凯琪的包裹》《莱恩的愿景》 | |
| 第四章<br>逆风飞扬 | 勇敢说"不" | 《我不喜欢你这样对我》 | 学会面对霸凌,能勇敢说"不",捍卫自身的人身安全;懂得存在的最大价值,是能够虔诚之心为他人带来光明;面对困境,能保持乐观心态、勇敢面对。 |
| | 点亮心灯 | 《培培点灯》 | |
| | 笑对生活 | 《妈妈的红沙发》<br>阅读链接:《柠檬滋味》 | |
| 笑五章<br>亲近生灵 | 走近自然 | 《种子笑哈哈》 | 懂得每个生命的个体,都值得珍视;学会爱护自然、尊重生命,拥有平等的生命的意识;学会对待自然也要有一颗感恩之心,并懂得回报。 |
| | 感谢自然 | 《世界为谁存在》 | |
| | 回馈自然 | 《我的黄色小番茄》 | |

**评析:**德育的儿童立场。如何把道德认知转化为道德实践,课堂显然是最重要的阵地。新型的德育课程、课堂不应该是传统的我讲你听,不应该是讲平常说的冠冕堂皇的话,而是要用对话的方式,讲孩子们生活中的事,讲孩子们最需要的东西。"德育课程,最应该体现的是学生立场。"所谓学生立场,就是关注学生成长的需要或者发展的需要,关注儿童的生活现实。儿童喜欢故事胜过道理,喜欢活动胜过训话,喜欢参与胜过旁听。把道理故事化,德育课程活动化、参与化可能是德育儿童立场最好的体现。

传统德育的特征是权威主义、成人主义,过度关注社会和成人对孩子的要求,过度强调对孩子的约束和管理,有意或无意地忽略了孩子的心理发展规律,有意无意地忽略了孩子的想法和需求,因此称之为"无人的德育"一点也不为过。这次呼吁德育"体现学生立场",无疑是切中时弊的,也值得广大教育工作者们警醒。

idea

**思考:**体现学生立场的观念无疑是新颖的、有益的,如何在德育课程建设中体现学生立场?

## 二、开发地方课程:传承民俗文化

热爱家乡和祖国,珍视祖国的历史和文化,具有中华民族的归属感和自豪感,是品德课程学习的重要目标。教材多处涉及家乡这一主题(见表4),激活地方民俗文化资源,有助于在弘扬传统文化,引领学生感受乡土文化魅力的同时,拓展儿童的生活世界,激发学生的归属感和自豪感。

1. 走近方言民俗节日

学校依托周一下午的拓展课程实施时间,基于嘉兴方言和嘉兴的传统节日民俗,开发了民俗拓展课程(见表4)。如用方言读儿歌,走近嘉兴传统节日等,通过演一演、说一说、试一试等教学活动方式,让孩子了解家乡风俗习惯,感受亲切的平湖方言,孩子们乐在其中,自豪感油然而生。

**表4　民风民俗主题拓展课程**

| 系列1《学讲嘉兴话》 | | | |
|---|---|---|---|
| 教学内容 | 教学目标 | 教学方法 | 课时安排 |
| 喊喊你我他 | 1. 初步了解嘉兴方言,学习简单生活用语的会话。<br>2. 巩固所学嘉兴方言的运用。<br>3. 熏陶热爱嘉兴的思想感情。 | 1. 欣赏嘉兴方言创作的作品,如歌曲、相声等。<br>2. 自主搜集有关嘉兴方言的发音规律。<br>3. 自主搜集有关嘉兴方言的文本及电子资料并交流、展示。 | 每个主题一课时 |
| 说说小动物 | | | |
| 数数时间 | | | |
| 讲讲我家 | | | |

2. 感受乡土文化魅力

《乌镇的皮影戏》(见表5)。这一课程包括四个课时,从影片再现,了解进程——比较差异,领略风采——搜集资料,分享皮影——动手编演,触摸皮影,让孩子充分认识家乡的皮影戏,领略乡土传统艺术的魅力。

**表5　乌镇的皮影戏**

| 系列3《乌镇的皮影戏》 | | | |
|---|---|---|---|
| 教学内容 | 教学目标 | 教学方法 | 课时 |
| 皮影戏 | 1. 欣赏嘉兴经典皮影戏录像,了解皮影戏的发展演变进程。<br>2. 了解其他地区、外国的游戏,了解其他游戏的风采。<br>3. 自主搜集有关嘉兴皮影戏的文字及电子资料并交流、展示。<br>4. 改编皮影戏。 | 1. 初步了解皮影戏演变的历程和所包含的文化意义。<br>2. 在对比游戏欣赏中,加深对嘉兴皮影戏的认识。<br>3. 熏陶热爱嘉兴乡土文化之情。<br>4. 在亲身体验中,进一步感受文化这魅力。 | 4课时 |

此外,还有嘉兴特产系列,从平湖糟蛋、桐乡杭白菊到嘉兴粽子、嘉善黄酒等;说说嘉兴名人,从海盐三毛、海宁徐志摩至平湖李叔同等,课堂也从教室走向了叔同纪念馆等;说说嘉兴的经济,从古至今,从数据分析、典型人物的讲述到经济开发区的参观等,

让孩子走进家乡，在触摸家乡、感受家乡触摸平湖传统文化的脉搏，从小课堂走向地方大世界，为孩子们搭建更广阔的成长舞台。

**评析**：这个案例可以说正好契合了上文所提到的"体现儿童立场"这个理念，也算是"体现儿童立场"德育理念的具体化。从这个意义上说，平湖师范附属小学的校本德育课程建设的方案和实践代表了当下德育课程改革的新方向。

idea

**思考**：如何衡量德育课程建设方案的针对性、可操作性和可推广性？如何评价该小学德育课程建设经验的可操作性和可推广性？

## 第五节　学校德育课程开发

从较为宽泛的角度看，德育课程指的是教育者从促进品德形成与社会性发展出发，对学生在教师指导下的学习活动或经验的组织与设计。

校本德育课程开发就是学校在国家和上级有关教育部门规定设置的德育课程之外，在国家和地方颁布的"德育大纲"的指导下，对本校学生的需要进行科学的评价，充分利用学校中以及当地社区中的德育资源，以学校的教师和学生为主体、借助社区等相关的人员的力量，选择、改编或者新编适用于对本校学生进行思想、道德、政治和心理品质教育的教材、活动的一种行为。①

按照开发的路径，校本德育课程开发大致包括三个基本层面：一是在国家的课程框架体系内，教育主体从落实道德教育出发，对各类课程所进行的规划、设计、实施与评价，此为广义的校本德育课程开发；二是学校、教师作为教育主体从取得德育实效出发，对各类课程进行的校本化规划、选择与落实；三是学校、教师作为课程开发主体在国家预留的课程空间内，从地区、学校实际出发所进行的、完全自主意义上的德育课程开发。②

① 郑英. 小学德育校本课程开发的策略研究[D]. 辽宁师范大学，2011：3.
② 郑航. 校本德育课程开发：特征、目标与策略[J]. 教育科学研究，2006(11).

按照内容，可以把德育校本课程开发分为：知识性德育校本课程、实践性德育校本课程和隐性德育校本课程。①

所谓知识性德育校本课程是指学校根据本校和学生实际，通过对教材的补充、创造、拓展等方式或新编适合学生需求的教材，系统地向学生传授有关道德知识、观念、理论，以促进受教育者思想道德认知、观念、理想乃至道德情感、意志、行为习惯的形成与发展的课程。

所谓实践性德育校本课程是指学校正式设立的以学生思想道德素质发展为中心，以实践活动为主要形式的一种课程形态。其形式有主题班会、问卷调查、社会观察、娱乐竞赛、升旗仪式、成人仪式、辩论讲演、爱心捐助、社区服务、参观访问等。

隐性德育校本课程是学校为了实现教育目标，以不明确的、内隐的方式，使受教育者获得思想道德方面经验的教育内容和因素的总和。学校提供给学生的思想道德教育影响，并不是通过直接的德育经验的方式出现，而是隐含在各科教学活动、校园物质环境、校园精神文化环境之中，通过学生自己实践感受、体会和参与获得。

## 案例一：国学文化“五微”德育模式②

彭李芳　泰州市实验小学

泰州市实验小学从“微”处入手，创造性地构建了“五微”教育模式，让传统国学文化成功嫁接晨会课堂，利用中华优秀传统文化的精髓来推动未成年人思想道德建设。

国学微经典。为体现与时俱进的时代气息，学校从《小学生守则》、“社会主义核心价值观”“八礼四仪”等内容中找出未成年人道德教育的“着力点”，再从中华传统文化中找出相应的“契合点”，两者结合确立特色鲜明的晨会国学教育主题，如诚实守信、孝老爱亲、自律守法、友善仁爱、立志奋斗等。同时，根据不同的年级段学生的认知水平，梯度选择适宜的国学经典名句、名段或者名篇。例如：围绕“诚实守信”教育主题，低年级微经典取自《弟子规》和《三字经》，而中年级和高年级则分别选自《增广贤文》和《论语》等，这样，从低、中、高三个学段的实际出发，形成国学晨会教育的进阶体系，从而达到各年龄段未成年人道德品质的培养目标。

国学微解读。晨会国学课上，教师对国学原文进行准确、简明的解读的同时，注重梳理出其中的现代教育价值，对微经典进行引申解读。例如，子贡问曰：“有一言而可以终身行之者乎？”子曰：“其‘恕’乎？”原文解读为，孔子的弟子子贡问道：“有一个字可以终生奉行的吗？”孔子说：“大概是‘恕’吧？”引申解读为：厚德载物，雅量容人。宽容别

① 方素英．德育校本课程的开发研究[D]．福建师范大学，2005：7－10．

② 彭李芳．国学文化的“五微”德育模式[N]．江苏教育报，2016－8－19(003)．

人，其实就是宽容自己。多一点对别人的宽容，生活中才会多一点温暖和阳光。微解读进一步深化了宽容待人的教育主题，有助于学生更好地理解国学经典，学会人与人之间的相处之道。

国学微故事。晨会国学突破老师讲、学生听的传统模式，由教师精选配套的国学微故事，通过故事的形式为深奥的国学经典作注解，进一步讲清讲透国学经典的内涵，让国学经典阐释从单薄到立体，提高学生对教育主题的认识和理解。例如：围绕“勤奋好学”这个教育主题，选配《凿壁借光》《孟母断织教子》《手不释卷》《野狼磨牙》等生动形象的国学小故事，激励未成年人教而好学，勇于做更好的自己。

国学微感悟。晨会国学课上，在对国学微经典进行引申微解读、故事微阐释的基础上，突出互动参与性，由国学老师引导学生展开小组讨论，谈感悟、谈体会。通过同学之间的讨论交流，共同感悟做人的道理，使学生将国学经典内化于心，在集体大讨论的氛围中，促进未成年人主动追求道德品质的自我提升。

国学微实践。为最大限度地彰显国学教育的新价值、新追求和新境界，让国学教育落地生根，学校进一步延伸晨会课堂的教育触角，通过课后实践作业，进一步引导学生将所学经典外化于行，进一步提高国学教育实效。例如：围绕“知错就改”这个教育主题，让学生找一找自己的缺点，给自己做一个改正缺点的进度表，在生活中自我对照、自我反省、自我改正，提升未成年人思想道德自我教育的能力，也升华了晨会国学课的品质。

国学文化引领的“五微”德育模式，创造性地把博大精深的国学文化与青少年思想道德建设联系起来，用传统文化的知识智慧和理想思辨唤醒青少年的精神成长和德行养成，传统文化内化于心，外化于行，培养学生的文化自信、自觉和优秀道德品质。

**评析：**中国传统文化是一种伦理中心主义的文化，国学经典中关于道德教育的思想和典故无疑是现代德育理论和实践的重要思想资源。泰州实小有意识地从中选择精华与现代德育相融合，开创了德育课程开发的新思路。这种做法和思路值得借鉴。当前中央在提倡“文化自信”，国学经典中所蕴含的思想与智慧是构成和提升这种文化自信的重要来源。德育理论和实践都应该注意吸取传统文化中的精华，更好地与现代精神相融合，努力塑造承前启后的一代新人。

idea

**思考：**传统儒家文化既有精华也不乏糟粕，如何辩证地认识传统儒家文化的所长所短？选择其中一个观点或方面谈谈自己的看法。

## 案例二：小学主题大单元德育课程的校本开发①

新镇中心校课题组执笔

### 一、把小学生的习惯养成梳理为十个主题

把小学生的习惯养成梳理为十个主题，即有理想、知节约、守规则、爱劳动、会健体、会交往、有才艺、爱读书、懂感恩、有毅力。每月一个德育主题，把学校的班会、晨会、队会与品德课程、心理健康教育统整设计，全部德育都以习惯养成为中心和重点。通过小学六年的德育，让小学生在人生基本价值取向上都能够基本达到国家的要求和社会、家庭的期望。为学生的终生发展奠定良好的道德基础，也为学校的特色发展和教师的幸福成长奠定基础。

### 二、构建小学生良好行为习惯养成的有效路径

1. 主题阅读——让良好习惯根植心灵

以 12 个好习惯养成为主题，选择与主题相关的诗词、美文等，按年段进行阶梯式编稿。建立"晨诵、午读"的长效机制，每月围绕一个重点习惯，开发并丰富诵读内容，真正让阅读成为孩子日常的生活方式，借助阅读为孩子的习惯养成奠定知识和情感基础，让良好习惯根植心灵。

2. 主题课程——让良好习惯浸润课堂

每个月不仅所有班级课表中的晨会、班会、队会、品德、心育课均围绕该月主题统筹安排。在实践中我们还探索了多种德育课教学模式：如心育课的"心灵点击—心灵探索—心灵导航—心灵牧场"教学模式；班会课的"常规活动、专题活动、特色活动"活动模式；晨会课的"故事晨会、游戏晨会、诵读晨会"教学模式；品德课的"联、动、悟、行"（联——勾联整合，动——活动构建，悟——体验内化，行——有效践行）教学模式。这些教学模式使学生的习惯培养在各具特色的德育课程教学中得到浸润，融入生命。

3. 主题实践——让良好习惯天天实践

知行结合是习惯养成的重要环节，实践体验是生命成长中不可或缺的独特享受，在小学生良好行为习惯养成教育的研究和实践过程中，我们各成员学校结合学校特点和师生实际，创设情景，营造氛围，按低中高阶梯式设计实践性活动，提供学生多样化的体验平台。同时进一步整合学校特色活动、综合实践活动等板块，使习惯养成教育与学校常规管理、主题活动等融为一体。有生活回家作业，有小组合作活动，有班级年级实践基地体验，有走进社区社会活动等，让好习惯天天实践。

4. 主题展示——让良好习惯随处呈现

将培养良好习惯过程中的学生实践活动照片、日记、画作、小报、卡片、实物作品等

---

① http://wm.jschina.com.cn/9654/201504/t2131149.shtml. 2015-04-27.

成果采用丰富多彩的形式展示。展示平台有：班级展示墙、学校展示园、专题展板、主题广播，及校园电视台、《昆山日报》、学校网站等。同时与聆听窗外声音、培养卓越口才、建设数码社区等行动融合，让良好习惯随处呈现。各成员学校联合开展的主题月展示曾经轰动昆山教育，在苏州电视台多次报道。

随处呈现的好习惯在展示中得到强化，孩子们在举手投足间、在班级校园里、在社会舆论中、在家长的赞赏下随处享受着习惯带来的喜悦和收获。

5. 主题反思——让良好习惯与日俱进

主题反思包括评价策略和师生随笔两大板块。评价策略指每月均设计该月习惯养成的评价表、过程性评价要点等。师生随笔体现每日一省，以学生随笔和教师随笔为主要形式，通过一个个具体生动的案例，向大家提供可借鉴、可操作的实践路径和智慧经验。面对千差万别的生命个体，各成员学校坚持优化操作流程，及时记录典型个案，组织有效反思，不断提高习惯养成的针对性和实效性，让良好习惯与时俱进。

**三、以习惯养成为重点，将其主题化、单元化**

小学德育的重点是习惯养成，人的习惯养成一般要经过21天的重复练习，我们尝试用"每月一个主题"的办法来培养习惯。遵循"关注内容，讲究方式；考虑时节，照应常规；强调价值引领，注重实践导行"三大原则。总结提炼出12个习惯养成主题，即：节约、规则、公益、自然、劳动、艺术、健身、交往、求知、感恩、自信、自省。将小学生习惯养成主题化、单元化。

**四、以校本开发为方式，将其序列化、课程化**

在小学生的良好习惯养成上，教师要有教材依托、家长要有系统培训。我们依托主题大单元校本德育课程，把小学生的习惯养成教育序列化且课程化。老师有了校本课程，就有了系统的小学生习惯养成的具体的内容，使家长也明确了每月的习惯养成主题。同时也弥补了校本德育课程的空缺，为学校校本德育课程建设提供了范例，为小学生习惯养成教育探索了一条有效路径。

**五、以德育课堂为阵地，将其模式化、常态化**

我们依托国家和校本德育课程，探索了小学生良好行为习惯养成的教学模式：主题阅读——让良好习惯根植心灵；主题课程——让良好习惯浸润课堂；主题实践——让良好习惯天天练习；主题展示——让良好习惯随处呈现；主题反思——让良好习惯与日俱进。将习惯养成在德育课中得到落实，并且常态化地反复训练，使好习惯得以巩固。

（来源：昆山市文明办）

---

**评析：**这个案例的亮点在于通过系列实践培养学生的良好行为习惯。传统德育课程往往以知识、观念抑或是情感为主，以实践活动为主的课程相对较少。该校的这种课程内容体系强调通过实践培养学生良好的行为习惯，符合小学生心理发展规律，也具有一定的科学性和可操作性。相关经验值得借鉴和推广。

---

**思考**:该校的德育课程开发实践探索以行为习惯的培养为主要目标当然是可以的,但学生的品德成长除了行为习惯的培养之外,还需要道德认识的传承和道德情感的培养。如果向该校提出德育课程开发的改进建议,你认为还有哪些方面应该进一步改进?

## 附录:传统德育内容

### 一、童蒙须知

作者朱熹,字元晦,又字仲晦,号晦庵,晚称晦翁,谥文,世称朱文公。祖籍江南东路徐州府萧县,南宋时朱氏家族移居徽州府婺源县(今江西省婺源),出生于南剑州尤溪(今属福建省尤溪县)。宋朝著名的理学家、思想家、哲学家、教育家、诗人,闽学派的代表人物,儒学集大成者,世尊称为朱子。朱熹是唯一非孔子亲传弟子而享祀孔庙,位列大成殿十二哲者中。朱熹是程颢、程颐的三传弟子李侗的学生,任江西南康、福建漳州知府、浙东巡抚,做官清正有为,振举书院建设。官拜焕章阁侍制兼侍讲,为宋宁宗皇帝讲学。朱熹著述甚多,有《四书章句集注》《太极图说解》《通书解说》《周易读本》《楚辞集注》,后人辑有《朱子大全》《朱子集语象》等。其中《四书章句集注》成为钦定的教科书和科举考试的标准。

夫童蒙之学,始于衣服冠履,次及言语步趋,次及洒扫涓洁,次及读书写文字,及有杂细事宜。皆所当知。今逐目条列,名曰童蒙须知。若其修身、治心、事亲、接物、与夫穷理尽性之要,自有圣贤典训,昭然可考。当次第晓达,兹不复详著云。(蒙养从入之门,则必自易知而易从者始。故朱子既尝编次小学。尤择其切于日用,便于耳提面命者。著为童蒙须知。使其由是而循循焉。凡一物一则,一事一宜,虽至纤至悉,皆以闲其放心,养其德性,为异日进修上达之阶,即此而在矣。吾愿为父兄者,毋视为易知而教之不严。为子弟者,更毋忽以为不足知而听之藐藐也。)

衣服冠履第一。大抵为人,先要身体端整。自冠巾,衣服,鞋袜,皆须收拾爱护,常令洁净整齐。我先人常训子弟云,男子有三紧。谓头紧、腰紧、脚紧。头,谓头巾。未冠者,总髻。腰,谓以条或带,束腰。脚,谓鞋袜,此三者,要紧束,不可宽慢。宽慢,则身体放肆,不端严,为人所轻贱矣。凡着衣服,必先提整衿领,结两衽,纽带,不可令有阙落。饮食、照管,勿令污坏;行路、看顾,勿令泥渍。凡脱衣服,必齐整摺叠箱箧中。勿散乱顿放,则不为尘埃杂秽所污。仍易于寻取,不致散失。着衣既久,则不免垢腻。须要勤勤洗浣。破绽,则补缀之。尽补缀无害,只要完洁。凡盥面,必以巾帨遮护衣领,卷束两

袖，勿令有所湿。凡就劳役，必去上笼衣服，只着短便，爱护，勿使损污。凡日中所着衣服，夜卧必更，则不藏蚤虱，不即敝坏。苟能如此，则不但威仪可法，又可不费衣服。晏子一狐裘三十年。虽意在以俭化俗，亦其爱惜有道也，此最节身之要毋忽。

语言步趋第二。凡为人子弟，须是常低声下气，语言详缓，不可高言喧闹，浮言戏笑。父兄长上有所教督，但当低首听受，不可妄大议论。长上检责，或有过误，不可便自分解，姑且隐默。久，却徐徐细意条陈云，此事恐是如此，向者当是偶尔遗忘。或曰，当是偶尔思省未至。若尔，则无伤忤，事理自明。至于朋友分上，亦当如此。凡闻人所为不善，下至婢仆违过，宜且包藏，不应便尔声言。当相告语，使其知改。凡行步趋跄，须是端正，不可疾走跳踯。若父母长上有所唤召，却当疾走而前，不可舒缓。

洒扫涓洁第三。凡为人子弟，当洒扫居处之地，拂试几案，当令洁净。文字笔砚，凡百器用，皆当严肃整齐，顿放有常处。取用既毕。复置元所。父兄长上坐起处，文字纸扎之属，或有散乱，当加意整齐，不可辄自取用，凡借人文字，皆置簿抄录主名，及时取还。窗壁，几案，文字间，不可书字。前辈云，坏笔，污墨，瘝(解：旷废，音：同关)子弟职。书几书砚，自黥(解：刺刻花纹并涂颜料，音：同晴)其面。此为最不雅洁。切宜深戒。

读书写文字第四。凡读书，须整顿几案。令洁净端正。将书册整齐顿放。正身体，对书册，详缓看字，仔细分明读之。须要读得字字响亮。不可误一字。不可少一字。不可多一字。不可倒一字。不可牵强暗记。只是要多诵遍数，自然上口，久远不忘。古人云。读书千遍，其义自见。谓熟读，则不待解说，自晓其义也。余尝谓读书有三到。谓心到、眼到、口到。心不在此，则眼不看仔细。心眼既不专一，却只漫浪诵读，决不能记。记，亦不能久也。三到之法，心到最急。心既到矣，眼口岂不到乎？凡书册，须要爱护，不可损污绉摺。济阳江禄，书读未完，虽有急速，必待掩束整齐，然后起。此最为可法。凡写文字，须高执墨锭，端正研磨，勿使墨汁污手。高执笔。双钩，端楷书字，不得令手指着豪。凡写字。未问写得工拙如何，且要一笔一画，严正分明，不可潦草。凡写文字。须要仔细看本。不可差讹。

杂细事宜第五。凡子弟。须要早起晏(解：晚，音：同燕)眠。凡喧闹争斗之处，不可近。无益之事，不可为。凡饮食有则食之，无则不可思索。但粥饭充饥，不可阙(解：缺少、亏损，音：同缺)。凡向火，勿迫近火旁。不惟举止不佳，且防焚爇(解：烧，音：同弱)衣服。凡相揖必折腰。凡对父母长上朋友，必称名。凡称呼长上。不可以字，必云某丈。如弟行者，则云某姓某丈。凡出外，及归，必于长上前作揖。虽暂出，亦然。凡饮食于长上之前，必轻嚼缓咽，不可闻饮食之声。凡饮食之物，勿争较多少美恶。凡侍长者之侧，必正立拱手。有所问，则必诚实对。言不可忘。凡开门揭帘，须徐徐轻手，不可令震惊声响。凡众坐，必敛身，勿广占坐席。凡侍长上出行，必居路之右。住，必居左。凡饮酒，不可令至醉。凡如厕，必去外衣。下，必盥手。凡夜行，必以灯烛，无烛，则止。凡待婢仆，必端严，勿得与之嬉笑。执器皿，必端严，唯恐有失。凡危险不可近。凡道路遇长者，必正立拱手。疾趋而揖。凡夜卧，必用枕。勿以寝衣覆首。凡饮食举匙，必置箸。举箸，必置匙。食已，则置匙箸于案。杂细事宜，品目甚多。姑举其略。然大概具矣。

凡此五篇，若能遵守不违，自不失为谨愿之士。必又能读圣贤之书，恢大此心，进德修业，入于大贤君子之域，无不可者。汝曹宜勉之。

**二、朱子家训**

黎明即起，洒扫庭除，要内外整洁。

既昏便息，关锁门户，必亲自检点。

一粥一饭，当思来处不易；半丝半缕，恒念物力维艰。

宜未雨而绸缪，毋临渴而掘井。

自奉必须俭约，宴客切勿流连。

器具质而洁，瓦缶胜金玉；饮食约而精，园蔬逾珍馐。

勿营华屋，勿谋良田。

三姑六婆，实淫盗之媒；婢美妾娇，非闺房之福。

奴仆勿用俊美，妻妾切忌艳妆。

宗祖虽远，祭祀不可不诚；子孙虽愚，经书不可不读。

居身务期质朴，教子要有义方。

勿贪意外之财，勿饮过量之酒。

与肩挑贸易，毋占便宜；见贫苦亲邻，须加温恤。

刻薄成家，理无久享；伦常乖舛，立见消亡。

兄弟叔侄，须分多润寡；长幼内外，宜法肃辞严。

听妇言，乖骨肉，岂是丈夫；重资财，薄父母，不成人子。

嫁女择佳婿，毋索重聘；娶媳求淑女，勿计厚奁。

见富贵而生谄容者，最可耻；遇贫穷而作骄态者，贱莫甚。

居家诫争讼，讼则终凶；处世诫多言，言多必失。

勿恃势力而凌逼孤寡；毋贪口腹而恣杀牲禽。

乖僻自是，悔误必多；颓惰自甘，家道难成。

狎昵恶少，久必受其累；屈志老成，急则可相依。

轻听发言，安知非人之谮愬，当忍耐三思；

因事相争，焉知非我之不是，须平心再想。

施惠勿念，受恩莫忘。

凡事当留余地，得意不宜再往。

人有喜庆，不可生妒忌心；人有祸患，不可生喜幸心。

善欲人见，不是真善；恶恐人知，便是大恶。

见色而起淫心，报在妻女；匿怨而用暗箭，祸延子孙。

家门和顺，虽饔飧不济，亦有余欢；

国课早完，即囊橐无余，自得至乐。

读书志在圣贤，非徒科第；为官心存君国，岂计身家。

守分安命，顺时听天。为人若此，庶乎近焉。

# 主题四
# 小学德育方法

小学德育工作实施方案拓展阅读

- 教师关怀、尊重等积极情感表达的德育价值
- 积极情感表达的时机和方式
- 不同类型学生的心理特征和针对性的德育方法
- 理性说服的技巧
- 榜样和实践锻炼对小学生道德成长的特殊价值
- 规矩和惩罚的教育价值

教科书关于德育原则和方法的论述中，小学德育的原则一般包括：导向性原则、疏导原则、尊重学生与严格要求学生相结合原则、教育的一致性与连贯性原则、因材施教原则、知行统一原则、正面教育与纪律约束相结合的原则，依靠积极因素、克服消极因素的原则等。小学德育的方法一般包括：说服教育法、榜样示范法、陶冶教育法、指导实践法、品德评价法、品德修养指导法等。但现实德育工作中，很少会单独遵循某一原则或单独按照某一种方法要求去进行具体的德育工作实践。大部分的德育工作都会综合运用多种原则和方法，从而使得德育工作更有针对性，也力图取得更好的德育效果。尽管如此，日常德育工作中在综合运用多种德育原则和方法的同时，也往往会以某一种原则或方法为主，从而使得德育工作更为严谨和有序。本章把教师们日常德育工作中的多个案例按照其主要原则或方法分成四个部分：情感温暖篇、榜样示范篇、理性说服篇和实践锻炼篇，大致涵盖了“知、情、意、行”四个方面。

## 第一节　情感温暖篇

本篇案例以教师对学生的情感温暖为主。教师对学生的积极情感表达有多重方式，教师应该善于根据学生与事件的差异，恰当地选择不同的方式与时机，力求使学生能够真正感受到教师的积极情感。教师对学生的积极情感的表达会拉近学生与教师的关系，使得学生更愿意遵从教师的教育和指导。也就是常说的“亲其师，信其道”。同时，良好的师生关系本身也具有重要的心理和道德价值。

值得注意的是：教师对自身情感表达的感觉与学生对教师情感表达的真实感受可能并不统一。换句话说，教师自以为爱学生与学生是否体会到这种爱不是一回事。有时候，因为教师的不恰当的表达方式，学生可能并未感受到教师希望表达出的情感，更有甚者，学生的感受可能与教师的主观愿望恰好相反。

因此，教师既要有教育爱的表达愿望和意识，也应具有教育爱的表达能力和技巧。

## 案例一：老师，请看我一眼——自尊感的渴求[①]

课堂上，老师在教学生这样的关联词：“不是……也不是……而是……”老师讲清了关系，就请学生进行练习，为了了解学生是否掌握了这个关联词的用法，老师问“谁能用这个关联词说一句话？”孩子们发言很踊跃，教师听了，认为大体已经掌握了这个关联词中的逻辑关系，就点头说：“我们今天就练习到这里吧！”不料，王虎却举起了手，还没站稳就大声说：“我不是人，也不是狗，而是一只鸟。”课堂顿时笑声雷动，王虎也跟着大家一起笑了起来。

老师觉得他是故意在课堂上捣乱，就恼怒地对大家说：“有什么好笑的！”大家的笑声戛然而止。“王虎，你今天放学后到我的办公室！”老师严厉地说，大家都偷偷地看了一眼王虎，他的眼睛里闪着泪花，满脸委屈的样子，让大家为他捏着一把汗。

放学以后，王虎磨磨蹭蹭地走进了老师的办公室，老师正在批改作业，他走到老师的跟前，低着头不言不语，老师看了他一眼说：“你不是狗是肯定的，是不是鸟你自己也是知道的。”他吐了吐舌头。老师说：“你为什么要这样？”他的眼泪掉了下来。老师把自己的毛巾递给他，他不接，老师就替他擦了眼泪，老师的语气缓和了许多，“你说呀，是为什么呢？”他用极小的声音说：“我想让大家注意我，上课时哪位老师都不爱叫我回答问题，谁都不理我，我……我心里很难受。”老师很诧异地瞪着他，“那你……”接下去不知该说些什么。他说：“谁都不搭理我，我要是狗大家会更讨厌我的。我还不如是一只小鸟呢，飞的高高的，远远的，不再回来了。”他的眼泪像断了线的珍珠一样不断地落下来。

老师拉起他的小手，轻轻地为他擦去脸上的泪水，老师的心很痛，孩子那点点滴滴的泪滴在了老师的心上。

---

**评析：**王虎的行为可能会让教师特别是新教师感到恼火，误以为其在挑战教师的权

① 唐汉卫，张茂聪编著．中外道德教育经典案例评析[M]．济南：山东人民出版社，2005：208－209．

威。但判断学生的行动，一方面要看学生行动的后果，另一方面要揣测行动背后的动机。王虎的行动虽然导致课堂秩序的混乱和教师的窘迫，但却并没有挑战教师和课堂秩序的动机，他不过是需要教师和其他同学的关注。马斯洛认为，归属与爱的需要是人的基本需要，任何人都渴望他人的关注、接纳、认可，尤其是重要他人如教师的认可。王虎的课堂表现不过是这一需要的不当表现罢了。

案例中的教师在发火之后能及时意识和准确判断王虎的内在动机，没有采取一味批评的教育方式，而是平心静气的询问和沟通，显示出了较好的师德素养和教育技巧，也提醒人们对儿童的行为要做出全面和准确的判断尤为不易，尤其重要的是满足学生的自尊和归属需要。教师的宽容、关心和体贴是满足学生这一需要的最好策略，也是拉近师生关系的重要能力。

idea

**思考：**自尊是人的基本需要之一，日常生活中，为了自尊你做过哪些事情？学生为了自尊可能会做哪些事情？

## 案例二：一个自卑的孩子——呵护与激励[①]

李思甜是一位四年级的学生，她性格内向，平时不愿意跟同学们打交道。在人面前不苟言笑，上课从不主动举手发言，一提考试就没精神。如何帮助她增强自信心，走出这个阴影呢？

通过一段时间的观察，我发现她性格内向，学习习惯不是很好，上课听讲不太认真，容易走神，老师课后布置的预习和复习工作不能有序进行，课外作业也不能及时、认真地完成。每一次考试都很紧张，很担忧，考试对她来说，一次比一次害怕，一次比一次考得差，经历的挫折多了，失败也就多了，便产生了严重的自卑感，过重的心理负担使她不能正确评价自己的能力，一直怀疑自己。自信的缺失对学生的身心健康、生活、学习都有损害，那么究竟该如何引导学生增强自信，正确地评价自己呢？

1. 激励教育，唤起信心

为了减轻李思甜的畏惧心理，我在课余时间经常有意无意地找她闲谈，让她帮我抱作业本、发作业本，上课时从不公开点名批评她，发现她有所进步及时表扬，在上课时经常用眼神来鼓励她，还经常对同学说："看，李思甜今天坐得真端正，听课非常认真！""李

① http://blog.sina.com.cn/s/blog_6fe79f470100va4t.html. 2011-06-09.

思甜同学回答问题声音大了,能让我们听得清楚。”“李思甜同学……”渐渐的,李思甜开始喜欢和我接近了。一次,我进行课堂巡视时,她主动冲我笑了。

2. 家校沟通,促进自信

李思甜自信心缺失,很大一部分原因在于家庭的教育环境与方式。因此,我经常与家长联系,详细地分析了李思甜在校的表现及其各种原因,共同商量解决孩子不良心理状况的办法,建议家长选择适当的教育方式,要为孩子提供表现自己的机会。让孩子在家做力所能及的事,不管干什么,都要从中发现进步的地方,并马上夸奖她的闪光点,把家中得到的夸奖讲给老师和同学,把在学校得到的表扬告诉父母。李思甜从他人的肯定中得到了满足,增强了自信。

通过师生、家长的共同努力,李思甜现在有了很大的变化,她的学习成绩在逐渐提高,上课能专心听讲,敢于举手发言且声音响亮,下课能主动与同学交往、做游戏,愿意参加各种活动,与班级、同学融为一体。家长也反映在家学习主动,喜欢把班级的事讲给父母听,主动帮家长做些家务。

面对李思甜的改变,让我更加认识到激励的作用、集体的力量。因而,针对类似李思甜这样的学生,教师要循循善诱,不可操之过急,老师不要把注意力集中在孩子的不良表现上,要更多地关注孩子的优点和特长,放大孩子的优点,使之一步步放开自己的心绪,正确地评价自己,将自己融入集体中去,感受大家给她的善意,通过多元化的评价、各项活动的参与,使其自信自强。

---

**评析:**日常教育实践中,教师往往过多地关注了行为出格比如调皮捣蛋的学生,而对于那些“从不惹事”“不给老师添麻烦”但又各方面落后的学生缺乏足够关注,本案例就是一个典型。可喜的是教师注意到了这个自卑的孩子,并采取了较为恰当的方式加以对待。

---

idea

**思考:**日常生活中自卑的孩子会有哪些表现?怎样培养成绩落后的孩子的自信心?

## 案例三:卡耐基与继母的故事:信任的力量

卡耐基是美国著名的企业家、教育家和演讲口才艺术家。戴尔·卡耐基,被誉为

"成人教育之父"。卡耐基小时候是个大家公认的非常淘气的坏男孩。在他 9 岁的时候，他父亲把继母娶进家门。当时他们是居住在维吉尼州乡下的贫苦人家，而继母则来自较好的家庭。

他父亲一边向她介绍卡耐基，一边说："亲爱的，希望你注意这个全郡最坏的男孩，他可让我头疼死了，说不定会在明天早晨以前就拿石头扔向你，或者做出别的什么坏事，总之让你防不胜防。"

出乎卡耐基意料的是，继母微笑着走到他面前，托起他的头看着他。接着又看着丈夫说："你错了，他不是全郡最坏的男孩，而是最聪明、但还没有找到发泄热忱的地方的男孩。"

继母说得卡耐基心里热乎乎的，眼泪几乎滚落下来。就是凭着她这一句话，他和继母开始建立友谊。也就是这一句话，成了激励他的一种动力，使他日后创造了成功的 28 项黄金法则，帮助千千万万的普通人走上成功和致富的光明大道。因为在她来之前没有一个人称赞过他聪明。他的父亲和邻居认定他就是坏男孩，但是继母只说了一句话，便改变了他的生命。

卡耐基 14 岁时，继母给他买了一部二手打字机，并且对他说，她相信他会成为一位作家。他接受了她的想法，并开始向当地的一家报纸投稿。来自继母的这股力量，激发了他的想象力，激励了他的创造力，帮助他和无穷智慧发生联系，使他成为 20 世纪最有影响力的人物之一。

---

**评析**：这是许多人都耳熟能详的励志故事之一，且不论其真实性如何，但这篇故事的确展示了"信任"与"期望"的巨大的教育价值。对年幼的小学生而言，重要他人比如教师和父母的积极的情感表达和期待能够产生令人惊异的效果。

---

idea

**思考**：为什么继母的信任能够产生如此大的影响力？

## 案例四：听听乌龟的意见——小心呵护特困生的心理[1]

何　侠　浙江省彭埠第二小学

范同学由于父亲早逝，母亲患病，姐姐残疾而家境贫寒，成了学校的特困生。学校和社会在经济上给予她很多的帮助，老师和同学也尽可能地给予她更多的关怀。如"六一"节为她买礼物，老师在节假日买衣服、买学习用品去她家慰问。新学期开始了，老师又买了衣物送给她。但是令人费解的是，范同学在学校学习期间，从不穿老师同学买的衣服，大家问她为什么，她也总是笑笑不做答。

在和她妈妈的一次交谈中了解到，孩子在她面前哭诉过自己的烦恼。她不要别人的可怜，不要别人的同情。老师和同学的赠予让她觉得低人一等，让她很自卑。听完这位母亲的倾诉，我忽然发现，原来我们这些打着"关爱"旗号的给予，对范同学造成了极大的伤害。她那颗原本充满自信的心，在我们一次次的赠予中缩小。我们的每一次关爱都是对她的伤害，大家从来没有想过她需要什么。我们以自己的思维方式想当然地设想别人的内心世界。但是，我们都错了，我们错在从来没有给过范同学发言的机会。

以后的日子里，我特别注意自己的言行，并和班级中几个小干部悄悄商定，我们不再给范同学特殊的照顾。一段日子后，范同学变了，虽然老师同学送的衣物她还是没有使用，但在那坚定的目光里我们感受到了她的那份自信。

教师在从事日常教育教学工作时常常会犯主观臆断的错误。我们在做出某项决定时，往往打着"爱"的旗号，但结果会带来"恨"的回报。其实原因很简单，我们在做决定时，没有听乌龟自己的意见。我们常常在课堂上教育孩子要学会倾听，倾听不仅仅是一种技巧，更是一种为人的品质。对大多数教师来说，在对待教育的问题，特别是弱势群体的教育上我们缺少的不是技巧，而是品质。

---

**评析：**身处"特困"境遇而又具有特别敏感的天性可能会使得孩子体会到别人难以体会的困惑与痛苦，教师要对这样的孩子予以特殊的关注。这种特殊不一定是多加关注，恰恰相反，可能应该减少关注，至少让这个孩子自己不要体会到这种关注。教师要采取特殊的方式在不知不觉中帮助这样的孩子，以保护孩子那颗本来就已经历经磨难而又敏感、脆弱的心灵。

---

① 中国教育学会小学德育研究会编. 春泥护花[M]. 南京：河海大学出版社，2007：127－158.

思考：如何“神不知、鬼不觉”地帮助这样的孩子？

## 案例五：一个敏感与内向的孩子——小举动，大影响[①]

沈红英 无锡市泰伯实验学校

吃过午饭，像往常一样回办公室，途中一群曾教过的学生一个接一个热情地向我问好，一张张天真灿烂的笑脸在风中绽放，真让我享受做老师的幸福。我微笑着点头一一回应。无意间瞥见中间有一个女生，看到我的目光好似看到陌路人，马上躲开，低着头一声不响往边上走。当时我也没有在意。

又是一个同样的午后，同样的一群学生，同样跟我热情地打招呼。我又见到了那个女生，在人群里默不作声，只是用冷冷的目光看我一眼后随即低头走路。那眼神里分明充满了敌意，怎么会这样？我的心里顿时“咯噔”一响，仿佛被电击中了。

往事像放电影一般在脑海里浮现：这是一个性格内向、与众不同的女孩，可能是因为兔唇吧！不过该生学习很努力，成绩较好，是班中的乖乖女，从不要老师担心。她的父亲出了车祸，在那期间，我很关照她，经常和她谈心，关照她要做个懂事的女儿，帮妈妈一起分担家务活，照顾一下躺在床上的父亲，她很听话。

有一天，我正在上课。突然，校长打来电话，让我马上带着这个女孩去校长室。我当时很纳闷，不知出了什么事。到了校长室，才知道这女孩周日与她的弟弟到睦邻活动中心去，偷拿了那里的钥匙，开门玩电脑，玩完后居然把钥匙偷藏在空调架下。这一切都被摄像头给拍了下来。

回到教室，我当着全班学生的面狠狠地批了她一顿：“没想到你平时一声不响，居然做出这种不好的事情？”“是弟弟让我去做的。”她居然还面不改色地辩解道。顿时，我的火“腾”地一下蹿了起来。“你是姐姐，居然听弟弟的话，真是好坏不分，你有没有脑子？”我嗓门顿时拉高了许多。全班孩子一个个都吓得鸦雀无声，动都不敢动。那女孩低下了头。“明天叫你妈妈来！让你妈妈好好管管你。”

现在想来，我当时犯了一个明显的错误，该生是个性格内向的女孩，而我这样的批评方式破坏了她的心理防卫系统，伤害了她的自尊心、自信心，激起了她对立的心理防卫意识，造成了她情绪对抗或过激行为。

① 黄永明主编.牵着孩子的手，慢慢走——中小学德育案例集[M].宁波：宁波出版社，2013：80－83.

批评人必须讲究场合和范围。有的批评可在众人面前进行，如对大大咧咧、活泼开朗的孩子可行。这类学生性格开朗，充满热情，经常显得信心十足，对教师的批评想得开，看得透。而有的只能私底下进行个别批评，如性格内向、自尊心极强的孩子。这个女孩本是内向的，再加上她在班中的成绩还好，被我这么当众一批评，肯定感觉特丢人，所以心中一定对我充满了恨意。我本希望自己的学生能够学好，这一出发点是正确的，但是因为方法不当，场合不对，再加上伤害了学生的自尊心，所以导致今天的后果。

---

**评析：**如同当事教师已经意识到的那样，对于敏感而又内向的孩子，批评时一定要注意分寸，注意方式和方法。开玩笑地说，假设张飞和林黛玉一样都迟到了，教师的批评方式能一样吗？同样的批评，张飞可能觉得老师“今天怎么这么温柔？”林黛玉那边可能已经要“寻死觅活”了。因材施教是教育的最高境界，这是大家都懂的道理。但因材施教的难点首先在于准确地判断学生的“材”，然后“施”以不同的“教”，这对于教师来说无异于另一道难题。

---

idea

**思考：**如果是你，你会如何批评这个女孩？

## 案例六：一个“坏”学生——耐心、理解、关爱与激励[①]

2009年9月10日，一束手编花摆在教室的讲桌上，花下压着一封信：“文老师：您好，今天是教师节，祝您节日快乐！三年的时光匆匆流逝，升入安源中学后，在紧张的学习之余，我更加怀念小学的老师，尤其是您，我让您费心了，请您保重身体。我将努力学习，报答师恩。”一封短信，诚挚的话语带着淳朴的心意，仿佛又把我带回到三年前。

那是一个细雨的上午，开学伊始，我刚接手一个新的班级，正值新生领书，教室里热闹异常，我把一本本新书传发给孩子们，看着他们手抚着一本本新书真是爱不释手。“咣”一声，门外走进一个人来，同学们用诧异的目光盯着他，有的在小声议论着什么，我一看，一个留着小平头，敞胸露怀的同学站在门口。我忙问：“你也是我们班的同学吧，快进来！”等他坐到位上我连忙把多出来的那套书给他送了过去，他用左手接过书。“回家把书皮包上好吗？”“我从来没包过书皮”，他冷冷地说。

---

① http://blog.sina.com.cn/s/blog_68e8bdf50100qm79.html. 2011-04-10.

第二天，他依旧衣冠不整，穿着一双拖鞋，我看到他的右手有毛病，难怪他用左手接书，难怪没包过书皮。这一连串的发现震撼了我，我急于弄清他的“底细”——谜底解开了，他叫李文磊，比班内同学大一到两岁，很讲义气，品性散漫，贪玩，爱打架，并和社会上无业青年交往。为什么他与同龄学生有这么大的差别，难道是自身残疾在作祟？果然不出我所料，经我了解，该生的残疾是因母亲未婚先孕，又害怕招致他人的口舌，紧紧勒腹造成的。

随着岁月的流逝，他一天天地长大，但他幼小的心灵中却留下了一个自卑的烙印。可是屋漏偏逢阴雨天，他的父母不但没给安慰反而因为他的残疾经常吵架，这对于他而言不亚于雪上加霜。自身的缺陷，家庭环境的影响，再加上社会上一些坏风气的耳濡目染，最终酿成他“出口成脏”，与同学们“打”成一片。了解了全部情况后，我深知要想转化他并非一朝一夕、一言一行能做到的，我须多给他更多的爱与宽容。

首先，动之以情。李文磊对我和同学们存有戒心，甚至怀有敌意。起先，他对我的关心（帮他包书皮、剪指甲）保持沉默，我想，只要多一些耐心，他会愿意亲近我的。于是我利用课上提问他最简单的问题、课间谈心、课后辅导等多种渠道亲近他。在学校他病了，我亲自给他倒水，拿药照顾他，俗话说：精诚所至，金石为开，他感到了我对他的爱护，我从他的眼睛读出了感激。

然后，晓之以理，热情激励，反向鞭策。我知道外表刚强的人其实他的内心是很脆弱的，为避免打碎这玻璃似的心，我给他讲张海迪姐姐的故事激发他昂扬奋发，自爱，自重，自强。一天我把他找了来，先夸他如何聪明，如何豪爽。把他自己都不曾观察到的优点一点一滴地都给他摆了出来。好几年没听表扬了，耳朵里都被责骂和训斥磨起了茧子，我这一番话，说得他就像三伏天吃了个冰镇大西瓜，心里那个美呀！就别提了。“不过”我突然话锋一转，“不过嘛，我看你也没多大意思，有不了多大出息”。“怎么，老师您这么看我？”“瞧你那表现，让我怎么看你？”“我要是改了呢？”“……”我笑着摇了摇头。“我要是改了呢？”这回他急了。“我请你。”啪，两张“大团结”拍在桌子上。“当真？”“当真！”“算数？”“算数！”“好，我跟你赌定了！”打那以后，他还真的开始变了，我于是不断加温，不断浇水施肥，小心翼翼地保护着他这刚刚萌发的积极性，就像保护着一棵刚出土的幼芽。

最后，以集体的温暖化开冻土。一次，李文磊因手术在家休息了一个月，我趁此机会，组织学生去慰问，去照顾他，自发地去给他补课，并趁周末还把准备好的小节目演给他看，说给他听。同学们这种真挚的友情感动了他。当他重回学校后不再与同学发生争执了。并且遇到了打架、骂街这样的事情时，第一个冲过去劝解的是他。同学们都说他变了，变得让人心服口服。毕业前夕的一次以“爱”为主题的班会上，他哭了，这次哭得让我和同学们都心酸了，我知道这是发自内心的感动之泪，是不忍与老师分离之泪。“文老师，谢谢您！让您操心了！”他用缩着的右手庄重地打了个队礼。我捧着这束鲜艳的手编花，幸福之感传遍全身。这正是“爱”与“宽容”在孩子身上的最好印证。

**评析**：案例中的这位教师对学生观察细致入微，处理得体，反思深刻，值得我们学习。所谓的“坏”学生的形成往往有其特定的历史和现实背景，包括自身的生理素质、脾气秉性、家庭环境、同伴群体和学校教育等都可能会导致孩子的学业或品德发展出现障碍。“坏”学生最缺乏的往往是教师的关怀、关爱和肯定，而教师的批评、排斥甚至敌意可能会进一步加剧孩子的“坏”，最终使得他们走上一条难以回头的路。

idea

**思考**：日常教育实践中怎样对待这样的“坏”孩子？

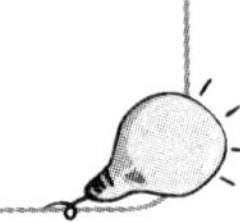

## 案例七：一个受了委屈的孩子——关爱与表扬①

### 一、教育爱，让他瞬间改变

新学期，我班分到一名叫李禹德的男孩。这孩子前两周的表现，确实让人堪忧。根本就没有一点好的学习习惯，上课不听讲，老是开小差，作业不认真，总是不知道老师布置的作业是什么。

一天早活动，我正在批改陆续交上来的家庭作业，李禹德来了。他马上拿出作业本交给我。我顺手翻开，发现他的作业尚未完成，便叫了他的名字，示意他到跟前来。刚刚坐上座位的他，很顺从地来到我跟前。我仍在低头改作业，并未发现他的异样，顺口说：“你的作业还没写完，赶快去补上吧！”他既没有拿，也没有作声，只是待在原地。我抬起头，才发现他的眼圈红红的，像是刚哭过。便问道：“怎么了？李禹德，你不舒服吗？”他摇摇头。我又问：“是不是作业没完成，你爸爸打你了？”他先点点头，接着又摇摇头。我感到很奇怪，便轻轻地摸摸他的头，说：“你把作业补上，爸爸就不会再打你了。快去写作业吧！”

谁知，话音刚落，他“哇”的一声就哭出来了。压抑了许久的委屈，终于在这一刻完完全全地释放出来了。让孩子宣泄了一阵之后，我又问：“到底是怎么了？”他满腹委屈，小声地说：“爸爸不让我吃早饭。”

哦！原来，作为对没有完成作业的惩罚，孩子的父亲不让他吃早饭。这样一来，孩子就要等到中午在学校就餐了。多么漫长的等待呀！于是，他哭了，哭出了他的委屈、

① http://blog.sina.com.cn/s/blog_796d65550101i9nw.html. 2014-03-20.

他的伤心，甚至他的懊悔。

于是，我微笑着拍拍他的肩头，“你是个男子汉，赶快擦干你的眼泪，抓紧时间完成作业。待会下早活动时，跟住读生一起去吃点吧！”听了我的话，他马上抹干了眼泪，拿回作业本，收拾心情写作业去了。

放学了，所有的住宿生排着队去就餐。当最后一位同学打好饭菜的时候，我突然想到，李禹德还没来。匆匆回到教室，透过窗户，看见他还在认真地补作业呢！内心一阵安慰，也有点心疼，孩子毕竟还太小了。于是叫他拿起碗筷迅速去吃饭。那一刻，我看见他脸上洋溢着灿烂的笑容。直到看着他端起饭菜开始享用时，我才离开。

课间，我继续批改作业，发现李禹德同学的作业已上交，且字迹十分工整。于是我在全班表扬了他，竟有意想不到的收获。在课上，他第一次坐得端端正正，认认真真地听讲。我又表扬了他，而他也第一次举手回答了问题，答得十分正确，我再次表扬了他。现在，他已经完完全全融入班集体，融入学习生活中了。

自我反思：爱在哪里播种，就在哪里收获喜悦。有时，改变就在那一瞬间！作为一名教师，爱学生，既是义务，更是责任。巴特尔曾说：“教师的爱是滴滴甘露，即使枯萎的心灵也能苏醒；教师的爱是融融春风，即使冰冻了的感情也会消融。”

**评析：**爱并不抽象，对教师而言，对学生的爱就是对学生表达出积极的情绪和情感。教师对学生的积极情感的表达会唤起学生的积极情绪和情感，会拉近学生和教师的距离。常言说“亲其师，信其道”，此之谓也。

**思考：**怎样恰当地向学生表达积极情感，比如关心、欣赏、鼓励？

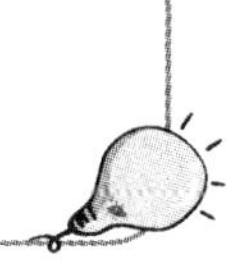

## 案例八：一个有“病”的孩子——关爱、规矩和表扬[①]

2003年9月，我班留下来一个叫李某某的同学，比班上其他同学大两岁多。刚来时，家长就告诉我，这个孩子从小得了一种叫脑缺氧的病，上课可能坐不住，特别是变天，那更是坐立不安，做一些不守纪律的事。每次上课想做什么就做什么，不是睡觉，就是画画，或看其他漫画书，有时候一连串脏话脱口而出，是班上经常惹是生非的捣蛋鬼，

① http://blog.sina.com.cn/s/blog_50d047b001009qds.html. 2008－05－30.

一提起他，同学都瞧不起，老师摇头叹气。

为了寻求教育的良策，我进行了家访，家长说，这孩子因为得过病，所以对他管都不严，做任何事都由着他自己的性子。

摸清了李某某的情况后，我便确定教育他的基本方法，那就是：用真诚的帮助去感染他，用爱的心灵去温暖他。不久，李某某的父母要外出打工，李某某这下成了无人照管的孩子了，他父母不放心，却又无可奈何。我了解到这个情况后，主动地找到了他的父母，把他的学习和生活全包下来。他的父母便放心离开了，我挑起了指导他学习和生活的双重重担。尽管我白天工作已十分劳累，可每天晚上我都面对面地给他辅导功课。自从他到我家以后，渐渐地对学习有了一定的兴趣，在课堂上也开始慢慢地做作业了。虽然对的不多，但至少是在进步。在课堂上，对一些简单的问题，我有意识地让他来回答，只要有丝毫进步，我大加赞赏。特别是有一次，我提出了一个有点儿难的问题，给大家一些时间思考后，有几个同学举起了手，这时，我看见李某某想要举手又不敢举手的样子，我持着怀疑的态度点他回答，他犹豫了一下后，竟然回答对了，当时，我太惊讶了，同学们也都呆呆地望着他，直到他们听到了我的掌声，这才回过神来，跟着，教室里响起了热闹的掌声……从此以后，他在各方面有了明显的进步。当然，我知道，爱孩子的含义是多方面的。像他这样的学生，要使他有根本性的转变，除了生活上的无微不至的关心，学习上耐心细致的辅导外，还必须在品德方面满腔热情的教育引导。

有一段时间，李某某总是喜欢说脏话，我知道后，把他叫到了办公室，我很生气，我明白：此时，狂风暴雨式的批评和训斥对他来说，收效是甚微的。只有因势利导，循循善诱，用自己的爱的言行去感染他，教育他，才会使他心悦诚服地接受并改正。于是，我给他讲，说这样的话错在哪里，小学生不光要学习好，还必须得品德好，说脏话，不仅侮辱了别人，实际上也侮辱了自己，让别人瞧不起，并告诉他："我知道你是一个懂礼貌，能知错就改的好孩子，老师相信你。"

李某某终于有了较大的转变，在学习成绩不断进步的同时，他改掉了性格粗野、不讲文明礼貌的坏毛病，懂得了尊重师长、关心他人。他的进步，同学们高兴，老师满意，我更是感到欣慰。是啊！作为一名教师，难道还有比看到通过自己辛勤的汗水浇灌而成的丰硕的果实更高兴的事情吗？

其实，任何一个孩子，都有他自己的闪光点，作为老师，不能因为他一时的学习差或品德差而放弃他。更要以十倍的热情去温暖他们，让他们从老师、班级中获得友爱、帮助，激发他们学习的信心和生活的信念。只要我们老师以全部心血去爱我们的教育对象，你付出了，就一定有收获。

---

**评析：**无论多好的孩子身上也有缺点，无论多差的孩子身上也有优点。教师要善于在这些所谓的差孩子身上发现优点、亮点，这是接近和改变这些所谓的差孩子的起点和契机。与此同时，教师也不要忘了为孩子"立规矩"，关心是手段和方法，孩子的健康成

长才是最终目的。规矩是促使孩子健康成长的另一道密码。

**思考**:差孩子身上可能具有哪些优点?

## 案例九:后进生的不满——倾听①

那年,我接了一个后进班,面对这些学习成绩差,又不守纪律的学生,当时我不知所措,也无从下手。有一次,一位教师在上课,我在教室外观察学生上课情况。班上一片吵闹声:有的敲桌子,有的哼小调,有的拿粉笔乱扔乱投,有的走下座位……当时,我真想冲进教室把不守纪律的几个学生拉出来狠狠惩罚一顿,给他们一点厉害看看。但我没有这样做,我克制住了自己的冲动。

班会上,我把上午看到的课堂情况描述了一番。学生预感到:班主任马上要严厉教训那几个不守纪律的同学了。此时,我看着那几个上课不守纪律的学生,他们纷纷低下头,等待我的处罚。但是,我这次并没有教训那几个学生,而是心平气和地分析上课不守纪律给自己、同学和老师带来的危害。然后,我给同学们出了两篇作文题:《假如我是班主任》《和班主任老师谈谈心里话》。

两天后,作文交上来了。作文里,大多数学生写的是真情实话。他们反映出自己的苦恼和要求。有的学生反映:"我的成绩不好,有的老师说我像驴一样笨,伤害了我的自尊心。我们成绩差的学生更需要老师的爱。"

有的学生说:"我在家里常遭父母的打骂,在学校又常挨老师的批评,我家里家外不是人,其实我也想好好学习,做一个遵纪守法的好学生。我多希望家庭多给一点温暖,老师多给一点关心啊!"

还有个学生这样写:"有一次,我因生病发烧而迟到,班主任不分青红皂白地说:'你又去玩电子游戏机了!'并且严厉地批评我。我不服,老师伤害了我的自尊心。从此,我就破罐破摔,事事和班主任对着干,大不了我回家,不读书罢了。"

我对学生们反映的情况和提出的要求,逐个进行了分析。接着,我分别召开了学生座谈会和学生家长座谈会,虚心听取大家的意见,找学生谈心,特别和那位被我误解的同学谈心。我还在班会上说,那次不应该不经调查而错怪了他。从此,那位同学逐渐改

① http://3y.uu456.com/bp_6nyk16h58044p5d1brj0_1.html.

掉了不守纪律的毛病,成为文明守纪的标兵。

(作者:王雅芹)

**评析:**教育爱的表达有多种方式,倾听学生的心声是其中重要的一种。倾听不仅要做出听的样子,还要让学生感觉到教师真的是听进去了。案例中教师不仅让学生写下了自己的不满,更重要的是根据对学生不满的倾听,修正了自己的做法。让学生感受到了教师的真诚和关心,学生就会更容易遵从教师的教导,学生的毛病和问题自然就容易改掉了。

idea

**思考:**如何"倾听"学生的声音?

## 案例十:一个"令人头痛"的学生——接纳、理解、关爱与支持[①]

一个调皮、不守纪律、不爱学习、让班主任头痛的学生,被安排坐在一个特殊的角落——前门靠墙的地方。后来来了位教数学的新老师,他仿佛特别喜爱这个坐在角落里的孩子,出去进来都会伸手摸摸孩子的头,孩子开始喜欢数学老师,每天都渴望他来上课,成绩一天天好起来了。许多年过去了,这孩子已是一位有成就的数学家。说起当年的老师依然泪光闪闪,饱含深情:"他是我的太阳,他让我的前方一片光亮。"

与这位数学家有同样经历的是李小瑞同学。李小瑞是人人皆知的"留学生"和"流学生",即老留级的学生和放任自流的学生,是公认的一匹"害群之马"。

因为不服班主任老师管教,哪个老师也不肯要他。就在这个时候,他又闯了大祸。一天早上,他上学来晚了,叫门叫不开,就翻墙进来了。因此与后勤科长发生了口角,直至动了手。谁知这李小瑞学过武术,一下子把后勤科长的胳膊弄脱臼了。因此就更没有人愿意当他的班主任了。就连李小瑞自己也认为走投无路的时候,却被戴老师收留了。

多少次下课的间隙,放学的路上,戴老师找他苦口婆心地谈话。她了解到李小瑞因父母不和,对他关心不够,失去了管教,以致和社会上不三不四的人鬼混,对学习完全失去了兴趣。上课,他除了一支笔,再没有一件学习用具,家里也不给钱买。戴老师给他

① http://3y.uu456.com/bp_6nyk16h58044p5d1brj0_1.html.

买齐了笔盒、圆规、字典、本子。肯定他现在能上学就是个进步，下一步争取不迟到不早退，遵守纪律，认真听课。谈到武术，戴老师说："从你学武术看，你有接受能力，反应快，把这优点用到学习上是可以进步的。"亲切的关怀加上入情入理的话，把李小瑞眼睛说得湿润了，个子高大的他低下了头。好久没有人这样关心他、对他说这样体己的话了，在别人的心目中，他一直是"害群之马"。

亲人面前，李小瑞诉说了心底的委屈："我那次翻墙，是为了上学嘛，迟到总比不到好吧？有一次晚自习我在教室把灯关了，有人就说我'流'，其实我不是'流'，完全是为了好玩。"

一段时期，李小瑞放学回家，戴老师就不声不响地瞟着，看李小瑞是不是真的回家了，在路上干不干坏事。做完这个"地下工作"，戴老师很晚才能回家，连学校领导也为她的安全捏一把汗。

人们终于发现，一匹桀骜不驯的野马在戴老师的悉心教育下，开始听话学好了。

有一次，学校要开运动会，戴老师安排李小瑞参加团体操和赛跑，可他不参加训练。问他为什么不参加，他不吭气，最后才说出原因："比赛要求都穿运动服，我没有。"戴老师心中有数了，明确告诉他："你先训练再说。"他参加了训练。

运动会的前一天，戴老师把李小瑞叫到了自己的办公室，交给他一套新崭崭的运动服，雪白的衬衣、运动鞋，说："这都是你的。""我的？"李小瑞怎么也没想到不是父母的戴老师，把这一切都为自己无私地准备停当了。

冬天，见他衣服单薄，戴老师要为他买棉衣。叫他一起到商店比试大小，他怎么也不好意思去，戴老师把脸一沉，严肃地说："这是保证学习的！"

李小瑞焕然一新了。孤寂的心田有了春风的吹拂，泛起了绿色的涟漪。他激动地对胞姐表示："我真的要好好学习，好好做人，不然太对不住戴老师了。"

由于基础较差，学习一时跟不上，戴老师就给他开"小灶"，重点辅导他补习荒废的功课。短短的一年时间，他的学习成绩就追赶上来了。初三毕业前夕，他光荣地加入了共青团，并考上了区重点高中。

寸草亦知报春晖。多少年过去了，李小瑞依然经常来看望他的恩师。1992 年元旦，李小瑞来到戴老师家中，对戴老师感激地说："这么多年了，我还是觉得您教我的那一年最有意思，是您救了我，真正的一辈子忘不了！"

自我点评：罗曼·罗兰说过："要播撒阳光到别人心里，先得自己心里有阳光。"教师心中的阳光就是一颗热爱学生的心，有了爱心才会想学生所想，把学生当成自己的孩子；用爱心面对学生才会多赞扬，多激励，少训斥，无讥笑；有了爱心才会努力使学生处在自由、民主、开放的氛围之中，在生动活泼的氛围中，陶冶情操，发展智力，提高觉悟，健全人格，从而达到塑造学生灵魂的目的。

（作者：王雅芹）

---

**评析：**刚出生的婴儿无所谓好与坏，令人头痛的孩子也不是天生如此。任何一个所

谓的“坏”孩子都可能有其心酸的成长历史，他们最缺乏的是教师的关心、爱护、耐心与鼓励。教师的积极情感的表达对于他们而言就如同满天乌云中的一抹阳光。

idea

**思考：**令人头痛的学生往往具备哪些特征？

## 案例十一：学生的消极情绪表达——耐心与静观①

不要做一个拍“球”的人。

“当学生像一个气鼓鼓的球在那里跳的时候，我们做德育的不是在旁边做拍球的人，而是应该放他的‘气门’，找到最需要帮助的地方，柔软地把‘气门’拔掉。那球不跳了，也就安宁了，好多事情也都会做得好。”张含芬说。

有一次语文模拟考，张含芬班上有个学生的答题卡上一个字也没写，她当时第一反应就是学生可能来不及将答案写到答题纸上，可后来再翻看作文纸，也一个字没写。面对她的疑问，学生反而笑着说：“我不想写，懒得写。”张含芬愣了一下，她从旁边找了张凳子，借这个过程让自己平息下来。“我告诉自己每个人莫名其妙地做一些违反常态的事情，背后肯定是有原因的。如果这时候指责他，对这件事没好处，可能以后考试也懒得考。”于是她也笑着跟他说：“是不是最近几次考试考下来没有信心了？”

几句话下来，便找到了学生的柔弱点，让他找出自己的问题，并指导他接下来该怎么开展复习。“现在的教育环境之下，学生不再害怕表达自己，有时候很勇敢，有时候过于放纵自己的情绪。这个时候，我们不要比他更厉害，换一种方式，以柔克刚。”

（来源：温岭日报）

**评析：**人非草木，孰能无情，情绪是人的基本心理机能和内心表露方式。情绪具有激发动机、维系行动的功能。但情绪具有过程性，当情绪处于高峰期的时候，它的影响力最大，相对而言这时的人最不理性。案例中的教师巧妙地避开了学生和自己的消极情绪的高峰期，避免了师生之间消极情绪的互相激发。

① http://news.163.com/15/0804/08/B05KKBPJ00014AED.html. 2015-08-04.

**思考**：如何处理学生的消极情绪，如愤怒、不满？

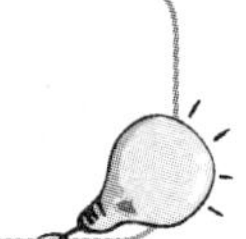

## 案例十二：一个"坏"学生——沟通、理解与表扬①

周　蓉　无锡市泰伯实验学校

我班有个学生小李，是三年级时转来的。我刚接这个班时，他上课无精打采，要么搞小动作，要么影响别人学习，提不起一点学习的兴趣。下课追逐打闹，喜欢动手动脚。作业不做，即使做了，也做不完整，书写相当潦草……每天都有学生向我告他的状。

为了有针对性地做工作，我决定先让他认识自己的错误，树立做个受人喜欢的人的思想。于是我再次找他谈话，谈话中，我了解到他心里十分怨恨老家二年级时的班主任老师。我轻声问他："你为什么会恨那个老师？"他不好意思地回答："因为她常常批评我。"我顺着问："老师为什么会常在课堂上批评你，你知道吗？"他说："因为我常违反纪律，没有按时完成作业，书写也不工整……""想改正错误吗？想做一个受他人欢迎的孩子吗？你要怎样做才好呢？""我今后一定要遵守纪律，团结友爱，认真完成作业……""那你可要说到做到哟！""好！"后来，他无论是在纪律上，还是在学习上，都有了明显的进步。当他有一点进步时，我就及时给予表扬、激励，使他处处感到老师在关心他。他也逐渐明白了做人的道理，明确了学习的目的，端正了学习态度。

为了提高他的学习成绩，除了在思想上教育他，感化他，我特意安排一个责任心强、学习成绩好、乐于助人、耐心细致的女同学——吕雅雯跟他坐邻桌，目的是发挥同桌的力量。事前，我先对吕雅雯同学进行了一番谈话：为了班集体，不要歧视他，要尽你自己最大的努力，耐心地帮助他，使其进步。吕雅雯同学满口答应，并充分利用课余时间或课堂时间帮助他，教育他。有时，吕雅雯同学也会产生一些厌烦情绪，说他不太听话，不太乐学……此时，我就跟吕雅雯同学说要有耐心，慢慢来。在同学们的帮助和他自己的努力下，他各方面都取得了不小进步。他学习上更努力了，更遵守纪律了，甚至自己当起了值日生，劳动也更积极了，成绩也有了很大的进步。

在第一学期期末考试中，他取得了 73 分的好成绩。我为了鼓励他，奖给他一本日记本。奖品虽小，但能表示老师的一点心意。第二学期，他学习更努力了，在期中测试中，他取得了 92 分的好成绩。

反思：教育是心灵的艺术。教师教育学生，首先要与学生建立一座心灵相通的爱心

① 黄永明主编. 牵着孩子的手，慢慢走——中小学德育案例集[M]. 宁波：宁波出版社，2013：13－16.

桥梁。心理学家认为“爱是教育好学生的前提”。对于小李这样特殊的学困生，我们要亲近他，敞开心扉，以关爱之心来触动他的心弦。“动之以情，晓之以理”，用爱去温暖他，用情去感化他，用理去说服他，从而促使他主动地认识并改正错误。

他的改变让我想到，遇到事情不要总是批评指责，而是要找出事情发生的缘由，保护学生的自尊和自信。这样学生不仅可以得到改正的机会，更重要的是得到了精神上的支持和情感上的满足。我相信爱是有回声的，学生会因为你给的爱有所改变。

**评析**：当事教师的自我反思很是到位。

苏格拉底曾经说过，没有人有意作恶；孟子也认为，人有天生的善端，人天生就有“恻隐之心、羞恶之心、辞让之心、是非之心”；三字经的第一句就是“人之初，性本善”。这些判断或说法也许有些理想化，但的确没有哪个孩子生下来就是“坏人”，没有哪个孩子不想成为好人。教师一方面不能给孩子贴上“坏”的标签，这种“坏”的标签非常容易导致孩子的自暴自弃，最后成为孩子“自我实现的预言”——当孩子也认为自己是个坏孩子的时候，他就很有可能真的成为一个真正的“坏孩子”；另一方面，尺有所短，寸有所长，任何人都有缺点和优点，所谓的“坏学生”身上也有优点、也有闪光点，教师要善于发现学生的闪光点。如果说学生没有闪光点，那有可能正如法国著名雕塑家罗丹所说的“生活中从不缺少美，而是缺少发现美的眼睛”。

idea

**思考**：如何才能发现学生的“闪光点”？如何才能具有那双“发现的双眼”？

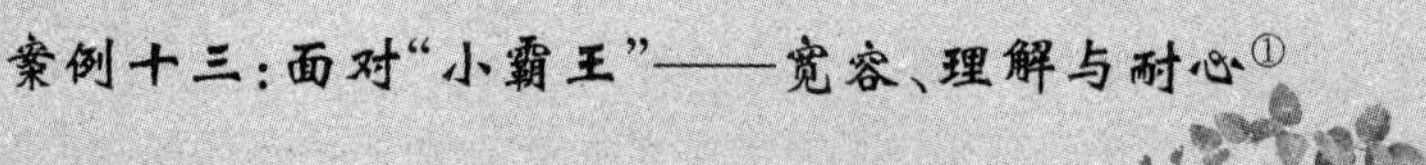

## 案例十三：面对“小霸王”——宽容、理解与耐心①

钱　滨　无锡市泰伯实验学校

面对犯错的孩子，我们作为教育者，给予他们必要的宽容，其实就是给予他们无限的关怀和无限的爱。

我刚走出校园担任五年级某班班主任的时候，班上有个人称“小霸王”的W同学。刚接手时，我就对他的一些事迹有所耳闻了。

于是开学第一天，我就对他特别关注。可能是刚开始接触我这个新老师的缘故吧，

① 黄永明主编.牵着孩子的手，慢慢走——中小学德育案例集[M].宁波：宁波出版社，2013：25－27.

W同学表现得出奇的好。可是好景不长，一天中午，班长急匆匆地跑进了我的办公室，喘着气说道："老师，老师，你快去班上看看吧，W同学又在发疯了！"我赶忙随班长来到教室。只见教室里一片狼藉，桌子椅子东倒西歪，书本满地都是，W同学则是跷着腿悠闲地坐在一把椅子上。看到此情此景，我心中的怒火像是倒了汽油般迅速烧了起来。被愤怒冲昏了头脑的我，走上前去，不由分说地拎起W同学就往办公室走。W同学或许被我的反常举动给弄懵了，乖乖地一动不动。但是到办公室没多少时间，W同学又恢复了本来面貌。开始站也没站相了，表情也是一副自以为是的样子。

正当我毫无头绪时，桌子玻璃下陶行知先生"四块糖果"的故事映入了我的眼帘。我心想：对于W同学，光靠严厉可能是没用的，试一试行知先生的方法吧！于是，我抱着死马当活马医的态度改变了自己的语气，亲切地对W同学说："老师知道你不是故意的，肯定是有什么不开心的事才导致你这样做的，对吗？""嗯！"W同学答道。终于开口了，我心里乐了。我趁热打铁，继续和W同学交流。最终，我了解了事情的原委。我拍着W同学的肩膀说："这一次的事老师相信你并不是故意的，一定会改正的，对吗？""嗯，是的。老师我一定会改的，我保证下次再也不会这样了。"W同学答道。随后他开始笑了，我也欣慰地笑了。以后的学习中真的像W同学说的那样，他再也没有犯过这种错，而且还做了很多好事，成绩也稳步上升了。

这件事确实给了我很多的启发，让我懂得了作为一名现代的教育工作者，尤其是现代的班主任，首先必须得学会宽容，必须得用爱心去对待每一个学生。无论遇到什么样的事情，不管是在课堂上还是课外，第一反应应该是先有事似无事地回避，随后找适当的机会低调地处理，千万不能不分青红皂白地对学生大肆辱骂或者当着全体学生的面对其发火，甚至是严厉处罚。我们如果能宽容地对待犯错的孩子，那结果将又会是另一番景象。因为我们的宽容会使他们感受到一份关爱。正是由于学生有这样的感受，收到的效果才会远远甚于惩罚。

**评析：**不要轻易地为学生贴上"不好"的标签，那样的话，无疑会限制了双方的互动方式和认知范围。相反，如果能从对学生的肯定入手，多一些耐心、多一些理解、多一些肯定，可能会收到意想不到的积极效果。

idea

**思考：**如何对待男生的"破坏性"？如何处置"小霸王"之类的"刺头"？

## 案例十四：教师积极情绪的表达——“你好”：其实学生很在乎[1]

新学期的一天早上，我匆匆地走在上班的路上，旁边的两位低年级小女孩和我同路。“老师好！”其中一个向我问候。我仍旧习惯性地向她们点了点头。“老师没理你！”另一个小声说，话语之间透着对问好的小女孩的嘲笑。“老师点头了！”第一个小女孩一脸的不高兴。“没点头！”两个小女孩竟然为这而争吵不休。我不知不觉中放慢了脚步，想回头和她们说说，再想想，算了吧，就那么点小事。争吵声很快就停止了，而她们的聊天仍然继续着。只听见一个说：“有一次，我问一个老师好，那个老师还对我说‘你好！’。”我看了她们一眼，那个小女孩正得意着。“真的？”另一个小女孩瞪大了眼睛。“当然了！”看那样子，就像听到了老师的表扬、赞美。

我的心为之一震，脚步也随之停住，一声“你好”竟然让她们那么高兴，而我却总是吝啬地说不出口。看着她们蹦跳着离去的背影，我不禁陷入了沉思。我真后悔，后悔没有说出那两个字，后悔没有在新学期的早上给两位小同学带来一丝惊喜。回想过去，又有多少学生问好声中带着希望，而问好之后又抱着遗憾。

“老师好！”又一声问候。“嗯……你好！”刚回过神来的我不禁脱口而出。回应学生一句“你好”是件很容易的事，容易得不能再容易了，你说呢？

**评析**：对年幼的小学生而言，教师可能难以充分估量教师的言谈举止对他们的巨大影响，案例中的事情可能会让老师们感到震惊：他们竟然对这么一点“小事”如此在意！事实就是如此！教育无小事，在学生面前教师务必要谨言慎行，细心呵护他们那颗稚嫩、纯真的心灵，让校园和孩子保留一份美好和纯净的天空。

idea

**思考**：日常教育生活中，教师的什么言行可能会在无意中伤害学生稚嫩的心灵？

① 唐汉卫，张茂聪编著. 中外道德教育经典案例评析[M]. 济南：山东人民出版社，2005：117－118.

## 案例十五：激励——爱的特殊表达方式[①]

2000年5月19日的《人民日报》曾刊登了一位家长给报社的一封信，叙述她的孩子由一所普通高中转入一所重点高中后的经历：刚转入这所学校一周后的一次数学考试，她孩子得了80分，这在她原来的学校已是不错的成绩，班主任却挖苦孩子为什么那么懒，那么笨，并在卷子上用红笔赫然写上："84人！第84名！"致使该学生再也不愿意到该校上学，产生了严重的厌学情绪。

还有这样一件事情，也是发人深省。"母亲与家长会"的故事：一位母亲参加了儿子幼儿园的家长会，老师说："你儿子有多动症，连三分钟都坐不住，你最好带他到医院去看看。"母亲深爱着自己的儿子，回来却告诉儿子说："老师表扬了你，说你过去在板凳上坐不了一分钟，现在能坐三分钟了！"又一次参加儿子的小学家长会时，老师说："全班50名学生，你儿子的数学成绩排第49名，你最好找心理学家测测他的智商，我怀疑你儿子智力有问题。"母亲回来说："你现在虽然不是很努力，但成绩不是排在最后，看来，你并不是笨孩子，老师对你充满信心，只要你努力就能超过你的同桌。"后来参加儿子的初中家长会，这次老师并没有点孩子的名，但母亲却有点坐不住了，就主动找老师攀谈，了解孩子的学习情况，班主任说："你儿子成绩一般，以目前的成绩，考重点高中，恐怕很难。"母亲回来说："班主任对你非常满意，只要你努力，一定会考上重点高中。"后来孩子考入了重点中学，在母亲的不断鼓励下，儿子最终考入了重点大学。

——摘自《人民日报》

在对待同一个学生的态度上，其母亲的做法和学校老师的做法截然相反，老师目中无学生，对待学生的态度只是无情地打击，而母亲则是用爱心去鼓励儿子，结果也正是在母亲的鼓励下，这位"成绩平平"的学生创造了"奇迹"，不仅考上了重点高中，最终也上了重点大学。我们应该承认：责备人人都会，赏识却未必人人都会。这位母亲为什么能做到呢？道理很简单，因为她深爱着自己的孩子，并且知道什么是对孩子真正的爱，应该怎样去爱。这位母亲不是老师，但她的做法却值得所有在校老师的认真反思和学习。

**评析**：类似的励志故事也已经流传许久了。故事中的母亲不仅有一颗爱心，更重要的是有一双善于发现孩子优点的眼睛，一颗永不放弃的耐心和表达出恰当期待的智慧之心。激励学生不仅需要激励的意识，更需要恰当的激励方法。一味空洞的许诺未必有用，渐进式的、不断提升的方向性指引可能更为有效。

① 唐汉卫，张茂聪编著. 中外道德教育经典案例评析[M]. 济南：山东人民出版社，2005：182－183.

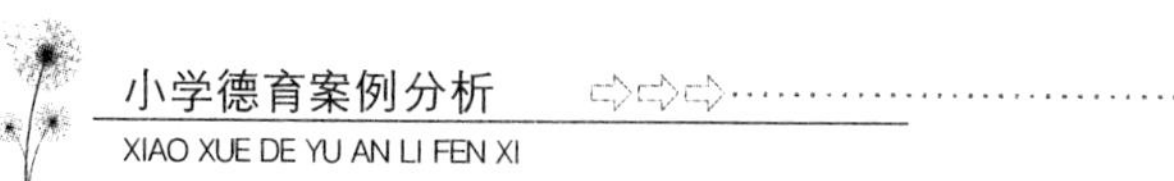

思考：如何激励学业落后而又不太聪明的学生？

## 案例十六：宽恕也是一种教育①

王名是班里一个喜欢斤斤计较的孩子，经常因为同桌不小心碰了他的文具而生气，因为同学无意的玩笑而告老师。可我怎么也没有想到会发生那件事情……

那天下午，学校放学后不久，学校附近的超市就打来电话，说王名在超市偷拿一副乒乓球拍被当场抓住了，让马上去领孩子。匆匆赶到超市保安室，看到因为惧怕而泪流满面的王名，我怒气中夹杂着"教不严，师之惰"的羞愧。我脸憋得通红，一阵赔礼道歉后，交上罚款，匆匆把他带出了超市。走在回学校的路上，刚才向超市保安人员求情的那份耻辱，简直把我的愤怒提升到了极点，正准备回头把我的愤怒发泄出来，但与他那含满泪水的眼睛相对时，我却分明看到了透过泪水折射出来的惊恐与羞愧，一种说不清的感觉竟把我的话硬压了回去，我狠狠瞪了他一眼，终于没有说什么。

沉默中逐渐冷静下来的我，思考着怎样教育这个误入歧途的孩子。陶行知先生用"四块糖块"召回了孩子的自信与自尊，纠正了孩子的不良习惯，让他走向了光明的前途，"错能改之，善莫大焉"。想到这里我有了主意。快到校门时，一直跟在我身后的王名突然抓了我的衣角。没等开口，已是泪若长河了。在他的抽噎中我断断续续地听出，他怕家长打他，所以给我打了电话。现在又怕同学们知道了瞧不起他，请求我不要把这件事告诉他的家长和同学，并一再保证不会再偷东西。看着他后悔莫及的样子，我感觉到现在是教育的最好时机。我蹲下身来，擦了擦他脸上的泪水，平视着他的眼睛，语重心长地说："你怕别人知道，说明你自尊心强，你能主动承认错误，说明你认识到了自己的错误，你能保证以后不再犯，说明你知错能改，这些优点都应该表扬。但是采取不正当的手段，获得不属于自己的东西，是必须批评的。老师相信你一定会改。今天的事就当作我们俩的秘密，老师答应你会保守秘密，不仅同学们不会知道，你的家长也不会知道。老师也相信你会遵守你给老师许下的'一定改'的诺言。有错误不要紧，只要我们勇于承认，勇于改正。对吗？"看着他眼中感激与悔恨交织的泪水，小鸡吃米似的点头，我知道我的话打动了他的心。

以后的日子里我们互相严守着自己的承诺，王名不仅没有再出现类似的事，而且他生活的方方面面发生了巨大的变化，学习变得勤奋，纪律表现优秀，劳动积极了。更让

① 唐汉卫，张茂聪编著. 中外道德教育经典案例评析[M]. 济南：山东人民出版社，2005：197－198.

人惊喜的是，这件事使他学会了宽容别人，再没有像以前那样三天两头和别的同学闹矛盾，相反还常常帮助别的同学。他在日记中写道："……别人快乐，自己才更快乐……"宽容不仅保护了学生的自尊，避免了让幼小的心灵蒙上阴影，还净化了孩子的心灵。

**评析**：人非圣贤，孰能无过；知错能改，善莫大焉！教师对待学生的犯错，一方面不能听之任之，无原则地放纵；但另一方面也不能小题大做，揪住辫子不放，务必避免犯罪社会学中所谓的"次级越轨"现象，务必避免为学生贴上消极性标签。更要以此为契机，把正面教育与严格要求密切结合，把学生带入正途。

**思考**：如果你的学生"越轨"了，你该怎么办？（越轨，即出现了较为严重的问题行为）

## 案例十七：老师，请看看我的闪光点①

老师：

今天，我拿到了《学生评价手册》，看到您对我的评价，我觉得非常难过，您是这样写的：原本你可以学得很好，你的好动，使你处处落后于班级同学，老师希望你在暑假中好好反省一下……

老师，您为什么说我处处落后于班级同学呢？虽然我有时上课爱做小动作，作业做得慢，我有许多缺点，但是，我身上还是有些闪光点的，您没有发现吗？

我竖笛吹得很好，那是我的一个闪光点，老师您一定不会忘记我的笛声吧！刚开始学吹的一年里，我的水平很糟糕，我每天一有空就练，终于有一天，美妙的音乐从笛孔中飘了出来，我成功啦！我不但会吹老师教过的曲子，也会吹老师没有教过的曲子，同学们惊讶地问我："你怎么会吹这么多曲子？"我说："因为我多练，所以就熟能生巧了。"我现在的水平在班级中是数一数二的，我从一只"丑小鸭"变成了一只"白天鹅"。

老师，您一定还记得我写的小诗《我的妈妈》吧！

我的妈妈是老师，学生一批又一批。

那是有一次，您要我们写一篇《龙年畅想》的作文，我写了这首小诗交给您。因为我的妈妈是老师，她常常把没批完的作业和考卷带到家里，批到很晚才睡觉，我觉得妈妈

① 唐汉卫，张茂聪编著．中外道德教育经典案例评析[M]．济南：山东人民出版社，2005：201－202．

很辛苦，希望她和我们一样“减负”，我就写了这首小诗。您读完后，在班级里表扬了我，还叫全班每人都写一首《龙年小诗》，班级里涌起写诗的热潮；您把写得好的诗贴在墙上，我的诗被贴在第一页，您知道，我心里有多么自豪啊！

我还会朗诵，您让我主持过主题班会；我的双手也很灵巧，我会剪窗花、折飞机、做“糖纸人”……

老师，这些好的地方都是我用功练出来的。您能不说我“处处落后于班级同学”了吗？我一定要多加努力，改正缺点。

---

**评析：**某小学二年级学生俞铮铮的作文《老师，请看看我的闪光点》在上海电视台、东方网和少年报社联合举办的“创新作文大赛”上，获得了一等奖。该篇文章没有华丽的辞藻，用通俗感人的语言向老师和家长们提出了一系列的问题：我们应该怎样看待学生？怎样评价学生？怎样用科学的方法达到与主观愿望相一致的教育效果？学生眼中的老师又该是什么样的？我们应该对现行评价中存在的问题进行怎样的深入思考？当今时代教师和学生在教育系统中应该扮演怎样的角色？

---

idea

**思考：**除了学业成绩，教师还应该在哪些方面关注学生的“闪光点”？

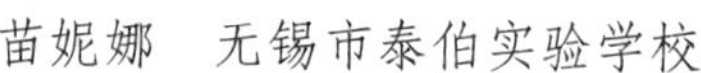

## 案例十八：一个“差”学生——表扬与耐心①

苗妮娜　无锡市泰伯实验学校

我们班有 43 名学生，有本地的，也有外来务工人员的子女，面对这个思维活跃、个性不一的大集体，总会有这样那样的不同学生，也会遇见很多新的问题。

小康是我们班的“重点保护对象”，他自由散漫，日常行为习惯欠佳。学习目的不明确，缺乏学习兴趣和求知欲。听课经常精力不集中，作业不能认真完成，学习成绩低下。缺乏进取心，放任自流，贪玩。

但是与小康接触时间长了后，我发现其实他的思维灵活，就因为学习态度不端正，对学习不感兴趣，基础较差，怕苦畏难，缺乏进取心，贪玩难以自控，才导致了学习成绩低下，行为习惯落后。面对学业的持续不良，他的家长也是基本不关注。家庭不恰当的

① 黄永明主编. 牵着孩子的手，慢慢走——中小学德育案例集[M]. 宁波：宁波出版社，2013：46－49.

教育方式和态度，也同时造成了他不健康的心理。

这样的学生不是一次简单的说教就能令其改正坏毛病的，即使一次说服了，也会故态复萌。这样的学生需要老师冷静、有耐心，老师要研究他的心理，再因人而异，制订具体有效的措施。

小康从小喜欢看课外书，他的课外知识比较丰富，但是因为学习基础较差，遇到难题就放弃，做事拖拉，以致迟交甚至不交作业现象非常严重，学习成绩也一直停滞不前。

在平时的聊天中，我会肯定他热爱看课外书的好习惯，并经常和他就看书中遇到的问题或现象进行讨论。但我也会提醒他，如果他能更好地分配时间，处理好学习与课外拓展的关系，会更加受益。我还跟他有约定：如果他能在一定时期内按照要求做了，老师就会有奖励。

一开始，小康坚持了一个星期，按时交作业，考试也终于摆脱了不及格的命运，于是我兑现了当初的诺言。初尝甜头的他开始意识到了认真听课学习的重要性，有意识地慢慢改正自己的坏习惯。但“冰冻三尺非一日之寒”，小康的老毛病并不能一下子就完全改正过来，经常出现反复。我不得不一再提醒自己一定要有耐心，如果我也跟着他反复，那么将会前功尽弃。

反思：仔细观察那些问题学生，他们身上并非全是缺点，有的学生喜欢打架但待人豪爽，有的有偷摸行为但孝敬父母，有的迷恋网络但能区别善恶……只是我们放大了他们的缺点从而掩盖了闪光点，然后对其施以各种名目的惩罚，跑圈、拖地、拔草、站墙根。他们更会感到压抑、失落、自卑，因失去尊严感而更加自暴自弃。“一锹挖不出一口井来，一口吃不出一个胖子来。”雕刻一座石像尚需很长的时间，更何况是塑造人的灵魂呢？我相信只要用心对待每一个孩子，定能获得美好的丰收。

**评析：**当事教师的反思较为全面和深刻。品德的成长的确是需要一个复杂而漫长的过程，期间不免出现反复，教师要有足够的心理准备。

idea

**思考：**如何对待孩子品德发展的“反复”？

## 案例十九："优等生"的困扰——"学优"未必"德高"①

在结业典礼那天班会课上，我遇到了一件烦心的事：当我兴致勃勃地给学生发奖时，十名成绩优秀的学生在阵阵掌声中陆续走上讲台，手捧"三好学生"大红奖状和笔记本。台下四十多双羡慕的眼光，更增添了他们的光彩和豪气。在此，我大力表扬了这10名学生的优点，他们平时的努力和骄人的成绩，号召大家向他们学习，争创优秀学生，整整一堂课就在激励与赞美声中度过了。谁知我回到办公室不久，就有学生来报告，班级里一名得奖的优秀生下课后很不开心地说了声"奖品才一本笔记本啊"，几个同学听了这句话后都议论着附和着，最后那个优秀生竟当着全班同学们的面赌气将笔记本扔了。

我为此感到很尴尬，也很愤怒，一个优秀生竟然不懂得珍惜老师的奖励，我一下子觉得在学生面前没了面子。我知道当时如果马上冲进教室严厉地训斥同学们，可能会争回面子，但我想孩子们会口服心不服，我要征服的是他们的心，一切从"心"开始是我的目标。

平复了心情后，我开始思考这件事的原因，我认为这是典型的优等生的放纵心理表现，即言行不受道德、纪律甚至法律的约束，任性妄为。我认为其原因主要是由家庭环境影响和学校教育失当造成的。在家庭，当今的孩子多为独生子女，父母长辈的溺爱娇惯，养成了他们优越感，滋生了自我中心的心理；在学校，成绩优秀的学生自然成了教师的宠儿，他们处处受到照顾和优待，经常性地享受着各种荣誉和鲜花。过度的"甜蜜"与宠爱，更容易使他们产生心理上的演变，即由自尊自信演变成虚荣心、爱面子，由好胜演变成高傲自大，由自重自爱演变成自私自利，最终发展成唯我独尊，目空一切。一旦外界条件不能满足个人的心理欲望时，就会出现一些异常的言行。案例中那个优秀生的行为虽是个例，却是这种不良心理的突出表现。

为此我采取了两方面的具体实施：

其一，在平时顺境情况下，要防止优等生心理上的过分自信。优等生相对其他同学付出相同或较少的劳动而取得较多的报偿，容易积淀成"我了不起"的心理。对此，班主任应经常提醒和劝诫，以防止其因过分自信而骄浮。

其二，在众口称赞、声誉四起时，要防止优等生心理上过度"得意"。优等生在获得突出成绩或赢得较高评价时，其周围无形中会形成一个光环，这些来自社会、学校、家庭等多方面的赞誉，极易使他们发生心理错位，得意忘形，并导致"自我"意识的急剧膨胀。此刻，班主任应降低"赞美"声调，避免"推波助澜"，可采用转移视线法，多宣扬一些潜能

① http://blog.sina.com.cn/s/blog_5060cf550100biit.html. 2008-12-05.

生的长处，同时也分给他们一些荣誉。这样做，能促使优等生冷静思考，调节自己的心理追求，冲出不良心理的羁绊，稳步地向更高的目标迈进。

（作者：章慧）

**评析**：应试教育背景之下很容易产生“成绩好，一切都好”的现象，一个学生只要考试成绩好，各种各样的先进、奖状可能会拿到手软，这种风气和做法很容易导致“好学生”的骄傲自满心理；另一方面，成绩好的学生未必各方面都好，对成绩好的学生，教师容易产生“光环效应”，导致对学生的品德发展状况的判断出现偏差。成绩好的学生品德未必一定就好，而成绩不好的学生品德未必一定就差。

idea

**思考**：如何处理“成绩好”的学生的品德问题？

## 第二节　榜样示范篇

对于年幼的学生而言，单纯理性地讲解品德要求未必能够被他们充分理解和消化，从而也就难以达成品德发展的目标。相对而言，榜样教育与学生的生活和学习环境联系密切，容易被孩子所理解和接纳，加之，从孩子身边的同伴中树立榜样容易激发起孩子的模仿和竞争意识。因此，对于小学阶段的学生而言，榜样教育是德育的一个非常重要的手段和方法。

榜样教育就是教育者根据教育目的，结合教育对象的身心特点，选择相应的榜样，以榜样的行为、思想、品质、能力等影响他人，使之发自内心地效仿，努力形成与榜样相一致的高尚品质的过程。在这一过程中既包含着教育者有目的、有计划、有组织的教育、启发和引导及教育者那种言传身教的潜移默化的影响，同时也包含了教育对象对榜样的自我选择、自觉接受和效仿的过程。①

20 世纪 70 年代，美国心理学家班杜拉提出的社会学习理论很好地说明了榜样教育的心理机制。班杜拉认为，社会学习是个体通过与环境中的其他个体或群体（如榜

① 杨婷. 榜样教育研究[D]. 武汉大学，2010.

样）间的相互作用来获得各种行为、获得有关事件之间的各种关系的认识，以及获得有效地进行某种活动的知识经验等的学习方式，即指通过观察环境中他人的行为及行为结果来进行学习，因此，社会学习又称替代学习、观察学习。

研究表明，榜样在以下三个方面的特点会显著影响示范行为的获得效果。

(1) 相似性。榜样如果在年龄、性别、需要、兴趣、价值观等方面与学习者相仿或接近，那么学习者更容易获得榜样行为，并自然产生模仿的倾向。

(2) 能力水平。榜样的能力水平与学习者相仿或稍高，有利于激发学习者的学习动机，榜样的能力水平偏低会对学习者失去吸引力，过高会使学习者感到无法企及而丧失信心。

(3) 声誉和地位。具有良好声誉和社会地位的榜样易于成为人们模仿的对象，不过，当学习者与榜样之间的差距过于悬殊，也不利于行为的获得。

从某种意义上说，榜样的选择是榜样教育成效大小的关键因素。因此，在榜样教育中，教育者不应只关注和选取社会榜样，而应该多挖掘日常生活中的榜样人物，树立各种形象、各种层次、各种身份的榜样，使能够接触到的可见可感的优秀者成为大家学习的榜样，让每一个学习者感到榜样就在他们身边，生活中到处都有榜样可学，并且使他们相信经过努力可以习得榜样的品质，能够成为和榜样一样的人，榜样教育才会取得切实成效。①

## 案例一："榜样"与"督导"②
## ——环潭二小"示范班"活动养成学生好习惯

黄远忠　路　学　湖北省随县环潭镇第二小学

"星期一的升旗仪式上，我班和六(4)班进行了'校纪示范班'的交接。我和4班的班长站在国旗下，相互行了一个队礼，她郑重地把'校纪示范班'的牌子交给我后，我深深地向全体师生鞠躬，这时我想到很多，从以前的期盼，到现在的兴奋，还有本周的责任……"六(5)班学生张岚璇，说到"校纪示范班"交接的那一刻，格外激动，"那一周，我们班的每一个同学，都要在方方面面做出榜样，并监督其他班的同学遵守纪律，搞好卫生，养成文明礼貌的好习惯。"

我校开展每周"校纪示范班"活动，每周的示范班集体佩戴统一标志，设立普通话督导岗、纪律执勤岗、环境卫生监督岗，从一日常规、纪律常规、卫生常规和语言、行为、仪表等方面进行示范和督导。

---

① 袁文斌. 当代中国榜样教育研究[D]. 河北师范大学，2010.

② http://blog.sina.com.cn/s/blog_74c8be010101c5cn.html. 2013-06-05.

校长彭新发说："培养小学生良好的行为习惯和品德，需要针对小学生的心理特点，探索各种形式的有效途径和方法。每周一个班作为'校纪示范班'，班上的每一个学生都成为'主角'，既要成为文明守纪的'模范'，又要对其他同学的行为进行督导，学生由'被动'守纪到'主动'示范，学生的主体意识和活动参与积极性，得到极大的增强，在角色的轮换与体验中，逐渐形成良好的品德和习惯。"

四(1)班廖舒航说："本周我班值周，我正在'巡逻'，突然看见两个三年级的小同学在为一点小事打架。我急忙跑上前去制止，我对他们说：'不要打架，有什么事说出来不就可以了嘛！'说着，我又把他俩的手放在一起，他们都开心地笑了。"

五(3)班的田姝晨在日记中写道：本周老师安排我们几个负责制止送饭的学生家长，不要越过学校规定的白线。这时我想到最多的不是怎么去做别的家长的工作，而是自己的家长，他们总怕我吃不饱、穿不暖，总是大包、小包的给我送东西。现在我突然意识到："你们不这样，好不好？我要学会独立，我不想饭来张口，衣来伸手了，独立并不可怕！"

三(3)班的小同学周英绮在绘本上写道："学校开展校纪示范班，让我的胆量和自理能力都有了很大的提高，我真高兴！"

五(3)班路苑平感慨地说："开展校纪示范班活动后，学校的面貌、学生的行为习惯都有了明显的改变。乱丢乱扔的少了，自觉捡拾垃圾的多了；打架骂人的少了，文明守纪的多了；说粗话、脏话的少了，使用礼貌用语的多了……"

五(1)班彭希扬在小作文中写道：本周是神圣的一周，是我向往已久的一周。这一周我班不仅要在全校示范、监督，更重要的是我还要代表全班在国旗下讲话。从开始的忐忑不安，到今天的在国旗下的镇定、从容，虽然我的语言简短，但我说出了我们应该做的一切；虽然我为我的讲话付出了汗水，但我相信学生的品德行为会有变化。感谢"校纪示范班"给了我面向全体师生讲话的机会，我真高兴！

五(2)班的闻俊涵的家长说："学校开展校纪示范班效果很好，既规范了孩子自己的行为，又对他人进行了监督；既培养了孩子良好的行为习惯，又让孩子在监督中锻炼了自己。"

"我和同学们都变成了讲礼貌的好孩子，如今'老师好''谢谢''对不起'这些礼貌用语经常被我们挂在嘴边。"五(3)班学生童童卉以前见了老师"绕道走"，在"示范"和"督导"的体验与影响下，也成了一个"嘴甜"的好孩子。

---

**评析**：这是一个比较成功的榜样教育的案例，轮流被树立为"榜样"不仅激发被树立为榜样的孩子的道德自豪感，也激发了孩子的道德自我意识；更为重要的是，因为榜样就在身边，榜样的引领作用和其他学生的模仿效果很为明显，是一种非常有效的道德教育方法。

---

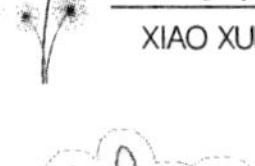

**思考:**什么样的学生能够和应该被树立为“榜样”?

## 案例二:榜样教育:立德树人　榜样示范　涵养习惯①

陈焕娟　解心同

蓝城小学德育工作一直致力于将《小学生守则》根植于立德树人,榜样示范,涵养习惯,做和谐教育,蕴精彩文化之中,着重在做小、做细、做实上下工夫。

**一、立德树人　和谐的学生文化**

以深化“广树进步小榜样”和学雷锋活动为载体,校内外结合,新生入学以《小学生守则》引领,先入为主,培训家长与学生认识守则内容,手把手教会学生践行守则内容,落实养成教育。

**二、雷锋精神传承　榜样示范引领**

十几年来,学校组织学生们在小榜样活动中深入学雷锋,在学雷锋活动中争当小榜样。通过用雷锋精神引领新学期的开学典礼带动学雷锋活动常态化的良好风气;通过共读雷锋故事,讲雷锋故事,举行《我身边的小雷锋》演讲比赛等活动,班级文化设立雷锋语录板块等形式化的内容,把雷锋精神转化为内在动力;建立学雷锋基地;将学雷锋与学英烈有机结合,引导学生以雷锋、英烈为榜样,树立理想目标;通过申报雷锋精神特色中队,中队自主选择特色项目,如螺丝钉中队,学校评定挂牌,中队宣讲学雷锋的故事,引领学生争做学雷锋先进集体,先进集体引领全校开展早讲新闻活动,学生每天从观看和分享《新闻联播》中了解到国家大事,从中珍视国家荣誉,关心国家大事中热爱自己的祖国,从小事中践行《新小学生守则》。

在确定小目标,交流进步故事中,学校每月初都要组织学生制定“我的微梦想”。在月末“我的微梦想”班队会上,交流自己的进步故事,评选出班级、年级和校级的小榜样,在年级组巡回交流进步的故事,最后在庄严的升旗仪式上宣讲,引导全体学生从规范行为习惯做起,培养良好的道德品质和文明行为。志愿者在课本剧展演、图书置换、名人故事分享等丰富多彩的活动中履职担当,传递正能量;在每天的体育训练中磨炼意志,增强体质;在垃圾分类、低碳光盘行动学会自主管理,节约环保,并将环保活动延伸到家庭中,带动父母一起做志愿者。

---

① http://mt.sohu.com/20160516/n449616624.shtml. 2016－05－16.

在抓住榜样闪光点，全方位发展中，学校不仅树立"学习进步""学雷锋"小榜样，同时树立了"体育""科技""敬老孝亲"等小榜样，引导学生德智体美全面发展。学校树立的三个层级有：佼佼者的好孩子、有潜力的好孩子和小金库的好孩子。

"奔跑吧，少年"道德体验社团，是学校专门为那些聪明好动、表现欲强，自控能力差的"小金库的好孩子"成立的，对这样的学生学校坚持一个不落，少先队把他们组织起来，引导他们从自我"改掉一点点，进步一点点"做起，统一为孩子们佩戴奔跑少年志愿者章标志，希望以此引领孩子在校园、家庭、生活中发现美、追求美，人人争做小榜样。德育处组织"留学看世界"等体验养成汇报学习活动，在丰富的体验践行中，将《新小学生守则》见于行动，内化于心，进一步将核心价值观的理念融入"每天进步一点点，你就是小榜样"，认识自我，教育自我，发展自我。

"十年树木，百年树人"，围绕立德树人这条主线，蓝城小学与时俱进，不断更新思路，深化"学雷锋常态化活动"和"广树进步小榜样活动"的育人作用，将社会主义核心价值观教育直观化、具体化、生活化，落脚在《新小学生守则》上，根植在孩子的心灵深处，涵养立德好习惯。相信在"立德树人，榜样示范，涵养好习惯"的校园文化的氛围中，在落实养成教育的丰富多彩的载体活动中，一定会让蓝城的孩子们"精彩六年，幸福成长"！

**评析**：这是一所小学开展榜样教育的总结。这所学校的榜样教育从小处入手，从学生的日常教育生活着眼，多种榜样、多种渠道选讲，对全体学生起到了很好的榜样引领作用。通过被树立为榜样、通过周围的人被树立为榜样，小学生的道德自我评价能力、道德自豪感得到较大的提升。这所学校的榜样教育经验值得推广。

idea

**思考**：小学生日常教育生活中哪些方面可以通过树立榜样的方式进行道德教育？

## 案例三：十星评选树典型　榜样育人有实效①
## ——记五年级"十星"同学评选活动（吉林市第一实验小学）

在"十星"评选活动中，五年三班于兰兰老师和班级干部共同制定了"评选细则"的初

① http://www.jlysy.cn/wygkcn_ShowArticle.asp? EC_ArticleID=3121. 2014-10-10.

稿，五年级其他班主任在初稿的基础上，又进行了补充，最终形成了评选标准。为做好宣传发动工作，五年四班班主任李晓华专门抽出一节课的时间进行动员部署。她向同学们讲明活动的意义、公布了“十星”同学的具体标准、评选办法及结果运用，进一步加深了这个班级的同学们对这次活动重要性的认识，全体同学的积极性和热情被有效激发出来。

在具体评选过程中，五年级各班坚持“公开、公平、公正、竞争”的原则，坚持自荐和民主推荐相结合。列出候选人后，再由全体师生集中投票，公开唱票排名。整个过程公开透明，完全体现了同学们的意见，评选结果令人信服。

**附：五年级校园十星评选细则**

| 运动之星 | 艺术之星 |
|---|---|
| (1) 爱好体育运动，积极参加体育锻炼，在体育方面有特长。<br>(2) 体育课各项体育活动成绩达标。<br>(3) 积极参加晨练。<br>(4) 运动会中作为运动员为班级争光。<br>(5) 积极参加学校的小绳队、花绳队。 | (1) 在音乐、体育、美术方面有特长。<br>(2) 积极参与板报的设计制作。<br>(3) 积极参加校合唱团、舞蹈队训练或小魁星大舞台表演。<br>(4) 美术、音乐课被老师表扬。 |
| 科技之星 | 文明之星 |
| (1) 崇尚科学，积极参加科学实践活动。<br>(2) 科学课　综合课实验操作能力强。<br>(3) 积极参加校内外的各种科技作品竞赛，并取得优异的成绩。 | (1) 尊敬老师，友爱同学。<br>(2) 礼貌待人，举止文明大方。<br>(3) 上下楼梯靠右行，保持安静，脚步轻轻的。<br>(4) 见到老师能主动问好。<br>(5) 热爱集体，关心他人，团结互助，语言文明。 |
| 学习之星 | 诚信之星 |
| (1) 学习目的明确，学习态度端正，主动学习。<br>(2) 能按时完成作业。<br>(3) 上课主动发言，勤于动脑，善于思考。<br>(4) 能够提升班级学习氛围。<br>(5) 曾经被评为校三好学生、优秀班级干部。<br>(6) 作文、口算应用题比赛。 | (1) 待人诚实，不说谎话，有错就改。<br>(2) 信守承诺，答应别人的事要努力做到。<br>(3) 不随便拿别人的东西，借人东西要按时归还。<br>(4) 讲诚信，敢担当。 |
| 感恩之星 | 勤劳之星 |
| (1) 节日里送上祝福。<br>(2) 乐于助人，团结同学。<br>(3) 在家孝敬父母，做力所能及的劳动。 | (1) 积极参加校内的各项劳动。<br>(2) 自觉按时地做好值日工作。<br>(3) 劳动中积极肯干，不怕脏，不怕累。<br>(4) 在劳动中讲究方法，出色完成任务，起好带头作用。<br>(5) 认真替别人值日。 |
| 守纪之星 | 自立之星 |
| (1) 上下楼梯靠右行走，出入教室轻步走。<br>(2) 上课专心听讲。<br>(3) 放学自觉排好路队。<br>(4) 课间不追逐，不在楼道内大声喧哗。<br>(5) 按时到校，不无故迟到、旷课，有事请假。 | (1) 在学习和生活中具有坚持不懈的精神和坚韧不拔的毅力。<br>(2) 不忘带作业，不忘带东西。<br>(3) 认真整理书桌堂。<br>(4) 自己的事情自己做。 |

**评析**:评比“十星”的过程就是学习规范的过程,也是道德评价的过程,更是道德自我评价的过程。这种评比活动一方面树立了榜样,起到了模范和引领作用,另一方面通过这个评比过程提高了学生的道德自我评价意识和能力,也提高了对学校和班级规范的认识水平,是一种非常值得推广的德育方法。

**思考**:对于那些没有被评上“星”的学生,教师应该如何对待和教育?

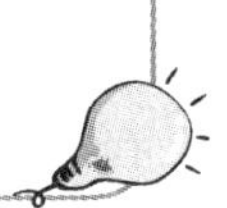

## 案例四:“坏”榜样三例

### 一、是谁造就了“差生”①

2004 年 5 月 21 日,新华社记者葛如江报道:“安徽宿州二中,投票选差生,孩子怕上学。”报道中提到:亮亮和小般曾是安徽省宿州市第二中学初二(现已升为初三)的学生,因为学习成绩差,他们长时间受到老师的打骂和停课等不公正待遇,心灵的创伤让他们无法留在学校,初二未读完,就放弃了自己应该接受的义务教育。“一想起上学,就好像有一座山从我头上压过来,我感到很恐惧。”谈到上学,亮亮的眼神一下子暗淡下

① 唐汉卫,张茂聪编著.中外道德教育经典案例评析[M].济南:山东人民出版社,2005:52-53.

来。其实,他俩并不是宿州二中仅有的休学学生,当时,在这个80多人的班里,转学、休学、失学的学生多达18名,绝大部分是成绩差的学生,有7名学生被迫离开学校,另有7人被赶出教室,长达数周、数日不能上课,他们经常被骂为“猪”“人渣”“垃圾”等。这些所谓的“差生”的家长,屡屡被老师“劝告”带孩子离开这所安徽省示范中学。

**评析:**报道中个别老师的做法严重违背了最基本的师德要求,他们为了升学率的提高对成绩较差的学生进行讽刺、打击甚至将他们赶出自己的班级。这是一种“心理惩罚”,属于老师变相体罚的一种。它并不以明显的身体伤害为目的,旨在对学生的心灵造成威慑,使他们不敢违背老师的任何规定。与体罚相比,心理惩罚给少年儿童的心灵造成的伤害更大,使学生处于一种被轻视的无助状态,往往会造成学生自我评价偏低或不正确,因而自暴自弃,有时可能走上违法犯罪的歧路。这种恶劣的教育方式映射出了当今仍存在着的一些错误的教育理念,同时也应引起我们对其存在的根源的深入思考。

idea

**思考:**老师为什么要这么做?

## 二、谁更需要德育[①]

在一节语文课上,教室前排突然想起了手机声,教学中断了,老师的脸也阴沉了下来,问“谁的手机?”学生们面面相觑,无人应答。老师目光锁定在坐在前排的小B身上,小B平时表现不好,调皮,昨天老师还看见他玩手机,小B一脸慌乱,但拒绝承认。“请你立即找班主任说清楚!”老师动怒了。当小B含着眼泪走出教室时,手机声又响了起来,这回搞清楚了,是从老师身上发出来的。原来老师昨天刚买了手机,把这事忘了,根本没往自己身上想。教室里一片哗然,老师手足无措,脸窘得通红。

**评析:**我们在大声疾呼加强学生德育的同时,却忽视了教师自身素养的提升。老师用各种方法教育学生,似乎学生身上的任何一个“雀斑”都是不可容忍的,必剔除之而后快,而教师自身的道德修养则被忽视了。目前,教师体罚、变相体罚和处分学生这些刺眼的行为已被禁止。可还有许多其他的,甚至是根本的思想理念问题,却被忽视或者说即使被发现也被“宽容”地默许了。

学高为师、德高为范,教师应成为学生的思想和行为典范,应该严于律己、宽以待人。如何预防此类“灯下黑”的自我道德盲区,值得每位教师警醒。

① 唐汉卫,张茂聪编著.中外道德教育经典案例评析[M].济南:山东人民出版社,2005:58.

**思考**：教师如何避免自身的道德盲区？

**三、教育者，要目中有人**①

1998年3月30日，重庆市某中心小学副校长李路山到六年级(5)班上课时，发现一位同学没有来，便向其同桌同学询问情况。同桌同学回答说不知道，班里另外两位知道原因的同学便毫不犹豫地回答了。这本是合情合理的事，然而这位李老师却十分生气，他训斥这两名学生说："我又没有叫你们回答。"其中一个名叫荣其的学生对老师说："谁回答不都一样？"结果被李老师揪住耳朵，打翻在地。在被老师踢了一脚之后，荣其按教师的要求忍痛站起来，走到讲台上，老师又用教棍击打其头部，还打了一耳光。荣其回到家后，左脸红肿，脸上留有清晰的指印。他只好对妈妈说，耳朵很痛，什么也听不到。荣其的父母带着他到多家医院治疗，没有好转。其左耳几乎听不到声音了。

**评析**：鲁迅先生曾经说过一句令人警醒的话："小的时候，不把他当人，大了以后，也做不了人。"教育是一种培养人的活动，但在教育实践活动中，有些教师并不总是把学生当人来看待。目中无人的教育不是真正的教育；目中无人的教育不可能培养出真正的人；目中无人的教育压抑具有求知创新的人，诋毁具有求善意向的人，扼杀具有生命活力的人。这是时代的不幸、民族的不幸、国家的不幸，又是学生的不幸，同时也是教师的不幸。

**思考**：日常教育实践中这种教育"暴力"产生的根源在哪里？如何才能避免这种教育"暴力"？

## 案例五：好榜样二例

**一、备课本被撕烂后**②

著名特级教师于永正曾谈起初为人师时的一段经历：一天，我放在讲桌上的备课本

① 唐汉卫，张茂聪编著．中外道德教育经典案例评析[M]．济南：山东人民出版社，2005：62－67．

② 唐汉卫，张茂聪编著．中外道德教育经典案例评析[M]．济南：山东人民出版社，2005：131－132．

竟然被人撕烂了两张。我火冒三丈，知情人立即“揭发”撕本子的人。我一看那个学生，心里“咯噔”一下，愣了。我思虑良久，对全班同学说：“我先向大家做个检讨。昨天，因这位同学写字潦草，我一气之下，将他的本子撕为两半。我不该这样做，我撕了他一个本子，而他只撕了我两张纸，说明他还是给老师面子的，他比我好。”教室里静静的，几十双眼睛一眨不眨地望着我。第二天早上，在我的办公桌上端端正正地放着一个和我的备课本差不多大的一个新本子。

**评析：**在上述例子中，教师发现备课本被撕，并没有批评训斥犯错误的同学，而是首先做了自我检讨，让学生自己领会到错误之处。这充分体现了人本主义的教育理念，体现了教师对学生的尊重。美国教育家爱默生说过：“教育的秘诀是尊重学生。”尊重学生，首先要尊重学生的人格，保护学生的自尊心。因为教师的过失造成学生的逆反心理、过激行为的时候，教师要敢于面对事实，放下面子，坦承自己的问题，不能将责任推给学生。上述案例中于老师的粗暴行为导致了学生的对立和反抗，学生“以彼之道还施彼身”，使师生关系一度紧张。可贵的是于老师及时意识到了自己行为的失误，坦率地在全班同学面前承认了自己的失误，重新赢得了学生的信任和尊重，也使犯错误的同学主动认识到了错误。

idea

**思考：**教师如何对待自己的“错误”？

## 二、孩子需要什么样的父母①

1997 年 8 月至 1998 年 8 月、2000 年 8 月至 2001 年 8 月，我和先生在美国带外孙。为了适应两个外孙过剩的精力，我常常向加州大学家属院的家长们讨教。久而久之，美国家长的管理方式、教育理念深深地震撼着我固有的亲子观念。比如，发现孩子撕了刚给他买的新书。中国家长的反应一般是首先批评他的行为本身，然后再强调书的价值。“崭新的书你就撕破了！以为那是白来的？十来块钱呢？”不顾忌孩子的抵触情绪，强迫孩子说“我错了，今后改正”。还有一种谴责方法，更像审问罪犯：“对书有仇么？为什么刚买来就撕了？”这样做的意图是希望孩子直言撕书的原因，结果是把孩子推向对立面。

遇到这种情况，美国的家长们会怎样处理呢？他们的注意力首先集中于孩子的情绪和感受。通常会这样问孩子：“我看到你撕坏了刚买的新书，你不喜欢它了么？”（这时孩子也许会点点头，或者说是不小心撕坏的。）“或许过几天你又会喜欢它呢，因为有好

① 唐汉卫，张茂聪编著. 中外道德教育经典案例评析[M]. 济南：山东人民出版社，2005：162－163.

多有趣的故事妈妈还没来得及给你讲呢。来，我们把它粘起来。”

孩子发现妈妈并没因为他闯的祸动怒，首先关心的是他的感受，就有可能把自己的真实情形告诉妈妈。这样，在负疚的心情下，他就有可能在以后认真保存大人送给他的礼物。我们当然要考虑孩子应该成为什么样的人，但也应该从孩子的角度出发，替孩子想想孩子需要什么样的父母。

**评析：**中美两国家长在道德教育方法上的差异折射出了两国生活方式和思维习惯的不同，更反映出教育理念和文化传统等深层次领域的差别。

西方国家崇尚人本主义，强调人文关怀，更重视个人的感受，这是不可否认的。在西方，上至教育大家，下至学生家长都把教育当作儿童自我实现的过程。教育不是为了使儿童感到难堪和羞辱，而是让他们明白道理，做一个有道德的人。西方的教育比较注重人的自我实现，主张教育的目的以个人价值为中心，从个体发展的需要出发构建教育体系，开展教育活动。家长们很少有崇尚极权的、专横的、灌输的教育方式，而是主张给儿童极大选择自由，在尊重儿童的前提下诱导他们进行学习，所以在西方国家，儿童受教育的氛围都很宽松。

我国的教育哲学思想和教育本体论思想是从西方移植后加以改良形成的，但却难以普及。我们的家长和教师在教育孩子的时候，很少考虑孩子们的想法如何，而只是一味地用成年人的标准来对他们进行约束，难怪会有人说中国的孩子没有童年。

**思考：**如何把握对待孩子的“严”与“爱”的尺度？如何避免走入“严”与“爱”的极端？如何在日常生活中尊重和培养孩子的主体性？

## 第三节 理性说服篇

理性说服是提高学生道德认识的主要方式之一。道德认识是思想品德形成的基础，道德认识是人们对行为规范及其意义的理解和掌握，是对是非、美丑、善恶、荣辱的认识、判断和评价，以及在此基础上形成的道德观念和评价能力。就个体品德而言，道德认识是基础，道德行为表现是关键。一般说来，德育过程是沿着知、情、意、行顺序形成和发展的。理性说服一般包括两种方法，即说服教育和价值辨析。

说服教育法，也称为说理教育法，是通过语言说理，通过摆事实讲道理，使学生明晓道理，分清是非，提高品德认识的方法。这是一种坚持正面理论教育和正面思想引导，增强辨别是非能力，促进道德发展的重要方法。说服教育一般包括两种途径，即语言文字说服和运用事实说服。运用说服教育法时要注意目的要明确、内容要富有知识性和趣味性、时机要恰当、教师的态度要真诚。

价值辨析法指的是引导个体利用理性思维和情绪体验来检查自己的行为模式，努力去发现自身的价值观并指导自己的道德行动的方法。这个方法对于提升学生的道德思维能力具有显著作用。

## 案例一：他山之玉：在日本听小学德育课[①]

前不久，在日本东京中野区江古田小学，笔者有机会听了一堂三年级的道德教育课。授课教师是该班的班主任、有着 23 年教龄的村冈节子老师。

上课铃声一响，村冈老师面带微笑走进教室，向学生们讲起了一个小故事：一位名叫正子的小朋友收到一位同学的来信，非常高兴，可邮递员告诉她，信上的邮票不合适，对方少付了 80 日元，需要她来补上。正子补了钱之后不知道该不该把这事告诉寄信的同学。她去问哥哥，哥哥说，应当告诉他少付了邮费，但不必告诉他钱数，让他以后注意就是了；正子又去问妈妈，妈妈说，不要把这事告诉同学，以免伤了他的自尊心。那么，正子到底该怎么办？于是，村冈老师的问题出来了："同学们，如果你是正子，你会怎么做呢？"她在黑板上写了四种意见：A 是正子哥哥的意见，告诉寄信的同学，但不告诉他钱数；B 是正子妈妈的意见，不把这事告诉同学；C 是不仅告诉那位同学少付了邮费，而且告诉他钱数；D 是犹豫不决。村冈老师让学生们在这四种意见中选择，于是，学生们纷纷跑上讲台，把写有自己名字的小卡片贴在黑板上。结果，全班 27 位学生中，选择 ABCD 的分别有 4 人、1 人、15 人和 7 人。

接下来，村冈老师开始向学生提问：你为什么会这么做。一位选择 C 的学生说："如果我是正子，我就会告诉那位同学，寄这种信与普通信不同，是需要加钱的，不过这次应加的 80 日元邮费由我来付，你以后注意就是了。"另一位选择"犹豫不决"的学生说："我觉得应当告诉寄信的同学，但不知道这 80 日元邮费是不是让他来付，所以犹豫不决。"

一番讨论之后，村冈老师让学生们第二次表态，学生们又一次跑上讲台，在黑板上重新贴自己的名字。有趣的是，这次"犹豫不决"的反倒比第一次多了 7 人，竟有 14 人；而这次选 A 的只有 2 人，选 B 的有 2 人，选 C 的减少为 9 人。

---

① http://www.gmw.cn/01gmrb/1998-12/09/GB/17901%5EGM6-0906.HTM. 1998-12-09.

村冈老师接着问大家:“在平常生活中,你们遇到过这类麻烦事吗?”许多学生摇头。“我却遇到过……”村冈老师现身说法,娓娓讲起了她在中学时经历的一件类似的事儿,“当时和正子一样,我也不知道该怎么办,可是现在我知道了。”听完老师讲述的亲身经历,许多学生的脸上露出了可爱的笑容。临下课时,村冈老师对学生们说:“今天的课讲的是如何处理友情与信赖的关系,是我们生活中常常遇到的问题,希望大家动脑筋思考……”话音刚落,下课的铃声响了。

然而,这堂课的内容让每位听课者回味,大家对正子小朋友面对的问题,答案也不尽相同。看来,这正是村冈老师的高明之处:不是给学生提供现成的、唯一的答案,而是在讲授、提问的过程中循循善诱,逐步启发学生、引导学生,让学生一步一步地靠近正确的道理,一点一点地学会做人的准则,这或许就是我们常说的潜移默化吧。

(来源:光明日报,作者:袁新文)

**评析**:这堂课中,教师并没有只是向学生单向地灌输某种所谓正确的道理,也并没有向学生提供现成的、唯一的答案,而是重视对学生道德思维意识和过程的启发与引导,把道德思维能力的提升和民主平等的观念作为教育的主要目标。既激发了学生的兴趣,也使得课堂教学活泼生动,学生们在潜移默化中接受了民主、理性、多元的道德思维方式和价值观。

idea

**思考**:如果学生的想法与你的或书本上的答案不一致,你该怎么办?

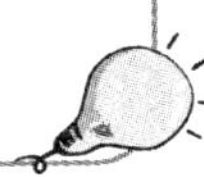

## 案例二:价值澄清?《龟兔赛跑》的另类解读
## ——记一堂日本小学的德育课①

女儿曾在大阪国立幼稚园度过了自由快乐的三年。随后,因为工作关系,女儿跟我回国。去年10月,我再度赴日,这次,女儿插班入读东京一所国立小学的四年级。

因为专业的原因,我从2013年开始关注日本“道德教育学科化”的进展。“道德教育学科化”,即开设专门的德育课,直接目的是为了解决“校园欺负”和青少年犯罪的问

① http://www.fjedu.com.cn/magazines/mgz4/deyu/B59D15B9B71E4A1E8C436DD3CB58ADC5.html. 2015-11-02.

题。另外,日本在各种场合强调要加强爱国主义教育,所以我一直以为日本的德育课就是道德价值的教条式灌输,甚至我怀疑它会不会变成"洗脑课"。因为研究需要,也因为担心女儿"被洗脑",所以我经常询问女儿她们的德育课是怎样上的。我发现,日本的德育课从主题的选定,到课堂教学的实施,都体现着教师对道德教育以及教育本身的专业把握。日本的德育课努力通过对话让学生实现自我生成。

今年1月20日,女儿回来跟我说,那天的德育课上的是《龟兔赛跑》。《龟兔赛跑》这个故事女儿三岁时就听过了,而且大阪国立幼稚园还教过《乌龟和兔子》这首歌,谷水老师为什么让4年级的学生重读这个古老又简单的故事呢?在我感到疑惑的时候,女儿催着我赶快把这节课记录下来。

日本的教育民主化已经进入了一个相对成熟的阶段。"道德教育学科化"尚未定论时,很多教师因为不愿将自己的道德价值强加于学生,所以对此有些疑虑,谷水老师对此也持保留态度。从记录来看,他在课堂上不会给学生灌输观点,而通常会选择一些可以激起学生产生价值观碰撞的阅读材料,让学生自由解读、自由表达。

总的来说,他的德育课可分为六个步骤:阅读故事(或问题);收集学生的初步想法;由学生说明有关初步想法的理由;学生讨论,允许学生改变想法;重复前面四个环节;学生写下感想。这次的《龟兔赛跑》也不例外。

谷水老师和学生相互问好后,将印有4个问题的讲义发给所有学生。

问题1:你听过《龟兔赛跑》的故事吗?可以互相讨论,尝试写下《龟兔赛跑》的大致内容。或者写下《乌龟和兔子》这首歌的歌词。

大约3分钟后,学生写完之后陆续发言。大家对故事的梗概基本上没有异议。"兔子因为乌龟爬得慢,看不起乌龟,并要和乌龟赛跑。但兔子骄傲了,在路上睡着了,而乌龟却努力地爬到了最后。乌龟赢了,兔子输了。"在阐述完故事之后,学生浪平君还站起来指挥大家唱了《乌龟和兔子》。场面热烈,歌声响亮。

问题2:听了这个故事,你有什么感想?这个故事想告诉我们什么道理呢?请写下你的想法。

学生的反应和我预想的差不多,基本都是"做什么事情,只要努力做下去,一定会有回报""看不起别人,骄傲就会倒霉"之类的。

在学生阐述想法的时候,谷水老师笑眯眯地听着大家的回答,必要的时候,予以重复,帮助学生更准确地表达自己的意见,而不会发表看法。

在学生说完感想之后,谷水老师又问大家第三个问题。

问题3:你喜欢故事里的兔子还是乌龟呢?现实中,你希望像哪位主人公那样生活?理由是什么?请写下你的想法。

A. 兔子　　B. 乌龟　　C. 都不喜欢

我的预想是,喜欢乌龟、希望像乌龟一样生活的会更多,毕竟思维惯性的力量不容小视。但女儿告诉我,"乌龟派"15人,"兔子派"4人,"都不喜欢派"22人。这个结果让我有些意外,但听女儿说完大家选择的理由,我就明白了。

首先是“乌龟派”代表发言。由香里：“虽然很辛苦，但努力去做会有实实在在的安全感。”（不仅是乌龟派，其他“派别”的学生也点头赞同。）

“兔子派”代表发言。佑君：“如果兔子不睡觉的话，乌龟再怎么努力也不会赢。所以，还是当有实力的兔子比较好。”

佑君的“乌龟再怎么努力也不会赢”，似乎让不少人有所触动，所以他们当中出现了一些骚动。

最后“都不喜欢派”代表发言。饭男君说：“我讨厌没实力，我也讨厌输。”宽子说：“我认为兔子炫耀自己的能力，这是不好的。像乌龟那样努力也不能说不好，但我认为有效率且懂得临机应变地处理事情更重要。”

宽子的话，超出了大家原先的想象，所以包括谷水老师在内的所有人都鼓起掌来。这时，谷水老师说：“大家说得都很有道理，这个问题确实没有正确答案，所以，经过刚才的讨论，是否有人改变自己最初的想法了呢？有改变想法的，可以再做一次选择。”之后有部分学生改变了立场，最终统计结果：“乌龟派”16人，“兔子派”4人，“都不喜欢派”21人。

在这个环节，学生充分表达了自己的观点，也听取了别人的观点。难能可贵的是，从他们的回答中，可以看出他们很有个性，对文本和他人观点都有批判思考的意识，我想这应该是教育不断民主化的结果，也是谷水老师尊重学生、保护学生思想火花的体现。

到这里，课堂掀起了一个小高潮，学生仍然在讨论，谷水老师却开始分发扩展阅读的材料。扩展读物是早稻田大学加藤谛三老师的文章。

“喂，喂，乌龟哦，乌龟哦，世界上还有比你走路更慢的人吗？你为什么这样慢呢？”我们从小就会唱这首歌。

这首《乌龟和兔子》的歌充分体现了我们的想法。

首先，兔子不认可乌龟。然后乌龟竭尽全力向不认可自己的兔子证明自己。

*What You Think of Me Is None of My Business* 这本书中，有这样一个句子：“我的注意力被否定自己的人占有了。”

的确，没有自信的时候，我们愈容易只关注否定自己的人。实际上，世界上有接受自己的人，可我们却容易看不见。越没有自信，就越容易把目光投向否定自己的人。

借用《龟兔赛跑》的故事人物来说，这世间肯定有认可乌龟本性的人，他们会说“喂，喂，乌龟，乌龟，你游泳游得很棒哦！”但是乌龟并没有把目光投向这些认可他本性的人，而是非常在意兔子的话。同意和兔子赛跑，未免不是一种虚张声势。

如果是一只自信的乌龟，对于“世界上没有比你走路更慢的人了。你为什么这样慢”的问题，完全可以回答“多管闲事”。

为了让不认可自己的人认可自己，而否定自己的本性。这是我们丧失自信心时，非常容易犯的错误。

（节选、翻译自加藤谛三老师的《更真实地做自己吧》）

学生表示加藤谛三老师的这篇文章难理解，所以谷水老师做了简要的说明：“乌龟也有兔子没有的优点。如果因为被别人指出自己的弱点，就只考虑自己的弱点，不是反而忘记自己的优点了吗？每个人都会有了解并认可自己优点的人，所以不要过于关注缺点。想着'这就是我自己呀'，就可以让负面评价流走，把自信留下，这样不就可以更轻松、更快乐地生活吗？你们认为这样的生活方式如何呢？"

为了确认学生是否能理解这篇阅读材料，谷水老师让学生回答第四个问题。

问题4：读了加藤谛三先生的文章，你有什么想法？把你的感想（什么都可以，一句话也可以）写下来。

大家写完感想，谷水老师收集完大家的答案，正好下课。

后来，出于对学生回答的好奇，我向学校提出申请，谷水老师同意我浏览学生的课堂作业。以下例举几位学生的回答。

对于问题3"希望像哪位主人公那样生活"，学生这么写到——

麻衣：像乌龟那样，哪怕不成功，只要努力到最后，心情也会很好。

雄一君：如果乌龟有体育精神，就会叫醒睡觉的兔子，堂堂正正地比赛。利用兔子睡觉赢得比赛的乌龟很狡猾，因为兔子认为乌龟差得太远，有点可怜，还等了乌龟。从这个角度说，兔子比较善良。

马场君：我想自由地生活，所以我不想选择哪一派。

幸子：我既不想像兔子，也不想像乌龟。我就是我，我要做自己喜欢的事情。但是比赛的话，我要赢！

而对于读完加藤谛三先生的文章后，大家写下如下感想：

衣里：认可自己固然好，但若是被人指出我们的缺点，还是应该改正的。

正芳君：反对！有竞争比较好。

刘（女儿）：从自己的角度来说，能做到的事情尽力去做。从对待他人的角度来说，不能嘲笑别人。

由香里：一直以来，我都像乌龟一样勤奋努力，但现在我想好好思考一下"自己是自己，别人是别人"的观点。

宽子：结局是无论乌龟还是兔子，都尽想让别人认可自己，却没有为认可自己的人着想。只想着自己，这种心态会造成胆怯、懦弱。我赞成加藤先生的观点。

从学生的回答，我们可以看到，学生的思维非常开放，没有被传统的思维局限住。从他们的回答当中，我们可以看到，通过这样的讨论，他们对龟兔赛跑所呈现出来的内容有了进一步的思考。这堂课，谷水老师就像相声里的捧哏，提问、回应，除了短暂的扩展阅读，几乎把整堂课都给了学生。这样一堂自然生成的德育课，不仅让学生学会发表自己的意见，更是让他们学会倾听他人的发言，甚至批判式地阅读文章并自由发表意见。更重要的是，没有说教，没有灌输，他们对问题的认识和理解都是自然生成，相信他们可以更好地成长。没有限制，畅所欲言，通过问题引导学生思考，我想，谷水老师的课为"启发式教育"提供了很好的案例。

（来源：福建教育杂志社，作者：苗延）

**评析**:这堂德育课,教师秉持价值辨析或价值澄清的原则,努力帮助孩子不断思考道德主题,也不断反思自己的道德认识,倾听他人的道德评价,充分体现了"以生为本"的理念,杜绝了简单的道德灌输,也在潜移默化中渗透了民主、理性的文化观念,对于孩子的道德认识能力的提升和主体性的成长具有较好的推动作用。

idea

**思考**:怎样提升学生的道德思维的意识与能力?怎样激发和促进学生道德主体性的生成?

## 案例三:说服的技巧:百元事件①

娄　群　浙江省彭埠第二小学

一个周一的上午,学生上完体育课回到了教室,突然学生聪告诉我,说洪的一百元钱不见了,当时我真的傻掉了,她怎么会带这么多的钱到学校?又一个非常重要的一句话提醒了我,这件事必须在放学之前处理完,等到明天肯定是查不出来了。想到这里,我就三步并作两步地走到洪的身边,问清她的钱是放在哪里的。

为了查这一百元钱,我和学生交流了一整节课,并分析了其中的利害关系。我对同学们说相信他们是讲道理明事理的学生,老师相信你们都是好孩子。我让他们进行了诚信测试:如果哪位同学拿了这笔钱,请他把钱放在手上,老师将请每一位同学上来把手放在抽屉里,任何人都看不见你在里面做了什么。虽然班里的每一位同学都来放过,但是最后的结果还是没有。

在没有任何收获的情况下,我开始找同学谈话。首当其冲的肯定是洪了,她告诉我,今天只有同学王和同学储知道她带了钱,也是王问她钱包到哪去了,这时她才知道自己的百元大钞没有了,其他没有一个同学知道。请同学王到外面,问他为什么会问洪的钱包,他清楚地回答我说:洪早上口袋中有个皮夹,但体育课结束就没有了,就好心地问她一声"你的皮夹呢?"没有其他的原因。最后一人就是同学储了,我问了很长的时间,他只告诉我,早上第一节语文课,他看到同学王(王坐在他的前面)不停地在捡橡皮、铅笔。

① 中国教育学会小学德育研究会编.春泥护花[M].南京:河海大学出版社,2007:111-112.

没办法继续查下去了，于是请来了学校副校长，他也做了一个诚信的测试，但方法却完全不一样。首先告诉大家，每个同学的人生才刚刚开始，不要因为这小小的一百元把自己的人格给出卖了，老师也相信那位同学是因为有急用才会拿别人的钱，但这样的方法是不对的，希望那个同学把那一百元拿出来，做个诚实的孩子。接下来给每个同学一张白纸，要求所有的同学闭上眼睛，把白纸放在抽屉中，全班同学都把白纸揉成团，当然希望拿钱的那位同学把钱放进纸团中。这样展开，揉成团，摸口袋，反反复复来了三次，然后请所有同学依次把纸团放入老师事前准备的口袋中。

最后终于找到了这一百元。

学生出现问题是班主任工作中经常会发生的，问题的根本在于班主任能否用教育的道德来向学生进行道德教育。面对学生拿钱这件事，从本质上来说是诚信问题。每个人都有做错事的时候，只要给他们时间、机会和合适的方法，我们有理由相信，他们会找到自己丢失的东西。

**评析**：年幼的学生未必能够充分明了"偷"别人一百元钱的严重后果，教师如果只是单纯地"查案"反而会激起学生的自我保护意识和反应，更重要的是，即使通过"查案"查到了"小偷"，又如何收场？如果真的查到了，在那个学生身上无疑贴上了一个"小偷"的标签，对于这个孩子而言无异于一场人生的灾难。该学校副校长的做法既让学生明白了这种行为的严重后果，又巧妙地避开了这个令人难堪的结局，无疑是十分高明的。

idea

**思考**：面对学生的问题行为，教师应当如何应对？如何避免"标签效应"？

## 第四节　实践锻炼篇

道德是一种实践智慧，活动与实践是学生思想品德的源泉，一方面，社会道德规范是外在的东西，只能以物化的形式传递，另一方面，道德情感只能在活动与交往中为学生所感受和掌握；同时也因为只有在活动与交往中，人的品德才能够表现出来。

开展各种形式的实践活动，把德育内容与要求蕴含于活动之中，使得学生在活动中深刻而又形象地体验到各种规范和要求的内涵与意义，从而在耳濡目染中悄然内化道

德内容与要求；加之实践锻炼方法本身固有的生活性，容易激起学生的兴趣，使得学生不知不觉参与其中，因而实践锻炼是小学德育工作较为容易实施和取得实效的途径。

## 案例一：我所看到的美国小学德育①

赵淑娜　石家庄市第十八中学教师

2008年我在美国密苏里州的Smithton学区交流学习，我发现Smithton学区的小学和中学都有指导老师(counselor)，中学的指导老师主要负责学生的课程选择和职业规划，小学的指导老师主要负责学生的德育教育，他们叫“character education”(品格教育)，今天我去听了小学六年级的德育课，主题是“sportsmanship”，体育道德，每个月小学和中学的德育主题都是一样的，不同的是，小学生要上课，学习并体验，中学生不上专门的道德教育课，主要是行动，老师们会根据他们平时的表现选出获奖的人，这些奖对他们将来申请大学很有帮助，所以学生们都很努力。

小学的指导老师很有经验，她的声音也非常好听，她的课简洁明了、环环相扣，而且能让学生从中受益，我觉得如果她要参加中国的评优课大赛，肯定能拿第一名。她的教学步骤如下：

**一、复习导入**

提问：同学们你们还记得我们在五年级1月份的时候德育主题是什么吗？

学生答：sportsmanship。

提问：同学们有谁参加学校的体育队的呢？(大概有一半的同学举手。)

提问：同学们怎么理解“sportsmanship”呢？(学生们各抒己见。)

提问：去年我们玩什么游戏呢？(大家一起回忆。)

**二、授新课**

今天我们要玩一个新的游戏，同时也需要你们完成自己对自己的评价，老师给每个学生发了一张评价表，然后开始讲解各项的分数分配情况。一共四大项，每项的最高分是4分，每项有4个等级，最低分是1分，老师告诉学生什么样的学生可以得4分，什么样的可以得3分，依此类推。讲解完毕，学生们到体育馆做游戏。

游戏的名字叫“Perry Island”(佩里岛)，规则如下：

1. 任意三个学生戴上老师的道具——帽子，扮演敌人，他们的任务是抓住其他的学生。

2. 剩下的学生要努力不被抓住，并要完成任务，老师将很多张纸放在地板上，有的纸上写有正确的规则，如：要团结，有的纸上则写不正确的规则，学生们的任务就是要将

① http://mt.sohu.com/20160614/n454287290.shtml. 2016-06-14.

全部写有正确规则的纸捡起来并带到"岛上",老师指定一块地方,只有岛上是安全的,敌人不会抓到学生,可是如果只待在岛上就完不成任务,老师还有时间限定,所以要想不被抓住,又能将任务完成就只能快点跑。

3. 第一次游戏结束时,老师做了点评,三个学生将其余的学生几乎都抓到了,只有一人留在了岛上,而且任务也没有完成,只将4张纸带到了岛上,事实上一共有6张纸,上面写有正确的规则,所以第一轮三个人胜利了。老师让学生们思考如何能完成任务,并努力留在岛上,不被抓住。学生们有很多主意,团结、交流等,然后老师给他们30秒的商量时间(这让我想起了奥运会比赛时,教练叫暂停,给队员技术指导),在这短短的30秒里,就能看出学生们的差异,有的主动当领队给大家出谋划策,大部分学生都会参与讨论,也有个别学生很不在意,觉着无非就是快跑,别让敌人抓住,没有什么要讨论的。

第二次游戏结束时,有8个人留在了岛上,而且他们将所有写着正确规则的纸都带到了岛上,顺利完成任务。老师及时给予肯定,大力表扬学生。当然这一次的三人组不是第一次的三人组,老师根据学生的意愿更换的,如果有很多人都想扮演敌人,老师就让他们把手放在一起,然后数数,数到谁,谁就可以扮演敌人,老师用这种游戏的方式指定演员,而不是直接指定。

第三次游戏结束时,有11人留在了岛上,并且顺利完成了任务。老师及时给予肯定,然后带队回教室。

游戏结束后,学生开始反思自己在刚才游戏中的表现,并给自己打分,老师将得分多少是什么等级写在黑板上,以供学生自我评价,得16分,非常优秀;得12～15,优秀;得9～12分,好;得9分以下,不好,学生自己评价完,老师并不看他们的得分,而是让他们将自己的评价表收起来。然后老师再给每人发一张同样的评价表,这次老师让学生自己选一个同学给自己打分,然后自己将两个结果进行对比,等于是让学生将自评与他评相结合。

学生们不仅根据自己在游戏中的表现进行了自我评价,还要给别人一个正确的评价,同时自己也能得到别人对自己的评价,老师则只是给予关键性的指导。只要学生自己了解自己,了解别人对自己的评价,并能正确地评价别人,这就足够了。

---

**评析**:这堂课的内容应该包括多个层面:游戏中的合作、正确规则的学习、道德自评与他评。这节课采用任务型教学,是一种典型的实践操作方法。在活动中学生亲身体验到了合作等道德规则的意义与价值,尝试进行了自我评价,更重要的是,通过把自我评价与他人对自我的评价进行比较,对学生自己形成较为客观全面的自我评价具有重要作用。这是一种促进学生道德自评与他评的好方法。

---

**思考**:恰当的道德自我评价对于学生的道德成长而言意义重大,如何提升学生的道德自我评价意识与能力?

## 案例二:家校联合,其乐无穷[①]

为了更好地实行家校共同管理、共同教育学生的计划,在春季这个流行性感冒加H7N9禽流感肆虐的季节,我邀请了班上文星源同学的当医生的妈妈,上周三来到我们班,给同学们上了一节生动的卫生防疫课。

第一次有同学家长到班上给同学们上课,那种新鲜和激动的表情洋溢在同学们的脸上。最激动的当然是文星源同学,看着妈妈坐在自己旁边,那种殊荣是任何东西都替代不了的。

文妈妈又邀请了本院防保站的苏站长,为大家详细讲解了H7N9禽流感的预防知识,大家听得可认真了。从预防"十五字歌"开始,讲到了如何正确刷牙,边说边给大家做示范,大家听得有滋有味,那认真投入的态度不亚于在欣赏一部精彩的动画片,还不时模仿着医生教的正确姿势。然后,苏站长又教会大家如何正确洗手,同学们学得可认真了。当大家还想询问一些其他感兴趣的问题时,丁零零的下课铃响了起来,大家都恋恋不舍地拍手欢送着这两位妈妈,感谢她们在百忙之中给同学们上了这堂精彩的课,孩子们将受益匪浅,也将永远记住这特殊的一节课。

反思:德育工作是具体的,不是抽象的;也不仅仅是精神的,也是物质的。学生不是不喜欢德育工作,而是不喜欢空头说教。

---

**评析**:这堂课的亮点有两个方面,一个是学校与家长的联合,一个是实践操作的教学方式。学生品德的成长一方面要依靠学校和教师的教育,另一方面也有赖于家长的密切配合。而运用实践操作的方式进行教学对于年幼的小学生而言效果明显,这种教学方式既可以激发学生的兴趣,活跃课堂气氛,又可以加深学生印象,提高教学效果。

---

① http://blog.sina.com.cn/s/blog_796d65550101i9nw.html. 2014-03-20.

**思考**：单纯的说教无疑令人生厌，也难以达成德育目标，如何才能寓教于乐，把枯燥的德育内容寓于实践活动之中？

## 案例三：牵着孩子的手，慢慢走——别致的“表扬课”①

未入职之前，我总觉得教育是非常快乐而富有诗意的工作。遥想着课堂里天真烂漫的表情，校园中琅琅不绝的书声，下课后一起嬉戏玩耍的场景，我满心期待地步入了这一童话般的世界。然而，现实却给了我重重的一道耳光。这些看似天真烂漫的孩童，每天总有这样那样的状况，课堂上的他们胜似“妖魔鬼怪”，与你斗智斗勇；课堂外的他们好比“脱缰野马”，稍不留神就无影无踪。面对现实的教育，我品到了酸甜苦辣；面对千差万别、状况百出的学生，我也是伤透脑筋。

因此，我的教育态度由温和转向严厉，好长一段时间，我都维持着在课堂上“疾风暴雨”“怒发冲冠”“声嘶力竭”的形象。而事实证明，这并不管用。由于我是半路接班，耳闻上一届的班主任也是严厉至极，所以孩子们早已习惯这一教育方式并有部分免疫。那么，如何管理这群孩子？

低段的孩子打小报告是个非常常见的现象。第一学期开学初，我都在处理他们的小报告，一段时间下来，怎一个累字了得。后来，我发现有些小报告是无关紧要的，可以忽略，而有些小报告孩子们自己就可以处理，于是我让班长承担起处理小纠纷的任务。然而一段时间下来，这一现象依旧有增无减，孩子们依旧打着小报告，并乐此不疲，有的甚至在上课时说着课间谁没做好什么事。

正当我苦恼之时，我看到了金华环城小学某班的一项举措——表扬课。这堂课没有书面作业，没有课本，大家只要做一件事——夸人。“今天吃饭，朱何望吃得很专心，没有讲话，还光盘了！”“张茹希吃完饭后桌子很干净。”“陈亮今天早读很认真。”事无巨细，却传递着满满的正能量。接下来是老师的提问时间，他每天要问学生三个问题：你今天有没有发现谁做了好人好事？今天你为同学们做了什么事？今天有没有人为你做了什么事？孩子们的手举得像小树林：“今天，同桌生病没来上课，我帮他整理了抽屉。”“我的《家校联系本》不知放哪儿去了，同学给我送回来了。”听起来都是小事，但却让人感觉无比温暖。

我深受启发，也开始尝试，做不到每天一评，可以每周一评。班会课上，我会抽出二

① http://blog.sina.com.cn/s/blog_4ed380050102vwk7.html. 2015-06-25.

十分钟，分享《光荣榜》上的小事，再给出三个问题：你今天有没有发现谁进步了？上一周你为同学们做了什么事？有没有人为你做了什么事？开始时，学生还倾向于模仿，我举例说："××光盘了。"他们会把身边午餐吃得干净的同学都报给我。我说："××今天的座位真干净。"他们开始检查自己的座位卫生。我说："××进步了，今天课堂上没有做小动作。"他们会说谁也认真听讲了。后来，我不用再做示范，一到这个环节，他们自然会告诉我："××被他们撞倒了，我们几个把她送到了医务室。""××今天考了100分，被老师表扬了。""××今天主动把书架整理得很整齐。"看着他们说得越来越起劲儿、越来越具体，效果自然是不言而喻的。渐渐地，打小报告的孩子少了，除了个别受伤的事情外，他们基本都能相互体谅，自己解决。

每个孩子都是种子，只不过花期不同。有的花，一开始就灿烂绽放；有的花，需要漫长等待。教育就是耐心浇灌，静等花开。

---

**评析**：对其他同学的表扬至少有两个方面的好处，一是对于被表扬的同学而言，满足了其自尊需要，会激励其更加进步；二是对于表扬他人的小朋友而言，表扬他人意味着为自己树立了学习的榜样。表扬课极大地激发了学生渴望被表扬的动机，也促成了学生相应的道德表现。同时，表扬他人与学生的道德评价意识和能力密切相关，也促进了学生道德认识的明晰和道德规则的确立，是一种非常值得推广的德育方法。

---

idea

**思考**：表扬课为什么能够促进学生的道德成长？

## 案例四：亲身经历：美国没有班主任，德育怎么抓[①]

对于基本规范，美国老师更讲究"行动"而不提倡"苦口婆心"。让孩子从教训中学会尊重社会法则。对违反规范的行为，他们毫不让步。我问在美国学习的中国学生："中国老师与美国老师有什么不同？"学生回答："中国老师什么都管，说话经常凶巴巴的。美国老师管的很少，说话和颜悦色。而一旦我们犯错了，如迟交作业，中国老师会说：'下不为例。'美国老师说：'这次作业零分。'"

美国学校不设班主任，而是在每个年级配备心理辅导和学业指导老师。学生的品

① http://edu.sina.com.cn/ischool/2014-12-05/1102446858.shtml. 2014-12-05.

行操守方面的问题，小问题由任课老师解决，大问题由心理辅导员负责。上次美国行，我接触到瓦萨中学的高二学生戴旭刚，他高一从福建转学过来。他说："我最喜欢顾问老师，她非常关心我。"我问："你在国内的时候班主任老师不关心你吗?"他想了想说："当然，班主任老师也很关心我，但他们关心的方式不一样。班主任说你应该这样，你必须那样，美国的顾问老师说我能帮你什么吗?"

在美国中小学，心理辅导员在处理学生不当行为的时候注重心理疏导，引导学生学会选择。比如，处理学生打架问题，心理辅导员会找个安静的地方和学生一起坐下，平和地说："说说看，刚才发生了什么事情？为什么?"他会耐心听完双方陈述。然后开始辅导："打人违反校规，你得接受惩罚停学三天，明白吗?""生气的时候，除了动拳头以外，还可以选择什么别的方式宣泄愤怒的情绪?""什么方法可以帮助你控制一时冲动?"心理辅导员的辅导诀窍之一，是避免使用命令式的语言，永远给学生留有选择的余地，让学生明白不同的选择导致不同的后果，让学生用他自己愿意的方式解决问题。

我想到我们现在的德育，有两个方面值得反思——一是要把握好"严"与"爱"的尺度。现在，我们该对学生宽容关爱的时候，做得有些不近情理甚至苛刻；该对学生严格教育的时候，有时又底气不足或摇摆不定。老师如此，家长也是这样。二是要寓德育于教学之中。道德是高度情境化的东西，把它从各种生活的体验中、各科知识的蕴藏中抽离出来，依靠单独的诸如政治课、班会课等课程，配备专职的德育教师，设立专门的如政教处、学生处等机构实施德育，结果把德育变成了某一门课程、某一个教师、某一个机构在某一规定时间内的任务。这样的教育主观目的性太强、人为设计的痕迹太明显，学生们往往有防范抵触的心理，效果并不理想。

（作者：夏莹）

---

**评析：**相对而言，中国教师说的太多，管得太严，但又缺乏规则意识。更重要的是中国的德育"主观目的性太强、人为设计的痕迹太明显"，与学生的日常生活距离太远，缺乏对学生感受和体验的关注，简单地说就是缺乏"人味"，导致德育不可亲、不可近，一副冷冰冰不食人间烟火的模样。在这方面，美国的道德教育值得借鉴。

---

idea

**思考：**如何才能让德育工作变得让学生感到可亲、可近?

## 案例五：英国：孩子的德育不靠教导①

英国人普遍认为，娇宠是孩子养成独立性格的最大障碍。要使孩子日后能适应社会的需要，独立地去生活、工作，就必须从小培养他们独立生活的能力，让他们学会尊重他人和自我克制，知道对自己的行为负责任。

道德不靠教导。英国人还有个观念，即“道德是被感染的，而不是被教导的”。它体现在英国中小学教育里，那就是不要求孩子们死记硬背道德准则，但是，要求孩子们从心灵深处、从日常生活中懂得和理解伦理道德。

英国一般不设专门的道德教育课，但开设包括佛教和道教在内的各种世界主要宗教信仰课供选修。这门课被认为是对孩子品德和良知培养十分重要的一门课。

不仅如此，多数英国学校每周都组织班级讨论，选取一些学校或者社会发生的事情，让孩子们发表看法，共同讨论，自己去领悟和判断对错与是非。集体游戏也是一种重要方式，让孩子懂得顾及体谅别人，懂得如何与同伴合作。

学校还普遍鼓励孩子饲养小动物，组织学生到敬老院陪老人聊天，为慈善组织募捐及参加其他公益或环保活动，以此培养孩子的爱心和社会交往能力。在英国教育者看来，诚实不是一种孤立的品德，而是与自重和尊重别人，与对生命和大自然的爱紧密联系在一起的。

不淡泊输赢。老师并不是教学生去学老庄的超脱，淡泊输赢结果；相反，英国学校里，“输赢”二字总被挂在嘴上，因为各种比赛名目繁多，充满校园生活。正因为比赛多，每个学生都有机会领略到老师所要传达的信息：你会赢，但不会每次都是你赢，每个人都有赢的时候，也有输的时候，要紧的是享受参与的过程，去做自己想做的事。

不要妨碍别人。英国的社会道德教育，还有一点令人印象至深。那就是从小教育孩子要学会照顾自己，同时注意不要妨碍他人。这其实就是公德与私德的分水岭，也成为“对陌生人的道德要求”。

英国小学很重视培养孩子的独立能力。个人清洁卫生、学习用具收拾整齐等，都在道德教育范围之内。孔子说：“己所不欲，勿施于人。”西方其实有很相似但也许更为积极的说法：希望别人如何对待自己，就要照这样对待别人。

允许父母体罚。家庭是孩子成长的摇篮，父母及其他家庭成员的观念与行为，对孩子道德意识的培养起着决定性的作用。在英国的家庭中，看不到对儿童的没有理由的娇宠，犯了错误的孩子会受到惩罚。父母往往在尊重孩子独立人格的前提下，对孩子进行严格的管束，让他们明白，他们的行为不是没有边际的，不可以为所欲为。英国的法

---

① http://www.chinanews.com/lxsh/news/2010/01-14/2072820.shtml. 2010-01-14.

律甚至明确规定，允许父母体罚孩子，许多学校仍保留着体罚学生的规矩。

在一般的家庭当中，5 岁以上的孩子不准与大人同桌吃饭，不允许挑吃挑穿。到了该做什么的时候，一律按规矩办事，故意犯错误和欺负幼小，都将受到严重的惩罚。不管是对什么人，都必须懂礼貌，说话客气，对父母兄弟姐妹也不例外。言谈举止符合标准，对人彬彬有礼，是对每个孩子的基本要求。反之，孩子将受到父母的训斥，包括身体的惩罚。只有懂事且有礼貌的孩子，才会受到父母的夸奖。

最看重友好。在英国人的眼里，看一个人最重要的是看他是否友好，和他的职业、性别、收入、教育、私生活都无关。他们教育孩子，从小要善待一切生命，包括动物、植物等。天气好的时候，他们会带孩子到农场去看大自然。即使在夏天厨房爬满了蚂蚁的时候，妈妈一边消灭蚂蚁，一边告诫自己的孩子，不能玩弄蚂蚁，不能让他们死得太痛苦。而且只要打一两个就可以了，这样其他的蚂蚁会发出警报，让同伴不要到这里来了，或者把蚂蚁捉到小瓶子里，然后拿到花园去放生。

有一次，邻居家的孩子安格斯养的金鱼巴里死了。安格斯的母亲还带他在附近的教堂举办了简短的葬礼。后来，安格斯还做了一个噩梦，说梦到巴里了。母亲对他解释说，生命总有结束的时候，但是，巴里活着的时候很开心，因为大家都爱它。

（来源：齐鲁晚报，作者：潘竹竹）

---

**评析**：德育不靠教导靠什么？靠实践，靠实践中对道德规范的践行和体验，这也许是英国道德教育带给我们的最大启示。这些规范包括独立、友善、诚实、克制等。中国德育的最大特点，或者也可以说是最大的缺点，就是说的太多而学生们的实践体验机会太少，怎样把日常生活与德育结合在一起，是当代中国德育的一大挑战。还有一点就是，中国德育的主体是学校，影响力也仅限于学校范围，家庭在德育工作中的责任和分量都太小，也使得德育与学生的日常生活距离太远。

---

idea

**思考**：怎样从日常生活入手进行道德教育？

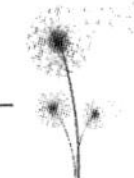

# 案例六：班级“实践周”，伙伴共成长
## ——在合作型岗位中育责任心①

戴雨飞　苏州市吴江区盛泽实验小学

### 一、实施背景

经过两年的岗位实践工作，学生在真实的校园生活情境中，通过有价值和有意义的岗位实践活动，获得了充分而合乎个性的发展。为了突出德育活动的综合教育功能，体现伙伴之间的合作精神，培养学生形成强烈的责任意识，学校将原有的岗位实践工作延伸和升华，将原来岗位工作个体化延伸到集体化；将原来岗位工作个人化升华为伙伴化，这就产生了现在的合作型岗位。班级“实践周”就是通过合作型岗位提升学生的岗位观念和工作方式，促进伙伴间的责任感和合作意识，推动伙伴共同成长。

### 二、育人目标

(1) 班级“实践周”，让学生从个人实践岗位走向综合管理岗位，岗位实践则从偏向任务完成，转向了在任务完成过程中的同伴影响、自我教育。

(2) 班级“实践周”，岗位实践的集体化，旨在培养学生形成强烈的责任意识、集体观。合作型的岗位，突显了个体在群体中的价值，更培养了伙伴自主管理的合作意识。

(3) 班级“实践周”活动，让每一个实践的个体、小组、集体得以成长，让学生在伙伴互助、伙伴协调、伙伴影响的过程中迈向与伙伴的共同成长。

### 三、三种形式

1. 班级包干式

班级包干式，指的是把每一周的全校班级常规管理包干给一个班级，由这个班级全权负责检查、评比、考核、反馈、总结。这种形式的“实践周”强调的是班级伙伴的合作，优势在于身边的伙伴影响与同化，其他班级的参照，起到了潜移默化的育人效果。但任务较重，需要的是每个学生的努力和配合，这也考验了这个班级学生的分工合作意识。

2. 项目分解式

项目分解式，指的是把全校班级常规管理的项目以月为单位，分解到各个年级，由这个年级中的所有班级全权负责检查、评比、考核、反馈、总结。这种形式的“实践周”强调的是年级伙伴的合作，优势在于项目的分解，减轻班级岗位实践的工作量，可以更细致；跨班级的伙伴合作，可以向其他班级的团队学习经验等。但任务分散，需要的是年级组长协调好组内所有班主任的工作，这也考验了这个年级的分工合作意识。

---

① http://www.wjshjy.com/edu/newsview/v/9127.html. 2014-05-15.

3. 任务竞聘式

任务竞聘式，指的是在德育处向全校班级招聘“实践周”班级，班级自主竞聘“项目实践周”或“包干实践周”。

项目一：项目实践周。以周为单位，招募卫生、礼仪、两操等项目的“实践周”班级。德育处可采用班级演讲、年级组推荐、学生投票等方式选出“项目实践周”班级。

项目二：包干实践周。以周为单位，招募学校常规管理所有项目的“实践周”班级。德育处可采用班级演讲、年级组推荐、学生投票等方式选出“包干实践周”班级。

无论是哪种形式产生的“实践周”班级，在具体实践的时候，整个操作流程、实践细则是一致的。三种不同的形式，都旨在通过合作型岗位提升学生的岗位观念和工作方式，促进伙伴间的责任感和合作意识，推动伙伴共同成长。因此，在整个学期的班级“实践周”活动中，这三种形式是共存的，我们可以依据学校的实际需求而灵活调整，可以依据班级的实际情况而做出选择。

**评析：**该校创造性地把学校常规管理交给学生负责，创造性地提出通过组成小组轮流进行管理岗位实践的做法，这对学生间合作意识、规范意识、集体意识的发展具有积极的推动作用。在这一活动中，学生的责任心、集体荣誉感等也会得到较好发展。而且在具体实践过程中，学生分析、观察、总结、评价等方面的能力也会得到较大提高。真正契合了“活动与实践是学生品德发展的源泉”这一德育基本原则，值得借鉴和推广。

idea

**思考：**但这一活动的时间成本、人力成本可能太高，完整实施起来的困难可能较大，如何对这一经验进行修正，以使得该方案具有更高的可行性？

## 案例七：玻璃门①

在美国的一所公立小学里，学生们很顽皮，经常把图书馆的门踢破。校方将木门换成了铁门，仍无济于事，过不了多久，铁门还是被踢破。为此，校方很头疼。后来，学校来了个新校长，他得悉后，下令将破铁门换成了崭新的玻璃门。大家都很费解，认为这个校长脑子糊涂了。可奇怪的是，玻璃门没有被踢破过。有人去问校长，校长笑笑说：

① 唐汉卫，张茂聪编著. 中外道德教育经典案例评析[M]. 济南：山东人民出版社，2005：133.

"装铁门就意味着对学生们说,'看你们还能不能踢破?'充满了挑战的味道。而装玻璃门则意味着信任学生,相信他们一定会爱护这道门的。将信任放在他们的面前,如果你是那些孩子,你还会不会踢?播种信任,才能收获信任嘛!"

这个故事向我们昭示了信任的力量。教师的信任往往会激发学生强烈的责任感和上进心,从而促使学生积极主动地趋向教师所希冀的道德标准。在教育过程中,信任是双向的,教师只有信任学生,才能与学生心灵交融。

---

**评析:**这个案例让人不禁想到了魏书生在班级里放置玻璃鱼缸的故事,据说也有人担心玻璃鱼缸易碎,不如换成不锈钢的。魏书生认为,恰恰是因为玻璃鱼缸易碎,才能培养学生对物品的爱护之心。爱护公物的品德仅靠教导是远远不够的,需要让学生养成爱护的习惯,融进日常生活之中。把门换成易碎的玻璃门,在教室里放置易碎的玻璃鱼缸都是这个道理。这既是对学生的信任,也是融进日常生活的道德实践。

---

idea

**思考:**社会心理学中有一个观点,就是"我们喜欢那些喜欢我们的人",即积极情感的表达往往能够换来对方积极情感的回馈。在日常教育实践中,教师应该如何表达对学生的信任、欣赏等积极情感?

## 案例八:外在的约束与道德敬畏感①——没有规矩不成方圆

**编者按:**这虽然是一个中学的案例,但对小学德育工作具有较高的参考价值。

江苏省张家港高级中学校长高万祥高度重视学校的德育建设。鉴于消费上的攀比心理在学校不断蔓延,高万祥做了一个强制性规定:拒绝名牌进学校,学生在学校必须穿校服。同时,从"头"抓起,对男生的长发和黄发强制性改造。

在学生餐厅,乱丢馒头、乱倒剩菜,已经成了司空见惯之事,于是高万祥大张旗鼓地开展了文明用餐"不剩一粒米"活动,要求学生饭菜要吃光,桌面要擦干净。学校餐厅的墙上贴着醒目的八个大字"学会吃饭,学会做人"。

不知从什么时候起,校外租房住宿竟成了一些学生的"时尚",由此引发的许多问

---

① 唐汉卫,张茂聪编著.中外道德教育经典案例评析[M].济南:山东人民出版社,2005:143-145.

题，引起了人们的广泛关注，为此高万样对学生做了一项硬性规定：除住自己家外，不允许任何学生住在学校外。同时，构建良好的宿舍文化，打开学生正常交往的渠道，让在学校住宿的学生感受到住宿舍的乐趣，又不失文化品位。

凡是到过张家港高级中学的人，都会惊叹这所花园式学校的花草之美。但在草坪拐弯之处，一些绿草多被踩光，成为路面与草坪相接的一个特殊地带。高万样认为这是教育的一个耻辱。一个学生如果连路都走不好，他的人生之路就不可能走好，于是在张家港高级中学，又多了一项“学会走路”的教育。

日本横滨世界杯足球场上观众人山人海，可人走场空之后，竟没有留下一片纸屑，这不仅仅是卫生的问题，还昭示出一种良好的团队意识。高万祥认为中国人的团队精神需要从小培养，学校更应肩负起这一责任，张家港高级中学开展的“校园无纸片活动”便是培养这种精神的有效措施之一，不管是学生、教师，还是校长，只要见了纸片，就要捡起，即使餐厅和厕所的地面上，也是不见一片纸屑。

德育过程本身就是一个自律与他律相交织的过程。德育要综合运用教育、法律、行政、舆论等手段，更有效地引导青少年的思想，规范他们的行为，道德的自觉性不是与生俱来的，而是在道德生活实践中培养出来的，自觉性的养成是一个由不自觉到比较自觉进而达到高度自觉的过程。

---

**评析：**品德的成长不仅需要教师积极情感的表达、理性的说服和实践活动的锻炼，也需要外在规矩包括法则、制度和舆论的约束和训练。相信“人性本善”并不代表人性中全部都是“善”，也要有制度来预防和克制甚至惩罚人性中“恶”的成分。张家港高级中学的做法也从另外一个角度提醒德育工作者，德育工作既需要春天般温暖、需要循循善诱、需要春风化雨，但也不能没有规矩和惩罚，也需要学生的道德敬畏。

---

idea

**思考：**敬畏感对于学生的品德成长有何价值？

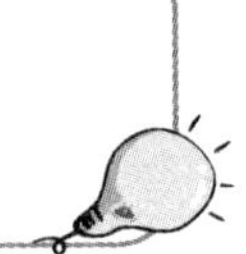

## 案例九：活动德育：德育新理念[①]

如何提高德育实效性是有许多问题值得探讨的，德育必须尊重学生内心发展的需

① 唐汉卫，张茂聪编著. 中外道德教育经典案例评析[M]. 济南：山东人民出版社，2005：170－171.

要，遵循道德教育工作的规律；我们也知道德育的实践性、体验性非常之强，织里实验小学提倡的“活动德育”不失为一种好方法。所谓“活动德育”，就是把需要教给学生的做人的道理或是做事的准则渗透在易于被学生接受的游戏活动或专题活动中，从而使学生在潜移默化中受到教育，养成良好的行为规范，形成良好的个人素质，变“言语德育”为“活动德育”，让孩子在活动中得到启迪，受到教育、取得收获。孩子们的认知水平有限，再加上孩子的天性就是活泼、好动的，他们并不知道哪些事该做，哪些事不该做，简单讲他们很多时候并不是有意要犯这样那样的错误，而是儿童的天性决定要做这件(错)事。

“活动德育”要求学校、班级组建一个活动德育体系，要学生有集体主义思想，就要在组织集体活动或集体游戏中培育：

班级开展“我崇拜的伟人”的主题系列活动，有讲伟人故事，论伟人人格，编伟人足迹的小书籍，伟人优秀事迹中的光辉形象必定会感染学生，尤其是留给学生“正是因为他们高品德才赢得别人的尊敬”的巨大无形资产。不同阶段树立不同的伟人作为学习的榜样，以此将各位伟人“崇高点”集于学生一身，在这样的环境下熏陶，学生的人格能力一定会是高尚的。

展开“论社会现象”活动，将社会上这样或那样的不良的现象展示在学生面前，供学生“评头论足”，学到的做人道理和做事规则的有效性比教师说教要好得多。开展“给自己出名片”的活动，就要学生讲自己的特点、闪光之处，每个学生在不断地更换“名片”的过程中，就是不断学别人的优点的过程，不断向上奋进的过程。

“活动德育”以学生为主体，尊重学生的个人体验，是教育本性的回归，也是实现内化的重要途径。

---

**评析**：这并不是一个具体案例，但其中所包含的理念却值得德育工作者们学习。在一定意义上说，传统德育是一种“言语德育”，容易导致“吃力不讨好”，导致学生的厌倦和拒斥。怎样把单一“言语德育”转变为既有“言语德育”，也有“活动德育”，让德育能够根据学生的特点灵活地选择“言语德育”或“活动德育”，抑或是二者的结合，是一个需要德育理论和实践工作者们深入思考和探索的一个问题。

---

**思考**：如何认识“言语德育”和“活动德育”的优劣短长？

## 案例十：精心设计日常活动，化解德育难题的利器[①]

王立文　湖北省江陵县资市中学

### 一、讲故事巧解心结

张万祥老师在《班主任要善于讲故事》一文中说："运用故事可以解决青少年情感荒漠化问题；运用故事解决青少年性格脆弱、心理贫瘠化问题。"我在遇到难题的时候，就喜欢用故事解开学生心结。

2009届学生毕业前学习很懈怠，缺乏学习目标，没有前进的方向，一天到晚昏昏沉沉地过日子。我就利用课余的时间给学生讲了一个故事《骆驼与北斗星》，讲完故事后，学生很受触动。李格说："我爸爸在家务农，妈妈在外打工，他们都很辛苦，我不想让他们伤心，不想让他们那么辛苦，所以我要奋斗，我一定要向前冲。"张莲莲说："说实话，我感觉这段时间的学习一点也不扎实，马上考试就要开始了，还在稀里糊涂地过，一点也没有改变。老师的故事让我明确了目标，我终于找到了拼搏的力量之源。"

后来的事实证明，一些让学生思维豁然开朗的故事，它给学生所带来的启发，往往比老师空洞的一千遍说教效果好得多。

### 二、经典背诵感受美德

传统文化宝库中的经典美文，往往是融艺术性和思想性于一体，学生背诵这些经典篇章，在文学欣赏中完成了德育传递。比如说我组织学生背诵《弟子规》之后，让学生谈自己对"孝"的感悟。

学生作蓉说："我们的父母整天忙活，他们很辛苦。我们在父母回来后，给父母揉肩捶背，给父母做做家务，不也是很有孝心吗？"珊珊说："在父母烦恼的时候，应该尽力使父母开心。"小健说："去年冬天妈妈发烧了，父亲又没有在家。我十分的焦急，尽力去把医生找来，我觉得这是对妈妈的最大关心和帮助。"

很多的家长碰见我，都说现在孩子很懂事了，懂得心疼人，都说这些经典背诵搞得好，既提高了孩子的文化修养，又塑造了美好心灵。

### 三、请毕业生搞德育传递

毕业生给初一新生写封信，由于是同龄人写的信，没有心与心的代沟，新生愿意接受他们的观点。于是，我就在每届学生毕业之前，邀请他们给"将来"的学生写一封信，然后由我在新生入校时写好新生的名字，交给新生手中。有些学生不仅向新生隆重地介绍了我，说他们最幸福的就是成为王老师的学生，还告诫新生要珍惜时间。还有的毕业生，在信中教会新生如何适应初中学习、生活，告诉他们不要害怕，要敢于介绍自己，

① http://gunkexiaoxin.blog.163.com/blog/static/18982123120121215465950З/. 2012-02-21.

并与同学们和睦相处。

……

新生看到毕业的师哥师姐写给他们的信很高兴，也提笔写起了回信。有的学生说，以前，老师布置的作业，我老是不能完成，有几次还被老师批评了。现在给哥哥姐姐们回信，倒一个个非常积极。

**四、让赞美化解矛盾**

卡耐基有句名言："要改变人而不触犯或引起反感，那么，请称赞他们最微小的进步，并称赞每个进步。"适当地开展赞美活动，可以和谐人际关系。

我在班上说："我们的各科老师为我们付出了很多，新年到了我们不需送什么礼物给老师，就用文字来赞美我们的老师吧。另外同时也赞美一下你们的同学。我想老师、同学收到大家由衷的赞美，比什么礼物都要好。"

倩格赞美英语老师："赵老师是一位认真负责的好老师，她从不打骂我们。她的耐心讲解让我爱上了英语这一学科。"

劲薇赞美语文老师："张老师教语文非常仔细，总是耐心地给我们讲解题目，而且待人亲切、和蔼。说话很和气，在我的心目中就像一位充满智慧的母亲。"

小媛赞美数学老师："王老师教学一丝不苟，一个问题如果我们不懂的话，他即使花一节课的时间也'在所不惜'，直到我们弄懂为止。课堂上时不时会发出一阵笑声，说明他非常幽默，能让我们在学习中感受到乐趣。他很关心我们：每次查寝都提醒我们要盖好被子，以免着凉了。"……

结果，学生把我们所有科任教师的优点、特长都找出来了，有些甚至我们老师自己都没有觉察，可以看出学生们是真心地赞美教师啊！通过赞美达到了预期的效果，原来学生在校园里遇见了老师"视而不见"的情况没有了，很多学生看到了老师主动地问好。

**五、一分钟竞赛体验学习效率差异**

我来到教室叫学生把语文书拿出来。有学生在下面小声地说："王老师来给我们上语文课?"我笑着没有回答他的问题，接着我把钟时的手表拿在了手里。这时所有的学生都懵了，不知我要干什么，数学课居然要用到语文书和手表。我叫学生把书翻到了《公输》一文，我说道："今天上数学课之前我们来开展一分钟写字竞赛。规则：一、时间一分钟以我的口令为准，不准提前，也不准推迟。二、注意书写质量，不能为了写快，写得太潦草了。"我说开始后，学生们奋笔疾书，教室里只听见"沙沙"的写字声。我看着手表，到时间，我喊道："停笔!"学生都把笔停了下来。

接下来我叫学生相互统计书写的字数，最多的一分钟多达 49 个字，最少的只有 29，相差达到了 20 个字。我把 49 与 29 写在了黑板上。接着我让学生一天以八小时计算差距，竟然达到 9600 个字；然后我们以一年学习 200 天计算差距，结果高达 1 920 000 个字。有个学生说："一本长篇小说能有五十万字就很可观了，而 1 920 000 个字就相当于四本厚厚的小说了。"我问学生通过计算你有什么体会，钟时说："我们一定要珍惜时间，不要让时间溜走了”。张朦说：“我们一定要提高做事的效率，效率不高，可能我们要吃大亏啊。”这次比赛后学生在学习中拖拉的情况有了明显的好转，做题的效率也有所提高。

**六、通过学生自评、互评改善学生的自我认识和人际关系**

每学期期末的时候，班主任都要撰写学生在校的表现，但只有班主任的评价并不全面，应该还有学生的自我评价、学生之间的互评，这样三位一体的评价才是全面的评价，也才是可信的评价。去年我在这个方面进行了尝试。

那天，我对学生说：“今天的班会课，我们做两件事：一是大家给自己一个全面的自我评价，要求实事求是，要有优点，同时也要指出不足，以及今后的改进方面；二是大家相互评价，要求与自我评价一样。”

过了一会儿，我看见小威的自我评价已经写好了。我拿来一看，吓了一跳：“我是一个不听话的学生，喜欢压老虎机……”可见学生的评价是片面的，我于是提示说：“你怎么写的都是缺点啊？”他解释道：“我压老虎机的事，爸爸知道的。”我说：“你还是有优点的，可以找一找啊。”同桌伟龙说：“你的数学成绩这么好，就是优点啊。”最后我看到小威的自我评价：“有时会做错事，说话也太不文明。但能完成老师布置的作业，数学成绩好，同时也乐于帮助他人。”

罗余的自我评价：“我在课堂上有时会做小动作，学习成绩不稳定。但我在运动方面能全面地展示自己，我曾获得800米冠军。”

认真地看了每个学生的自我评价，学生写得很全：有写自己特长的，有写自己性格的，有写自己成绩的……有些内容是我知道的，也有很多是我不曾了解的。通过学生的自我评价，我对学生有了更深一步的了解。

雅丽对芯瑶的评价：“你生活中，为人友善，性格温和。爱好看书，对他人尊重。但你对生活不自信、不乐观，以后要改正哦。”宝丽对倩格的评价：“你是一个才女。你有很多的优点：作文写得非常好，画画得逼真，爱帮助他人。你认真履行了自己数学课代表的职责。”红林对雪晖的评价：“你是一个公正、正直的学生，成绩好。但有时你实在太不近人情。希望你能改正这些缺点，祝你在新的一年里，生活过得有滋味。”

这只是其中几个同学的相互评价，基本是中肯的，有的指出了缺点，有的送上了新年的祝福。通过这次活动，每个学生都对自己的各个方面进行了深刻的反省，找到了优点，也找了不足，对于今后的学习、生活是有好处的。每个同学的相互评价没有恶意的挖苦，有的是衷心的欣赏、善意的批评。学生之间拉近了距离。

总结：作为一名班主任，策划各种德育活动是其应该具备的基本功，在十多年的班主任工作中每每遇到德育难题时，我想到的就是通过活动来化解这些难题。我一直重视让学生在活动中感悟真、善、美。德育活动是一种能有效隐蔽自己教育意图的教育手段，因此作为班主任一定要掌握。这样班主任工作就会更有实效性，更具艺术性。这也是成为优秀班主任的必由之路。

**评析**：德育活动未必一定要轰轰烈烈、大张旗鼓，也未必一定是甲乙丙丁、一二三四的成套动作，小活动也具有大用处。关键在于德育活动的设计应把握学生品德发展的现实，认清学生品德发展的问题，找准解决品德发展问题的突破口，把德育活动与学生的日常生活紧密结合起来。教师应抛弃僵化的、高高在上的说教，把道理蕴含于活动之中，让学生从活动中体验和感悟，真正做到“润物无声”，方是大家手笔。

## 主题五
# 小学德育模式

创新德育模式

- 经典德育模式的理念和操作要点
- 德育新模式探索的思路
- 德育新模式探索的经验与教训
- “好人教育”的启示

教科书一般把德育模式界定为，在一定的德育思想理论的指导下，经长期德育实践而定型的德育活动结构及其配套的实施策略。德育模式的核心是特定的德育思想以及把这一思想付诸实施的操作策略。德育模式是特定社会历史条件下社会价值观、育人观在教育领域的最重要的体现。通过考察一个社会主流的德育模式，就能较为全面地把握一个社会的历史、文化传统和现实追求。反之，某一德育模式的提出和实施也总是特定群体历史、文化传统及其现实追求的集中体现。

本章前三节主要搜集和整理了教科书中相对较少谈及、也是当前德育实践需要予以关注的三种德育模式：主体性模式、关心体谅模式和价值澄清模式。第四节则主要搜集了当前部分学校进行的德育模式探索，希望对读者有所启发。

## 引　言

抛开理论研究者关于德育模式的探索和创新，仅仅以我国中小学常用的德育模式而言，居于主导地位的还是灌输模式。这种模式带有很强的管理主义的特征，重视学生对德目的记诵和遵守，强调德育过程中教师的主导地位，强调德育内容的权威性，相对忽视学生的主体地位，忽视学生的日常生活，带有某种理想主义色彩。有学者认为我国当前的主流德育模式具有两大特点，一是以政治教育为主导，二是强调工具价值，只重

视德育过程的规范化管理，相对忽视道德本身的价值，更缺乏对学生主体地位的尊重。①

就德育内容而言，我国的德育属于所谓的“大德育”范型，即我国所谓的德育是囊括了政治教育、思想教育、伦理道德教育、心理健康教育、法制教育等诸多内容的范围较“大”的德育，与西方国家所理解的道德教育仅仅指伦理道德教育，即所谓的“小”德育有较大的区别。在这种大德育的多种内容中，政治教育和思想教育多年来一直是德育的重点甚至是核心内容。政治教育包括马克思主义基本原理教育；马克思主义中国化的最新成果教育；党的路线、方针、政策教育；中国革命史教育等。思想教育包括世界观、人生观和价值观教育；爱国主义教育、集体主义教育和社会主义教育等。相对而言，日常伦理道德教育包括社会公德教育、家庭美德教育、人际交往教育等，无论是内容还是重要性都不能与政治思想教育相提并论。

就德育过程而言，一方面过于重视过程，重视对教育主管部门相关规定和政策的执行，而相对忽视育德，另一方面过于重视教材内容，相对忽视学生的日常生活。前者容易导致形式主义的流行，各种假大空德育创新的泛滥，后者容易导致学生与德育的疏离，也容易激起学生的反感。在这个意义上说，我国德育模式的变革势在必行。

## 第一节　主体性德育模式

20 世纪 80 年代以来，我国教育理论和实践领域开始了对主体性教育的探索。主体性教育把培育和发展受教育者的主体性(包括自主性、能动性和创造性)作为教育的核心目标；力图改变学生在学校和教学中的被动地位与现状，调整师生关系，调动和发挥学生在教育与教学过程中的能动作用，努力提升学生的主动性和创造性。

中小学时期是人的主体性发展的关键期。而传统的学校教育无论是课程设置、教学过程还是师生关系均不能适应对学生主体人格和主体能力培养的需要。教师的过度权威极大地限制了学生的自主选择空间，造就了学生消极依赖、被动应付的境地；应试教育氛围下的课程设置和对标准答案的过度追求，把学生变成了“考试机器”，很大程度上丧失了独立思考和判断的意识与习惯，自主性、自觉性、独立思考等被边缘化，自信心、创造性、独立性都成了分数的牺牲品。

所谓主体性德育模式，是指在主体性教育思想的指导下，以教育者与受教育者之间的双向互动为基本要素，充分发挥教育者与受教育者的积极性、主动性和创造性，培养受教育者的独立性、创造性、能动性等“主体性道德素质”的德育模式。主体性德育的兴起与发展，意味着德育重新开始了对人的关注，重新开始了对人之为人的本质属性的关

① 李霞. 中外德育比较研究[M]. 武汉：湖北人民出版社，2009：161－165.

注，也是教育“以生为本”思想的重要体现。

主体性德育与规范化德育相对，通过与规范化德育的对比，能更清晰地认识主体性德育的本质特点。

所谓规范化德育，是指这样的一种德育理念和模式：教育者坚持自我本位，片面强调自己的主体地位，是不可置疑的绝对的道德权威，受教育者被看作服从主体的无意识的满足教育者主体价值需要的价值对象；教育者以强制、灌输、训导的方式对受教育者进行合目的的改造，要求受教育者无条件的认同、服从既定的道德规范与价值取向。①

在我国历史上，规范化德育模式一直在社会思想教育中占统治地位。规范化德育的内在缺陷主要体现在以下方面：第一，规范化德育无视受教育者的主体性、能动性，蜕变为一种单调的知识灌输和机械的道德训练行为，是对受教育者作为人的本质的否定；第二，规范化德育忽视受教育者自我价值的满足，过分强调教育者主体意志的实现和对社会需要的服从，导致道德教育的“权利缺场”，缺乏对受教育者个体的真正的人文关怀；第三，规范化德育的强制性教育方式，导致道德专制，背离了以人为本的德育伦理。

主体性德育承认并尊重受教育者的主体性，教育者和受教育者的关系从规范化德育中的主动和被动的关系、从上至下的关系转变为具有交互主体性的主体间的协作关系，使德育从受教育者的被动改造转变为受教育者的自主发展，突出了对人的终极关怀，德育走向“人性化”。道德教育从规范化德育中主要依靠教育者片面的主体地位和道德权威的方式转变为通过双方内心世界的接纳、追求道德共识的方式来对受教育者施加影响；德育方法从规范化德育中的强制灌输、规范约束的训导方式转变为民主开放、平等交流的对话方式。②

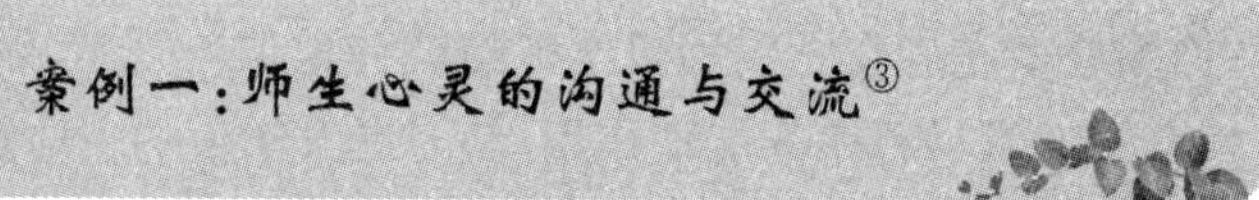

## 案例一：师生心灵的沟通与交流③

姚　虹　上海市徐汇中学

**编者按**：这虽然是一个中学的案例，但其价值诉求和实践策略值得小学德育工作借鉴。

### 一、背景分析

从 2002 年 9 月开始，徐汇中学校长就坚持每周撰写一篇《校长寄语》。以校园师生喜欢的充满哲理而又有文化内涵的校长寄语形式，亲切自然地与学生零距离进行交流。

① 杨现勇. 德育发展的当代走向：从规范化德育到主体性德育[J]. 前沿，2011(6).

② 杨现勇. 德育发展的当代走向：从规范化德育到主体性德育[J]. 前沿，2011(6).

③ 王华兴，黄中伟. 主体性德育：思考与行动[M]. 上海：上海科技教育出版社，2009：95 - 98.

两年半的时间里，共有101篇《校长寄语》出炉，《校长寄语》不仅写出了校长真诚的心声，也拉近了校长与教师、学生之间的距离。

《校长寄语》成了徐汇中学的德育特色，为借助这一平台使以学生为主体的德育做深做好，新的想法不断涌现：(1) 每周政教处老师与学生一起解读《校长寄语》，引导学生体会内涵，写下心得，抒发感想，但这样的教育对学生而言还是被动的，如果在"寄语"这一平台上使学生变被动为主动，从受教育者变为教育者，那么效果肯定更好。(2) 校长101篇《校长寄语》使得全校的师生对"寄语"这一形式非常熟悉，大家都跃跃欲试，但苦于没有合适的场合、合适的载体。能否提供这样一个平台让师生也倾吐心声、畅所欲言呢？

基于以上几点考虑，学校于2005年2月改《校长寄语》为《校园寄语》，2005年9月又更名《校园心语》。

**二、具体内容**

2005年2月开学第一周，校长完成了第一篇《校园寄语》："……作为前行者，我将自己对人生的感悟，以校长寄语的形式奉献给大家，也算抛砖引玉。可喜的是，徐汇师生在登攀成才高峰历程中感悟到的许多真知灼见尤为令人感奋，及时交流，相互学习，对继续登攀前行很有帮助，所以，将'校长寄语'改为'校园寄语'，那么校长、教师、学生就都是寄语的主人。用心地呵护、培育'校园寄语'，是每一个徐汇师生义不容辞的责任。"

学校专门成立了"校园寄语"的编辑工作组，由五人组成：校长、政工教导、语文老师、文印室打字员和电子显示屏管理人员。政工教导负责征集稿件并粗选；语文老师帮助第二轮挑选和修改；校长定稿；文印室打字员负责按特定格式打印文稿，并上传到校园网上；电子显示屏管理人员负责每天在学校大屏幕上滚动播出本周《校园寄语》。

在《校园寄语》播出期间，学校发现学生的参与热情非常高，主体意识也越来越强，就把《校园寄语》进一步更名为《校园心语》，作者也扩展到全校的师生、家长、校友。每周的篇数也因稿件多而改为数篇。《校园心语》除了每天在学校电子显示屏上滚动播出外，还印成小张分发到每个班级。其内容也更贴近校园生活，校园中的新鲜事、学校新举措、班级新动向、时事政治、社会焦点等都会在《校园心语》中得到反映。在热烈交流的氛围中，学生们从被动接受变为主动探求，是受教育者的同时也成了教育者。

有的教师在班级管理中就利用《校园心语》分三步来发挥学生的自主性。第一步，通过投稿，在班里树立踏实的学风，增强学生的集体荣誉感；第二步，在写稿投稿过程中，培养学生观察、分析问题的能力，形成正确的思维，引导学生将更多的目光投向美好的事物，培养健康向上的生活情趣；第三步，通过对《校园心语》解读和联系班级实际情况进行分析，加强学生的自我教育意识，引导学生树立正确的世界观、人生观、价值观。

有的班主任身先士卒，自己撰写心语投稿，即使不发表，也作为班级寄语送给学生，借此鼓励每一位学生通过《校园心语》畅所欲言，做真正的小主人。有的班主任还发动家长积极参与，家长们在《校园心语》中对孩子提出希望，对学校老师寄予厚望，形成了新的家校沟通渠道。

## 三、实施效果

将近一年半的时间里，学校共收到《校园心语》投稿近3 000篇，已发表479篇。精彩的积累过程和沉甸甸的收获让师生们欣喜万分。

《校园心语》是一个师生间互动的平台。处于青春期的学生，往往对教师的教育有一种抵触的逆反，而面对寄语的白纸黑字时就会多出一份理性，使教育者和被教育者更为和谐。

《校园心语》也是一个同学间的交流载体。面对同龄人的理解感悟，学生会显得更为理智，在这样的互动中，学生有了进步，主体意识得到增强，自我教育的能力得到提高。

《校园心语》更是整个学校的合作舞台。在徐汇中学，《校园心语》已成了学生、教师、家长、校长发表自己思想、经验、启迪的舞台，并辐射到学校的每个角落，产生一股巨大的积极向上的力量，成了徐汇校园文化的一块芳草地，在区内各校引起了极大的关注。

---

**评析：**主体性德育的要旨是培养学生的主体性，即自主性、主动性和创造性。该案例通过从《校长寄语》到《校园寄语》再到《校园心语》的改变，激发学生主动参与的热情，提升了学生参与学校教育教学工作的主动性，提高了学生们自我审视、自我监督的意识和能力，唤起了学生对美好未来的憧憬和向往。这是一种不可多得的提升学生主体性的德育模式，值得各个小学推广与借鉴。

---

idea

**思考：**培养学生的主体性是现代教育的价值诉求之一，也与当代中国的现代化发展对人的需求高度契合。但学生主体性的发展会不会对教师的权威和管理造成挑战？如何面对因为主体性的提升所可能带来的学生的“无法无天”？

## 案例二：教师价值引导，学生自主建构①

张晓群 徐汇区向阳育才小学

**一、背景分析**

徐汇区向阳育才小学在更名前，是一所教育教学质量比较一般的学校。学生在学习上缺乏指导和有效的方法，“死读书”的现象比比皆是；又因教学效果不佳，学生大都对学习缺乏兴趣。学校更名为向阳育才小学后，以素质教育的要求为依据，基于对学校的现状分析，明确提出“加强基础、培养兴趣、提高素质、形成特色”的办校方针。

“学习好方法介绍”是学校专题教育中的一项活动，旨在通过积极的宣传，使学生认识到学习是有方法可循的，掌握了适合自己的学习方法，可以提高学习的效率、效益，达到事半功倍。以往学习方法都是教师教给学生，但是这次，学校运用主体性德育理念对活动进行了重新设计，旨在充分发挥学生主体性，运用自我总结、同伴教育的方法，以演讲、评选的形式组织学生演讲，进而推广这些好方法，引导学生改变学习的方式，提高学习的质量。

**二、活动的组织形式**

以学生为主体，组建“红领巾学习好方法演讲团”，面向全校学生进行演讲。学生听众则参与评选学习方法“金点子”。

**三、实施步骤**

(1) 积极宣传。

(2) 学生自主总结学习好方法。

(3) 层层推荐筛选。

(4) 组建“红领巾学习好方法演讲团”。

(5) 修改演讲稿并进行排练。

(6) “红领巾学习好方法演讲团”汇报演讲。

(7) 全校学生评选出十个学习好方法“金点子”奖。

(8) 在全校范围内推广学习好方法。

**四、过程描述**

首先，在全校范围内开展征集“学习好方法”的活动。各班学生积极参与，以周记的形式梳理自己在学习过程中所运用的好方法，然后在班级、年级中开展了第一轮筛选，并将结果推荐给大队部。

其次，组建演讲团。大队部根据学生平日学习中常遇到的困难或出现的错误，挑选

① 王华兴，黄中伟. 主体性德育：思考与行动[M]. 上海：上海科技教育出版社，2009：98－100.

出了10位学生的文章，并按不同年级、不同学科进行了分类。

第三，安排现场演讲会，专门布置好会场安排好主席台、演讲台、观众席，让演讲员们成为真正的主角，面对小观众讲述自己成功的经验，再由观众当场评出金点子，使台上台下形成互动，面向全体、全员参与，使每一个学生都得到教育和培养。

演讲正式开始了。第一个上台的学生虽然神情有些紧张，但更多的是快乐和兴奋……鲜活的事例吸引着台下的小听众们。他们听到的不再是枯燥的说教，不是贫乏的讲解，不是索然无味的大道理，而是伙伴们的经历，是从无数次成功失败中总结出的好方法。那些困难、困惑可能也是他们曾经经历过的，一点儿也不遥远、不陌生、不空洞，反而感到特别的亲切。他们看到的是平时一起学习、生活的同伴，于是从心里升起的是羡慕、敬佩，同时也为有这样的同伴而自豪。

案例分析：教师在实施主体性教育时的价值定位要准确。教师的教是外因，学生的学是内因，外因必须通过内因而起作用。教师要善于营造情感交融的良好氛图，把更多的"情"和"爱"注入平时的教育教学之中，让学生带着信心和勇气主动地投入自主学习、实践活动中去。另一方面，教师应设法激发学生自主学习的兴趣、爱好、动机和心理需求。由此可见，学生自主学习中的主体地位与教师的价值引导并不矛盾，两者是辩证统一的。在新的教学理念中，教师的引导价值在于参与、尊重、激趣、唤醒、启智等。

**评析**：该小学的主体性德育模式选题新颖、组织严密，充分调动了学生们参与的热情，关于案例的自我反思也有一定的深度。

idea

**思考**：该模式的组织和实施需要较长的时间和较大的投入，是否需要注意其对正常教育教学活动秩序的干扰或冲击？如果需要，如何避免？

## 第二节 关心体谅模式

德育的关心体谅模式是由英国学者彼得·麦克菲尔（Peter Mcphail）及其同事于20世纪70年代初期创制的。麦克菲尔认为，关心人和体谅人的品性是道德的基础和核心。道德教育的重点在于提高学生的人际意识和社会意识，培养自我与他人相互关联的一种个人风格。学校德育的根本目的就是促进学生成熟的社会判断力和行为的发

展。成熟就是具有创造性的关心，并在关心中获得快乐。一个有道德的人就是能深思熟虑地考虑到别人的意见，觉察别人的感受而与人和谐相处，能时常从别人的角度去考虑的人。道德教育应引导学生学会关心，学会体谅，并使得学生在关心人、体谅人中获得快乐。

麦克菲尔明确表示他反对道德教育过于理性的方法，注重道德感染力和榜样的作用。麦克菲尔坚持认为，学生通过观察生活中那些重要人物是如何对待我们或者其他人的，就会学到很多道德准则。

麦克菲尔认为，体谅模式之所以促进学生道德发展，关键是它凝聚着全部的道德知识力量，任何道德都必然靠理解和领会，而不是靠教授。麦克菲尔坚信行为和态度在心理上是"有感染力"的，品德是感染来的而非直接教来的。向榜样学习，是个体自然发展的基础；观察学习和社会模仿，是青少年获得关心人和体谅人的品质的重要方式。因此，榜样是教育的一种形式，甚至是教育的最高形式。他特别强调学校在引导学生关心、体谅人的人际意识中要注意两点：第一，营造相互关心、相互体谅的课堂气氛，使猜疑、谨小慎微、提心吊胆、敌意和忧虑在课堂生活中销声匿迹；第二，教师在关心人、体谅人上起道德表率作用。学生从教师所作所为中学到的东西多于从教师所教所说中学到的东西。①

## 案例：德育之"体谅模式"：美国版孔融让梨②
## ——多倾听、少评价

女儿凯丽上的中文班学到了"孔融让梨"这一课，故事说的是孔融上有五个哥哥，下有一个弟弟，爸爸拿来一盘梨，孔融挑了最小的一个。爸爸问他为什么要吃最小的，他回答哥哥比我大，我应该把大的让给哥哥，爸爸又问，那还有弟弟呢？孔融说弟弟比我小，所以我应该把大梨让给弟弟。

为了看看学生们理解得如何，老师挨个问，如果换成了她们，会不会让梨？这天共有五个女孩子来上课，都是八、九岁的年纪。第一个女孩 A 是独生女，老师知道她常和邻居小孩一起玩，就问她如果邻居家的小朋友来了，妈妈拿出一盘梨，她会不会把大梨让给邻居的小孩吃？女孩 A 摇头说我不会，我要吃大的。

老师很吃惊地问为什么呢？A 回答："他家那两个小孩每次吃东西都要剩下来，如果把大梨给她们吃肯定要浪费，浪费东西不是好习惯。"老师呆了呆，觉得这个孩子虽然不让梨，但是她的说法也蛮有道理，所以对 A 的说法没有加以评判，接着问下一个孩子。

第二个女孩 B 家里有个年龄比她大很多的哥哥，父母四十得女，对 B 极其宠爱。

① 景光仪. 西方体谅模式的理论与实践[J]. 中国德育，2006(10).

② http://blog.sina.com.cn/s/blog_6463f5150100wlp1.html. 2011-09-03.

老师和蔼地问道:“你在家里吃梨,会不会把大的让给哥哥吃?”B女孩连连摇头。为什么呢?“因为我妈妈和哥哥总是要把大梨给我吃,我让给哥哥他也不会吃,我吃了他们才高兴,为了让他们高兴,我要吃大梨。”老师看着她不知说什么才好,这孩子的出发点好像也站得住脚。

又接着问第三个女孩C,C有个大她两岁的哥哥,两个人时常打打闹闹。问C是否会把大梨让给哥哥,她斩钉截铁地回答:“不!”且义愤填膺地说:“哥哥他很坏,对我一点都不好,我才不要把大梨让给他!”老师听了长叹一口气。

第四个问到凯丽,老师满怀希望地问凯丽:“凯丽,如果你和弟弟一起吃梨,会不会把大梨让给弟弟吃?”凯丽毫不犹豫地回答:“我不让,我比弟弟大,我当然要吃大的。大的吃大的,小的吃小的,这才公平。”

在重重打击之下,可怜的老师不抱任何希望地问最后一个孩子,她也有个大她两岁的哥哥。“你是否会把大梨让给哥哥?”这个女孩轻轻地点了点头。老师眼睛骤然一亮,这一课没白上啊!终于有孩子领会了课文的重大意义,领会了中华文化的精髓。于是探身向前,热切地问道:“那你为什么要把大梨让给哥哥呢?”那女孩子回答:“我不爱吃梨,我哥爱吃,管它大的小的,他都拿去吃好了,我不在乎。”

美国的教育方式鼓励孩子们表达自己的观点,个性鲜明、独立的思维永远是被赞赏。无论孩子对一个问题的回答多么离奇古怪,多么不符合老师的标准答案,甚至离题十万八千里,都会得到一句“Good Try”的赞许。从这几个女孩的回答中可以看出她们的率真,每个人都有自己不让梨或者让梨的理由。

这堂课除了学中文外,就白上了吗?暂时看似对孩子们没有什么效果,但是后来我发现,这种德育教育是潜移默化的,实际上孩子们不知不觉间接受了课文传达的信息。以我家凯丽为例,后来的一天我洗了一盘苹果,她挑了一个大的递给了弟弟,很随意地说:“你比我小,你吃大的吧。”让我很吃惊。

---

**评析:**道德教育的体谅模式述评①

德育的体谅模式或学会关心模式形成于70年代初,为英国学校德育家彼得·麦克菲尔(Peter Mcphail)和他的同事所创。麦克菲尔系统深刻地探讨了以道德情感为主线的学校德育理论,坚持人本主义德育观,使之获得新的发展。这些都集中反映在他们根据《英国学校道德教育课程的方案》编写的德育课程《生命线》(*Life line*)系列教科书中,该丛书的教师指南书为《学会关心》。这套德育丛书集中阐述了“多关心,少评价”的基本德育思想。

麦克菲尔认为一个有道德的人就是能深思熟虑地考虑别人的意见,觉察别人的感觉而与人和谐相处,能时常从别人的角度去考虑。麦氏和他的同事致力于发展“教学生

① 冯增俊.道德教育的体谅模式述评[J].教育研究与实验,1992(2).

如何关心”的学校德育模式，这种模式包含以下特征：(1) 教育并不意味着教人知道他们不知道的东西，而意味着当他们不知道如何做的时候教他们怎样做；(2) 道德教育要把气质修养和行为举止塑造与发展学生道德判断力结合起来；(3) 在关心他人的生活中学习，观察学习和社会模仿是无法替代的重要德育方法；(4) 创造一个符合关心人的课堂环境、校园环境和社会教育环境。

麦克菲尔认为，学会关心的德育模式之所以促进学生道德发展，关键是它凝聚着全部的道德知识力量，任何道德都必然靠理解和领会，而不是靠教授。根据这一原理，麦氏着力挖掘有道德感染力的课堂和有道德示范作用的教师的一般特点，把课堂描绘为一种合作互助、友爱情深的治疗场所和人格生长的摇篮。在那里，猜疑、谨小慎微、鄙视都不会存在；在那里，师生关系和谐互动，真诚平等，没有对立和权威支配，只有愉快的合作、自由的发展和纯朴自然的人性尊严。

idea

**思考：**传统中国德育是权威主义的，“听话”被认为是好孩子的主要特征，教师也习惯了对孩子们提出各种规范和要求，让教师们放下身段走近学生、走入学生，可能既让教师们感到为难，也让他们手足无措。换句话说，教师们可能既缺乏相关意识，也缺乏倾听的能力和技巧。体谅模式在这方面会给教师带来许多启发甚至震撼。那么，教师在实施关心体谅模式时有可能遇到哪些困难或障碍？怎样克服这些困难或障碍？

## 第三节　价值澄清模式

### 一、价值澄清模式的核心理念

价值澄清模式基于杜威的经验论、人本主义心理学以及存在主义哲学，提出了两个基本的理论假设：一是当代儿童生活在价值观日益多元化且相互冲突的世界，这些价值观深深地影响着他们的身心发展；二是当代社会不存在一套公认的价值观。

他们认为教师不能把价值观直接教给学生，而只能通过学习评价分析和批评性思考等方法，来帮助学生形成适合本人的价值观体系。

价值澄清法的基本原则是：避免说教、批评、灌输，不要把焦点集中于对或错上面；

促进学生反思自己的行为，要让学生独立负责地做出决定；不要强求学生有问必答；澄清法主要在于营造气氛，目标是有限的；主要帮助学生澄清自己的思想和生活；避免空泛的讨论，要及时结束讨论；不要针对个人；教师不必对学生的话和行为都做出反应；不要使学生迎合教师；避免千篇一律。

## 二、价值澄清模式的实践①

实质上，价值澄清模式是源于课堂对话中的。这一模式的目的与其说是逐渐灌输某种特殊的价值观念，倒不如说是帮助学生在他们的生活中应用评价分析过程。

在这一过程中，学生和教师可以通过价值指示器得到帮助。价值指示器涉及的范围可能太宽广了，以至于不能认为它就是价值观，但是，价值指示器是一个有机的统一体，价值观可能最终会从中显露出来。因而，拉思和西蒙开列出 8 种价值指示器：目标或目的；志向；态度；兴趣；伤感；信念和信心；活动；担心、问题和障碍。

由于价值澄清过程包含着讨论，因而，教师在运用澄清模式时必须十分小心，不要把自己的价值体系硬作为“正确”的答案。一种使所有的人感觉到受到尊重、信任，保持安静，能够自由地讲话和注意倾听别人讲话的气氛是必要的。参加讨论的人必须认识到，分享别人的思想和情感并不一定意味着赞同。价值澄清是一种引导人们自觉自愿做努力的过程，因而，要尊重每一个人的内心秘密。

价值澄清方法的一个重要目标，就是创造一种没有威胁的对话。这种对话是“柔和”的，这意味着面对面的对质和不断的寻根问底是不许可的。不同于其他模式中的对话（如科尔伯格模式的讨论和对话），在这里，要求讨论成对话是“随意的”和有激励作用的，而不是强制的。

澄清回答的基本方法是一对一的对话。这里提供一个教师使用澄清回答的例子：

教师：关于科学，准确地说，你喜欢什么呢？

学生：需要准确回答吗？我想一想，哎呀，我很难确定。我想我是一般地喜欢吧。

教师：课外你会很开心地做一些与科学有关的娱乐活动吗？

学生：没有，真的没有。

教师：谢谢你，利斯，现在我得回去工作了。

---

**评析**：价值澄清这一模式似乎的确能增长人们对价值问题更深的意识和感受，特别是在那些非道德范畴的价值问题上。它是一种颇受教师欢迎的模式。因为这种游戏式的方法在班级中十分容易采用，并有助于创造一种更宽松、更开放的气氛。无须更多的变更，在问题提出之后，教师能很容易地将讨论导向价值冲突并赋予这种冲突以道德意义。

---

① 理查德·哈什等著. 傅维利等译. 道德教育模式[M]. 北京：学术期刊出版社，1989：81－101.

**思考：**价值澄清模式是一个典型的“自由主义”的德育模式，否认终极真理的存在，强调价值多元、强调自由选择，拒绝社会和教育、教师的价值灌输。这种模式是否会导致学校教育和教师放弃了自身的立场和责任？在中国实践这一模式应该注意哪些问题？

## 第四节　德育模式的创新

德育模式指的是在一定的德育思想理论的指导下，经长期德育实践而定型的德育活动结构及其配套的实施策略。德育模式的核心是特定的德育思想以及把这一思想付诸实施的操作策略。

德育模式的变革可以体现在德育的目标方面，包括从道德知识系统传授转向良好行为习惯的训练；从过度关注思想政治素养转向生活、生存、生命的基本知识、基本技能的学习与培养；从呆板的道德规则记诵转向培养适应价值多元特点的道德判断力、道德敏感性、道德行动能力的培养；等等。

德育模式的变革也可以体现在德育内容或课程层面，包括从重视直接的课堂道德教学转向强调间接的道德教育，重视文化的熏陶、环境的改变等隐性德育课程的建设；从封闭的课本转向开放的情境性教材，多方面吸纳教育过程当事人的个人经验和体会等。

德育模式的变革还可以体现在方法或途径方面，比如相对弱化以教师为主导的教导、说服、劝诫等传统的德育方法和途径，不断增加小组讨论、角色扮演、社会调查、社会实践、社区服务等学生主体性色彩较为浓厚、学生喜闻乐见的方式。

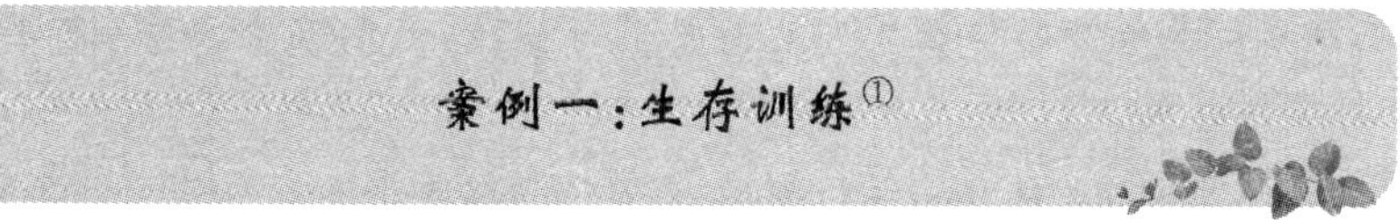

### 案例一：生存训练[①]

**编者按：**该案例虽然是一个职业学院进行的德育模式探索，但无论是价值诉求还是实践策略都值得小学德育学习和借鉴。

① 耿银平. 德育新模式：生存训练[N]. 中国妇女报，2004-04-07.

近日,《中共中央国务院关于进一步加强和改进未成年人思想道德建设的若干意见》出台,这正切中了当今德育教育的弊端:德育内容与未成年人实际生活脱节,道德标准高深、单一,内容抽象,给未成年人的理解和参与带来困难;德育过程与未成年人主体脱节,未成年人不参与或者参与度低;德育形式和社会现实之间脱节,造成未成年人道德"知""行"的脱节。

河南省漯河职业技术学院开展"就业生存挑战赛"活动,用车将20名大三学生选手(14男、6女)送到武汉,然后解散。每个选手身上只有20元钱,要求通过各种方式在武汉找工作、生活一个星期。

3月18日上午,767名上海曹杨二中高一学生挤出南京火车站,在这个陌生城市进行3天的生存能力训练。笔者为这样的教育实践叫好!

让孩子走出舒适家庭,独立进行残酷生活培训,看似简单,其实能让孩子得到很多精神营养。据报道,河南大学生王娟为了"落脚",跑了一所高校的许多女生寝室,最后终于说动一间寝室的学生,以做清洁、打开水交换晚上免费留住。曹杨二中的学生,老觉得自己是名牌中学学生,很能干。可是,一出门,没老师带着,没家长护着,有的人马上变"低能"了——坐火车不留票根,到出口被拦住了;心不在焉,听错宾馆,摸错地方,又不开手机,自己干着急;不会讨价还价。能力是"逼"出来的,在真实无助的生活空间,一切外在营救力量都没有了,只能自己对自己负责。社会应变技巧和生存手段得到了详尽落实,这在家里绝对是不可能的。协调关系、沟通能力、善解人意、理解父母、体味生活、人格独立等精神都能得到不同程度的增长。

当今基础教育和高等教育太注重知识灌输,不太注重健全和谐人格培养,学生多具有扎实的学科知识,必备生活知识和奉献社会的品德往往欠缺。生存训练是对学生实施德育教育的创新形式和良好载体,通过实践角色和情景体验,真正把未成年人放到市场化、信息化、社会化中去学习道德;培养未成年人道德选择和自我控制能力,强调习惯养成,对德育措施的滞后能起到较好的矫正作用。

---

**评析:**德育的目的是培养学生的品德,品德的价值在于社会实践的改善。在校园里闭门造车式地对学生进行道德知识的灌输可能只会培养出卷面成绩优秀的学生。该案例所强调的生活实践智慧恰恰是当下中小学德育所欠缺和急需的。只有在实践和体验中,学生才能真正理解和内化相关的道德要求与规范,只有在互动中、在实践中才能增长品德这种实践智慧。

当然对小学生而言,因为其年龄尚幼,经验不足,上述案例中的办法不能照搬照抄,但可借鉴,开展诸如家务劳动、寻人问路之类的力所能及的生存知识和技能训练,对于发展小学生的社会意识和能力是个可供选择的途径。

---

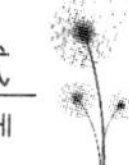

**思考:**德育生活化早已不是一个新鲜的话题,从小学生身心发展的特点出发,如何把德育贯穿小学生的日常生活?另外,活动与体验当然是品德发展的重要因素,但道德认识也不可或缺。在这种模式的具体实践中如何处理学生道德认识方面的问题?

## 案例二:序列化的好习惯教育①

广东省东莞市樟木头镇实验小学,一所由五所村办小学整合而成的学校,在打造农村城市化名校的探索中,从实施养成好习惯的教育入手,编写养成教育的校本教材、探索养成教育的教学模式、改革养成教育的评价机制,从而走出了一条独特的教育创新之路。

### 一、独特的教育模式

樟木头实验小学位于广东省东莞市,东莞毗邻港澳地区,发展外向型经济的态势十分迅猛。办学伊始,学校便提出了"好习惯终身受益"的校训,提炼出了好习惯教育的总体目标——讲文明、爱读书、会感恩。几年来,围绕这样的目标,实验小学开展了一系列卓有成效的探索与实践。

校长巫荫强带领全体实验小学人编写出了一套序列化、系统化的校本教材——《好习惯》。这套教材分为做人、做事、学习习惯三大方面的12项内容,并把这12项内容按照低(一、二年级)、中(三、四年级)、高(五、六年级)三个阶段序列化为《好习惯》上、中、下三册,根据学生年龄、心理、认知等方面的特点,由浅入深,由低到高,由表及里,层层递进,环环相扣地细化养成好习惯的48项具体指标。在实施时,学校将这48项指标分解到小学阶段12个学期,每学期重点培养学生四个习惯。这种做法的独特之处在于:改变了传统德育的"高、大、空"现象,让德育回归了学生的真实生活,它教导学生从小事做起,在点点滴滴的小事中潜移默化地形成习惯。因而,这套教材成了全国教育科学"十五"规划国家重点课题研究成果之一,并获得了2008年广东省教育创新成果奖。

围绕这样的校本教学内容,学校每周开设一节"好习惯"课,每个习惯上3节课。第一节为"常规课",与孩子们一起探讨为什么要养成这个习惯等,主要强调知情意行的和谐统一,关注情感态度和价值取向;第二节为"训练探究课",补充资料内容,引导学生分享收集到的资料,共同探究解决存在的疑问,解决单项训练指标的要求;第三节为"巩固

① 高博.实施序列化的好习惯教育建构系统化的德育模式[N].中国教师报,2009-05-13(B03).

评价课”，学生自评，小组互评，结合“家长评价表”，统计几周来各单项习惯指标的进步情况，并且落实训练效果。

**二、新颖的评价机制**

“内因是根本”。为了激发学生自身强大的情感内驱力，进一步推进好习惯教育，学校实施了习惯之星卡激励计划和“三轮评价法”，形成了多元化的评价体系。

习惯之星卡由7种富有创意的系列星卡组成，卡面有一些习惯名言和图案，卡背面记录着颁卡理由、时间和教师签名。每班每月有80张卡，每个班主任和科任教师结合学生的实际表现发卡。

星卡评价的方式采用“三轮评价法”。比如，一年级第一学期着重培养的四个好习惯是“自己的事自己做、遵守学校纪律、文明礼貌、主动学习”。为了便于操作，学校还进一步将这四个习惯细化为一些具体的训练指标：放学回家先做作业；晚上8:30前上床睡觉；节假日到户外参加体育运动；不到山塘、河流、水库游泳；上课前，学习用品摆放在左上角，下课后，先上厕所再去游戏；沿校门两侧行走，不突然横过马路等。为了使评价能够发挥激励作用，教师在开学之初就具体的训练指标发放《家长调查问卷》，让家长评出孩子在家中各项表现的具体分数和等次，作为教师本学期的训练凭据。然后在学期中段再次发放该问卷，便于教师依时调整训练指向，有效落实“抓反复、反复抓”的实施策略，把评价与训练紧密结合在了一起。学期结束时，进行综合评定，将评价的寄语、等次和进步情况填写到《学生好习惯报告书》里。

每个月，各年级、各班级都要对学生争星情况进行张榜公布，获卡多的同学可以及时去图书室进行奖品的兑换。比如，3张卡可以兑换本子、铅笔；6张卡可以兑换圆珠笔、自动铅笔……学期结束时，学校还对获卡数量多的学生进行隆重的表彰和奖励。

**三、显著的教育效应**

开展好习惯教育以后，以前的小皇帝、小公主们一改从前的调皮任性，主动给爷爷奶奶倒茶，帮妈妈分担一些家务。有的家长还欣慰地对我们说，他的小孩自从学了《好习惯》，自觉性增强了不少。吃饭不再磨磨蹭蹭，早上按时自觉起床，每天放学回家自觉写作业……三年多的探索与实践，樟木头实验小学创造了“养成好习惯”的教育模式，走出了一条推进养成教育的品牌教育之路。

---

**评析：**日常生活习惯是琐碎的，但又是重要的。如何培养这些琐碎的而又重要的习惯一直是教师和家长们的难题。该案例的亮点有四：重视习惯的养成、学生日常习惯的细化、教育序列化和新颖的评价机制。这种德育模式从日常生活入手，便于操作，也与学生的日常生活密切相关，是一种值得推广的德育模式。

---

**思考:**过于琐碎的规定是否会使得教师和学生们厌倦?如何避免出现这一问题?

## 案例三:"两创一做"①

2002年,兴山实验小学针对德育存在空洞说教多、学生自主参与少等问题,探索实施"创明星班、创校园明星、做文明人"德育新模式。

创明星班从抓班级文化建设入手,铸造班级精神。创建工作遵循全员参与、实事求是的原则,由学生取班名、定班规、定奋斗目标,开展发倡议、办板报、读好书、我为班级创建献份力的主题班会活动。每月由学校组织政教处、教务处、总务处和学生家长对申报的班级从班主任工作、文化建设、学生行为表现、卫生、学风、爱护公物等6个方面17个项目进行考评,总分95分以上的才能确定为明星班提名班级,经公示得到全体师生认可方可定为明星班。

创校园明星、做文明人,是把学生需要养成的文明习惯、学习习惯、卫生习惯等训练目标分解、落实到行为中。每月分班级采取学生自评—同学互评—家长参评—老师点评的方式进行,给每个学生提供一个检测、反思、提高、调适的机会。在评价打分的基础上,民主投票推荐10名"月行为规范标兵"和5名"进步大的同学"。前者作为"校园明星"候选人,学校通过综合考察确定每班一名,然后根据学生特长确定表彰类别,分为美德、智慧、自强、艺术、文学、创新等明星;后者列为升旗手候选人。

学校利用橱窗展示明星风采,张贴个人大彩照、特长、喜欢的格言和事迹简介。每次橱窗展示,都吸引学生、教师、家长驻足欣赏,成了学校最亮丽的风景线。升旗手在每周一的升旗仪式上向全体同学介绍自己取得的成绩。

榜样学生的示范,带动全校1 900多名学生不是争创校园明星,就是争当升旗手,形成个个争做文明人的良好校风。该校迄今已认定明星班64个、校园明星1 080个、升旗手640人。学生思想素质考核合格率达100%,优秀率达80%。

---

**评析:**该案例属于引导学生自我教育和榜样教育的范畴。通过"创明星班、创校园明星、做文明人"引导班级和学生把相关规范和要求细化,并与班级和自己的表现相对照,提升了学生的自我评价的意识和能力,也使得学生在行动中内化了相关规范和要

① 王锦秀.兴山实小探索德育新模式[N].湖北日报,2006-04-15(005).

求，同时又通过明星班和校园明星等榜样的树立，对其他同学起到了示范作用。

idea

**思考：**两个问题需要反思，首先，明星如果太多，可能会导致榜样作用下降，如何避免这种“审美疲劳”？其次，对于那些没有被评为明星的班级和学生，特别是那些较为落后的班级和学生，如何引导其班级建设和个人成长？

## 案例四：“三生”模式①

为摒弃传统德育一味说教、效果甚微的做法，真正把工作做到学生和家长的心坎上，洪山区教育局在该区中小学中推行以生命德育、生活德育、生态德育为核心的“三生”德育理念。“三位一体”的综合德育理念在扎实有效的活动中生根、发芽、开花。

### 一、生命德育让孩子懂爱会爱

为增强德育实效性，洪山区各中小学积极拓宽育人途径。“学生有心结，同学帮你解”，广埠屯小学运用同伴心理互助原理，积极启动“班级心理委员”模式。心理委员由每个班级成员轮流担任，任期一周。一周工作包括“六个一”：每天讲一个心理健康小故事、每周讲解一次心理健康小知识、收集一些心理健康小测试、收集填写的“班级学生心理状态晴雨表”和填写一次心理委员工作自查表。

为引导学生珍爱生命，楚才小学在积极开展生命安全教育的同时，充分利用警校共建资源，每学期至少举行一次法制教育讲座，从源头预防青少年违纪犯罪行为的发生。长虹中学则组织学生到法庭旁听、参观监狱，对学生进行系统的健全人格教育、健康成长教育和健美生活教育。截至目前，该校学生犯罪率为零，学生操行评定合格率为100%。

### 二、生活德育人人争做“校园明星”

为了点燃学生爱生活、爱学习、爱健康的热情，引导学生树立正能量的评价观，广埠屯小学全面开展阳光雨露伴成长自主激励活动，让评价模式更加接地气，尊重学生个体需求。该校学生自己用画笔绘出评价学习、素质和健康等方面的三个卡通形象代言人“露露”、“阳阳”和“营营”。学生需要通过自己的行动获得三种勋章，获得勋章最多的可成为学校的“校园明星”。

---

① 程墨.德育接地气学生长灵气——武汉市洪山区“三生”模式让德育升级[N].中国教育报，2013-08-29(006).

"这种自主性的德育评价模式就像一把'金钥匙',激发了学生积极性的同时,也开启了学生健康成长的大门。"该校三(2)班学生魏钰晗的妈妈唐晓蕾说,"学校开展了这个活动后,孩子最大的变化就是更懂事了。以前,孩子不爱做家务还挑食,现在变得像个小大人。"

**三、生态德育打造绿色大课堂**

近日,武汉市洪山实验外国语学校的学生表演了一场"绿色德育秀":喝完的易拉罐系上红缨条,成了学生手中的道具。孩子们一边跳着健身操一边诵读《三字经》,一招一式有模有样。该校三(2)班学生汪可高兴地说:"这是我们体育老师创作的'芬达健身操',我们非常喜欢。"该校校长万来斌说,兼具强体和育人双重功能的"芬达健身操"是学校德育活动的一大特色,也是学校实施"三生"德育的一个缩影。

洪山高级中学地处商铺和嘈杂的居民区,校内与校外环境相去甚远,校门外乱设摊、乱扔垃圾现象屡见不鲜。为打造绿色的德育大课堂,该校以城中村拆迁为契机,开展了"一条街整治"活动。该校5名教师亲自带学生与环卫工人结对子,一起清扫街道、捡拾垃圾,用行动感染说服周边居民。

社区是学生放学后及假期活动的主要场所。该区的长虹中学、广埠屯小学等学校经常主动与社区及社会各方面联系,充分利用社区教育资源,通过请进来、走出去的方式,组织学生参与社区各项有益活动,拓宽社区教育平台,让社区教育成为孩子的"第三课堂",唤醒学生的生态情感。

"'三生'德育并不是生命德育、生活德育、生态德育的简单相加,而是从目标到内容,从途径到方法的全方位整合。它更加尊重每一个生态个体的个性及差异,关注、关爱、关怀人的生命、生活和未来的健康发展。"传统的德育内容简单枯燥,缺乏时代感,与学生的实际生活结合较少。"三生"德育在接地气的同时让学校开展工作有了底气,学生也越来越有灵气了。

---

**评析:**该区的"生命德育、生活德育、生态德育"属于德育内容和课程方面的创新,亮点在于能够把这三方面的教育与学生的日常生活紧密相连,同时,生命教育和生态德育也是当前我国德育改革的方向。该区的"三生"模式从高处着眼,从低处入手,值得借鉴和推广。

---

idea

**思考:**"三生"内容未必适合所有的年级,如何根据学生年龄特征确定德育内容?

## 案例五："角色德育"[①]

在南漳县城的一些街巷，常常活跃着一些戴红领巾的"环卫工人"。他们有的扫街，有的清沟，有的拾捡垃圾。县实验小学分管德育的副校长王爱群告诉我们：这是他们学校五年级一二班的学生正在上"角色德育"课。她说，此课的主题在于通过实践环卫工人角色，增强学生作为"小公民"的环卫意识和社会责任感。

南漳县实小经反复研讨认为，人在社会上常表现为不同的角色，而不同的角色均有相应的道德规范。以角色为载体实施德育教学，容易变抽象为具体。于是，他们从一年级起，选择 4 个班进行"角色德育"探索。

### 一、新颖的德育模式实验

"角色德育模式"，是一种体验性教育模式，它根据小学生在学校、家庭、社会公共场所等不同环境中所承担的"小学生""小孩子""小公民"等角色，开展多种实践性或模拟性活动，让学生通过角色实践和体验，明白道理，规范言行，形成良好道德素质。此实验从 1996 年末开始，到 1999 年初，被正式纳入国家德育整体建构改革实验总课题。目前，南漳实小是全省唯一一个挂牌的"角色德育模式"实验基地。

记者从中央教科所德育中心批复的该校《实验方案》中看到，他们根据学生年龄特征，将小学德育分解为 3 个阶段：一、二年级着重进行良好的学习、生活习惯和敬国旗、守纪律、讲礼貌等最基础的公德教育；三四年级主要强化不同角色的心理素质、团体意识和进行个性品质的教育；五六年级侧重强化公民意识、社会责任、法纪观念和艰苦奋斗等教育。在实施中，学校把抽象笼统的道德要求，化为有形的"做个勤奋的好学生""当好妈妈的小帮手""做个文明小乘客""我是一个小公民"等许许多多的角色活动。这些活动一般通过德育课和班队会以及校外活动等实施，并贯穿于其他课程的教学中。它为小学德育创造了一种看得见、摸得着、可操作的新模式。

角色活动是人们最基本的社会活动方式。"生物人"变成"社会人"就是一个学会成功地充当各种社会角色，遵守各种角色规范，履行各种角色的职责、义务、权利的过程。儿童进入小学，就进入了一种实现社会化的重要阶段。以角色为载体对他们进行德育教学，容易让他们形成稳定的思想道德素质。

### 二、"角色德育"三方受益

经跟踪考核、量化测评，实验班学生的角色责任意识、团体意识、社会公德意识和学习与生活习惯等，均明显优于对比班的学生。比如，出外乘车，他们能自觉排队，有序上下车，不抢占座位；在公共集会中能自觉管住自己，不高声喧哗，不随意走动。去年秋，

① 刘章西."角色德育"新模式[N].湖北日报，2001-06-01(B02).

全县中小学在某中学举行运动会，中途突然下起雨来，全场许多学生不令而行，各自蜂拥而散，地上垃圾一片狼藉。而南漳实小几个实验班的学生，却按班长下达的口令有序撤离，地上整整洁洁。有些学生待雨停后还主动去收拾场地上的塑料袋、易拉罐等垃圾。

记者采访几个学生家长，他们异口同声，都说角色德育不但让孩子“听话”“老练”了，而且也促使家长遇事为孩子做出好的榜样。

一直分别担任实验班班主任的李红玲、张娴静等老师称，她们在角色德育实验中，陶冶了自己的情操，增强了“师德意识”，提高了教学能力。记者看到，她们设计的“角色德育”教案和总结的教学体会，有不少被各级业务刊物选载。

---

**评析：**该校对当前德育症结的总结确实是切中时弊：一是小学德育目标定得过高过空，政治性太强，脱离少年儿童的生活实际；二是教育方法以抽象说教为主，以教师灌输为主，让学生自主体验少，缺乏较强的实践性和可操作性；三是知与行脱节。该校提出的“角色德育”模式是解决这些弊端的一个尝试，取得了很好的效果。从理论上讲，该模式重视实践活动，强调学生个体体验，提升了学生的换位思考的意识和能力，符合学生的身心发展特点，符合学生品德发展的规律。

---

**思考：**换位思考对大人而言可能只是一个态度问题，但对于有些小学生而言可能不仅仅是态度问题，而是一个能力问题。试问，几年级的孩子才有可能习得换位思考的能力？

## 案例六：国学文化“五微”德育模式①

彭李芳　泰州市实验小学

**编者按：**国学文化“五微”德育模式既可以属于德育内容的开拓与创新，也可以属于德育渠道或德育模式的创新。国学不仅仅是我国传统文化的精华，通过国学进行传统教育既可以继承和发扬传统优秀文化，也为德育增加了新的课程资源，增加了新的德育渠道。

① 彭李芳. 国学文化的“五微”德育模式[N]. 江苏教育报，2016-08-19(003).

泰州市实验小学从“微”处入手，创造性地构建了“五微”教育模式，让传统国学文化成功嫁接晨会课堂，利用中华优秀传统文化的精髓来推动未成年人思想道德建设。

**一、国学微经典，契合现代教育相得益彰**

为体现与时俱进的时代气息，学校从《小学生守则》、“社会主义核心价值观”“八礼四仪”等内容中找出未成年人道德教育的“着力点”，再从中华传统文化中找出相应的“契合点”，两者结合确立特色鲜明的晨会国学教育主题，如诚实守信、孝老爱亲、自律守法、友善仁爱、立志奋斗等。同时，根据不同的年级段学生的认知水平，梯度选择适宜的国学经典名句、名段或者名篇。例如：围绕“诚实守信”教育主题，低年级微经典取自《弟子规》和《三字经》，而中年级和高年级则分别选自《增广贤文》和《论语》等，这样，从低、中、高三个学段的实际出发，形成国学晨会教育的进阶体系，从而达到各年龄段未成年人道德品质的培养目标。

**二、国学微解读，提炼传统文化循序渐进**

晨会国学课上，教师对国学原文进行准确、简明的解读的同时，注重梳理出其中的现代教育价值，对微经典进行引申解读。例如：子贡问曰：“有一言而可以终身行之者乎？”子曰：“其‘恕’乎？”原文解读为：孔子的弟子子贡问道：“有一个字可以终生奉行的吗？”孔子说：“大概是‘恕’吧？”引申解读为：厚德载物，雅量容人。宽容别人，其实就是宽容自己。多一点对别人的宽容，生活中才会多一点温暖和阳光。微解读进一步深化了宽容待人的教育主题，有助于学生更好地理解国学经典，学会人与人之间的相处之道。

**三、国学微故事，讲述传统精髓惟妙惟肖**

晨会国学突破老师讲、学生听的传统模式，由教师精选配套的国学微故事，通过故事的形式为深奥的国学经典作注解，进一步讲清讲透国学经典的内涵，让国学经典阐释从单薄到立体，提高学生对教育主题的认识和理解。例如：围绕“勤奋好学”这个教育主题，选配《凿壁借光》《孟母断织教子》《手不释卷》《野狼磨牙》等生动形象的国学小故事，激励未成年人敕而好学，勇于做更好的自己。

**四、国学微感悟，讨论心灵感受各抒己见**

晨会国学课上，在对国学微经典进行引申微解读、故事微阐释的基础上，突出互动参与性，由国学老师引导学生展开小组讨论，谈感悟、谈体会。通过同学之间的讨论交流，共同感悟做人的道理，使学生将国学经典内化于心，在集体大讨论的氛围中，促进未成年人主动追求道德品质的自我提升。

**五、国学微实践，引导课堂所学外化于行**

为最大限度地彰显国学教育的新价值、新追求和新境界，让国学教育落地生根，学校进一步延伸晨会课堂的教育触角，通过课后实践作业，进一步引导学生将所学经典外化于行，进一步提高国学教育实效。例如：围绕“知错就改”这个教育主题，让学生找一找自己的缺点，给自己做一个改正缺点的进度表，在生活中自我对照、自我反省、自我改正，提升未成年人思想道德自我教育的能力，也升华了晨会国学课的品质。

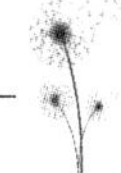

国学文化引领的“五微”德育模式，创造性地把博大精深的国学文化与青少年思想道德建设联系起来，用传统文化的知识智慧和理想思辨唤醒青少年的精神成长和德行养成，传统文化内化于心，外化于行，培养学生的文化自信、自觉和优秀道德品质。

---

**评析：**中国传统文化是一种伦理中心主义的文化，国学经典中关于道德教育的思想和典故无疑是现代德育理论和实践的重要思想资源。泰州实小有意识地从中选择精华与现代德育相融合，开创了德育课程开发的新思路。这种做法和思路值得借鉴。当前中央在大力提倡“文化自信”，国学经典中所蕴含的思想与智慧是构成和提升这种文化自信的重要来源。德育理论和实践都应该注意吸取传统文化中的精华，更好地与现代精神相融合，努力塑造承前启后的一代新人。

---

idea

**思考：**传统儒家文化既有精华也不乏糟粕，如何辩证地认识传统儒家文化的所长所短？选择其中一个观点或方面谈谈自己的看法。

## 案例七：“好人教育”[①]

西安户县惠安中学校长每世英：“我校倡导的好人教育，就是新时期学校践行社会主义核心价值观的一种具体做法，是落实立德树人根本任务的一种切实实践，目的是以实施素质教育为战略主题，以培养学生的创新能力和实践能力为重点，将学生培养成为合格的公民，规范人、提高人，使之不断趋于完美。”

校长每世英认为，“课堂即社会，年级即社区，学校即国家”。学生的生活和学习，离不开学校，更离不开课堂，把课堂当作社会，意即不仅要教给学生文化知识和基本能力，更要培养学生作为一个独立健全的人所拥有的基本需要和品质，让学生成为一个心智健全、有益于社会的人，有思想价值的人。

就任惠安中学校长不久，每世英便着手调查了解学校，特别是学生思想道德情况。通过问卷、座谈、学生沙龙、校长信箱等多种形式，经过调查分析，他发现几个突出问题：德育课越上越乏味；学生的“双重人格”越来越凸显；当今的中学生大多是独生子女，从小被娇惯者居多，团结协作精神不强，难以处理同学关系，心理承受能力差。他们中的

① 李丹丹，元成．“好人教育”：素质教育人才培养的新视角——西安户县惠安中学德育创新模式探索纪实[N]．中国教育报，2014-11-19(012)．

一些人或因缺乏严格管教，受不良环境影响而染上种种恶习；或因单亲家庭之故，心灵受到伤害而苦闷压抑、性格偏激；或因学习压力太大，遭受挫折而产生自卑情绪。

每世英认为，中国社会经济发展正处于转型开放的艰难期，我国的教育处在深化改革、提升质量的关键时期。在急功近利的社会环境投射下，教育很难独醒，最容易被世俗“劫持”而丧失育人的本质。未来中国社会真正需要的，不只是少数的精英，更多的是遍布各个阶层的一代健康、成熟的合格公民。

结合对现实的认真分析和思考，他认为学生中的种种不良表现，不可能一下子全部解决，需要预先制定规划，分步采取措施，而后再逐渐解决。那么，能否选择一个有效的切入点，围绕一个重点或热点问题进行突破，进而促进其他方面问题的破解呢？

每世英决定从抓“好人教育”入手，聚焦诚信，积极探索，大胆实践，创出新路：好人教育的理念是成己为人；好人教育追求的目标是臻于至善；好人教育的价值观即不同的学生就是不同的音符，不同的音符才能奏出优美的乐章！

创设情境培养好人品质。为了培养学生的诚信意识，惠安中学大胆创设无人售水的德育活动情境：露天摆放着几箱瓶装水，开口大到可以伸进整只手的投币箱，而钱物的旁边既没有摄像头，也没有人看管。这是惠安中学设立的“诚信售水点”。

校长每世英说，诚信售水售出的是经营者的诚信，显示的却是他人的诚信与否。诚信售水是一种方式，也是一个载体，根本意义在于倡导一种积极健康和向上向善的舆论和文化氛围，让学生在潜移默化中受到教育，通过学生的参与和感受，传递诚信，传递正能量，让诚信成为我们的信仰。

创新评价彰显好人个性。传统的评价以学习成绩为主要参数，名称设置比较单一(三好、优干)，比例较小(5%)。校长每世英认为，这样做既不能体现教育的公平，还否定了绝大多数学生。好人教育就是要扩大学生的表彰面，丰富评价内容，鼓励学生全面发展，彰显好人个性。“321”师生激励评价体系就是：“3”代表“班级30最”，确保50%左右的学生能够获得表彰鼓励；“2”代表“年级20优”，从各班评选的30最学生中产生，具有更广泛的代表性；“1”代表“校园10佳”，是从各年级评选的年级20优的学生中产生，这10名学生代表了不同方面极好的表现。

“321”师生激励评价，根植于学生成长的全过程，着眼于学生成长的方方面面，用赏识的目光发现他们身上的闪光点；关注学生某一方面的“增值”，让不同学业水平、不同兴趣爱好、不同性格特点的学生都能个性化地发展，让不同层次的学生都有了出彩的机会。“321”评价体系克服了只表彰学业成绩优异的少数学生的弊端，更关注学生德、智、体、美、劳方方面面的发展，扩大了表彰面，评价内容涉及学生个性发展的多个层面，促进了学生的全面发展。据统计，每个年级学生在学校就读三年，100%的学生都曾经获一次或多次表彰。

一分耕耘，一分收获。惠安中学实施的“好人教育”，结出了累累硕果：学校培养出一批又一批品学兼优的优秀学生。比如，充满爱心的“七彩之班”，自发组成爱心敬老志愿团队，帮扶照顾一位独居的盲人；一位学生不幸患上白血病，全体师生自发地开展了

"无偿捐助献爱心"活动。他们用自己的实际行动诠释了"好人"的概念，谱写了一曲曲校园大爱的"好人"之歌！

**评析**："做一个好人"，深刻体现了道德的超越本质。传统德育容易被理解为约束和管理，学生在传统德育的氛围中感觉更多的是规范和要求对人的天性的克制。而实际上，德育的本质就是引导学生愿意做一个好人，懂得怎样做一个好人。该案例的另一个亮点是"321"师生激励评价体系。常见的评优评先评出来的只是少数，大多数学生都无法获得先进的称号以及相应的激励，该校的这个评价体系表扬的是大多数学生，这既符合实情，也能够对学生们起到更好的引领和激励作用。

idea

**思考**：该案例中把诚信问题作为"好人教育"的核心成分，而实际上，诚信只是好人品质的一个部分而已。除了诚信，"好人教育"还可以从哪些方面入手？

# 主题六
# 小学生品德成长的家庭影响及协调

- 家庭因素在小学生品德发展的重要作用
- 当前我国家庭教育的主要问题
- 指导家校合作的意识与策略

由于小学生身心发展水平的限制以及生活范围的相对狭窄，家庭环境对他们的影响更为显著。小学生身心成长过程中的家庭环境主要包括家庭的物质生活条件、家庭的结构、家长的职业和文化程度，以及家长的品德修养、对子女的态度及期望以及家庭气氛等。

## 第一节　家长合格证——家长教育能力的空白

现代著名教育家陈鹤琴先生曾指出："父母不是容易做的……栽花的人先要懂得栽花的方法，花才能栽得好……难道养小孩，不懂方法，可以养好吗？"

家长教育能力指家长在教育孩子过程中所体现出的能力，是直接影响家长完成家庭教育活动的个性心理特征，是家长在一定的教育观念指导下，运用教育知识在家庭教育实践中处理亲子关系，分析解决实际问题的能力。家长的教育能力包括以下几个方面的内容：[①]

(1) 家长对子女行为的分析能力。包括对孩子的言谈举止的敏锐感知，以及在此基础上的准确、全面的解读或理解能力，尤其指家长对于孩子行为内在动机的准确判断能力。

① 周一樨.城市初中生家长教育素养调查研究[D].南京师范大学，2013：15.

(2) 家长与子女之间的沟通能力。包括准确感知孩子各种情绪信息的能力，全面理解孩子语言及非语言符号的能力，也包括准确的表达能力、深入浅出的解释能力，以及善于说服和劝导的能力等。同时，平等、尊重的态度和情感表达对于沟通能力也至关重要。

(3) 家长自身情绪的控制能力。主要指家长对自己的消极情绪的控制能力，包括对自己的愤怒、不满、暴躁、冷漠等情绪表达的控制意识和控制技巧。家长要善于根据孩子的行为表现表达相适宜的情绪。一般认为，情绪容易失控的家长处理亲子关系更为困难。

(4) 家长角色的扮演能力。理想的家长角色是多种角色的混合，比如平易近人的大哥哥、大姐姐角色，威严的父亲角色、温柔的慈母角色、理性的法官角色、循循善诱的教师角色。一方面家长应具有在孩子面前扮演多重角色的意识，另一方面，家长应具有扮演相应角色的能力，包括表达特定思想和情绪的能力与技巧。家长应善于根据特定情形扮演特定的角色。"白脸"和"红脸"都要会唱。

许多研究都已发现，家长教育能力的匮乏或缺陷是儿童问题行为的重要根源。父母缺少情感温暖、理解是造成儿童问题行为的首要因素，父母习惯于采用拒绝、惩罚等控制较多的教养方式不利于儿童的健康发展，容易导致儿童的问题行为出现。

中国的教育制度和家庭教育始终处于一种居高临下的姿态，孩子在学校的压力已经接近极限，在这种情况下，如果不能给予他们应有的自尊，很容易发生问题行为，难怪有的人将放学回家视作"从龙潭到虎穴"。家长全权代替学生本人的意见，为他们亲自选择学业兴趣和爱好，彻底剥夺了他们的选择权，他们无处释压，情急之下，容易走上违法犯罪的道路。所以，青少年犯罪的动机相对成年人而言比较蹊跷，其纯粹的牟利或图财的动机并不明显，更注重的是享受过程所带来的成就感和快乐。学生压力的产生途径来自学业的压力、班主任的压力和班集体的压力所产生的合力足以将同类学生划分到一起，统一贴上坏孩子的"标签"，这些边缘人自然而然地走到一起，充分体验坏孩子的角色快乐，对社会危害无穷。

家庭教育是最容易出错的地方。一个普遍的事实是，正因为父母觉得自己不是天才，所以，特别期望自己的孩子是天才。儿童对世界的最初认识源于父母，家庭教育的影响对人刻骨铭心。对教育职责的漠视和教育理念的偏颇自然导致家庭教育出错。我们的父母大多没受过专门训练，无论是小时候，还是长大恋爱成家，无论是在学校还是在社会，很少有人对我们说怎样做父母。即使有人说过，也许只是"棒头出孝子""不打不成才"等观念，而这些观念对不对则需要我们去反思。①

要想驾驶车辆，尚需要到驾校学习3个月并经过严格的测试才能拿到执照；而要做人父母，"驾驶"着家庭之舟远航恐怕不是3个月就能学会的，很多父母常常忽略了自己的教育职责。由于社会普遍关注的焦点是学校教育，父母更多考虑的也是学校教育，忽视了他们自己才是真正的教育基础，才是决定孩子命运的关键。父母们望子成龙、望女

① 朱成良编著.经典教育案例与评析[M].苏州：苏州大学出版社，2007：278－280.

成风的心理易使家庭教育偏离方向。父母把自己没实现的、没做成的都转而寄望于孩子来完成。父母的过度关心、过度照顾，剥夺了孩子成长的空间。

idea

**思考：**教师应该也必然要与家长打交道，家庭配合是做好学生德育工作的重要基础。德育工作如何才能获得家庭的配合？如何激发家庭配合的积极性？

## 第二节　观点：影响小学生品德成长的家庭因素

小学生品德的形成与发展是家庭、学校、社会，以及自身因素共同作用的结果，其中家庭原因是最基本、最重要的原因之一。不良的家庭因素是阻碍小学生品德发展的重要因素，这些因素表现为以下几个方面：

### 一、父母的素质问题[①]

父母亲的自身素质及言传身教都会对孩子造成更加真实的影响，然而不良的影响对青少年道德价值观的歪曲更加深远。

1. 父母的行为不检点

家庭是孩子与父母朝夕相处的空间，孩子在家庭中必然会受到潜移默化的影响，甚至这种影响会根深蒂固地存在于青少年的思想中。若父母有赌博、酗酒、作奸犯科等恶习，子女则可能会效仿。有西方学者对此进行过专门的研究，并得出了肯定性的结论："绝大多数犯罪青少年的父母亲自身都有犯罪行为"。可见，父母不道德的行为在一定程度上必然会影响到青少年。

2. 父母道德、法制意识的欠缺

父母文化素养、道德素质、法制意识低下的家庭，不可能为孩子提供健康和谐的环境。父母往往会用他们的文化视角、道德法律观念判断今天的社会和孩子的行为，从而会使孩子受这方面的影响，如有的父母随地吐痰，脏话连篇，目无法纪，孩子加以效仿慢慢就会成为一种习惯。有的孩子喜欢偷东西，而父母却不加责骂，甚至教唆孩子犯罪，最后将孩子推入了监狱。父母的无知，对法律道德的缺乏，将会使孩子成为受害者。

3. 缺乏交流沟通技巧

部分父母要么缺乏沟通的意向，缺乏与孩子沟通的意识，要么缺乏恰当的沟通方

① 王炜. 青少年道德缺失的家庭因素分析[J]. 人民论坛，2012(17).

式，高高在上不愿意放低自己的身份，以居高临下的口气与孩子交流，甚至用权威命令式的口吻压制孩子，从而使交流沟通的途径不畅，致使父母与子女之间产生代沟与隔阂，导致孩子无法或很少能够从父母那里获得情感支持和信息支持。

## 二、父母教育方式和方法不当

1. 家庭成员间相互冲突的教育方式和方法

父母亲之间及父辈与祖辈之间对于教育孩子的观点存在分歧，这使子女无所适从，从而不能形成良好的道德价值观，正常的教育也被迫中断。

2. 放纵与溺爱

当代中国家庭日趋小型化，独生子女成为普遍现象。子女的稀少极易导致子女成为父母与祖辈的宠爱对象，以致孩子从小就养成贪图享受、好逸恶劳的坏毛病，更容易导致自我中心、唯我独尊的性格缺陷。泛滥的物质欲望与自我中心个性的结合非常容易导致孩子发生问题行为。

3. 重智轻德

许多父母过度重视孩子的学业，过度关注孩子与其他孩子的竞争优势，过度强调教育的功利价值，相对而言对于如何做人，如何成为一个有品德有修养的人关注不够。还有些父母把孩子当作实现自己人生理想的工具，对孩子施加了过大的压力，也容易导致孩子的心理和行为出现问题。还有些父母本身的品德就有瑕疵，更是为孩子的品德成长树立了反面榜样。

4. 简单粗暴的教育方式

部分父母或者是由于本身的性格弱点，或者是由于对孩子的不当态度，过度推崇或习惯性采用简单粗暴的方式对待孩子，尤其是孩子的缺点。造成孩子同父母的情绪对立，导致孩子与家长的疏远，更容易投身于同龄人中违规者的群体之中，更有甚者在他人的教唆、引诱和威胁下，堕落成为罪犯。

## 三、家庭教育的“三大误区”

有学者归纳了当前家庭教育的三大误区，即“重身轻心”“重智轻德”“重他律轻自律”。①

抚养方式——重身轻心。在整个社会由温饱向小康过渡的阶段，曾经亲身经历过贫困和物质匮乏的家长们格外关注孩子的身体发育和物质享受。不少家长自己节衣缩食，却给孩子设计了“吃的讲营养、穿的要漂亮、玩的讲高档、用的要排场”的“现代生活模式”。而许多家长对孩子在日常生活中表现出的自私、任性、骄纵、脆弱等不良的心理品质，则缺少应有的敏感。在用高营养的食品滋养孩子身体的时候，我们似乎忘记了用高品位的精神食粮滋养孩子的心灵。重身轻心的抚养方式是造成未成年人人格缺陷的

① 张华．优化家庭教育与预防未成年人犯罪的策略[J]．青年探索，2007(5)．

重要原因。

教育方式——重智轻德。独特的人生体验和充满竞争的生活环境，使家长们更深切地了解和看重知识的价值。在这样的观念指导下，孩子成了学习的机器，好分数成了测量教育成功与否的唯一标准，而兴趣与情感、意志与性格、思想品德等对于孩子的成长、成才更为重要的因素却常常被忽视了。与对成绩、分数的重视构成鲜明对比的，是家庭德育意识的淡化。不少家长能一口气报出孩子各学年的考试成绩，并对其成败得失分析得头头是道，但对孩子的个性心理品质、人格特征、道德水平、价值观念、感情生活却所知甚少。

行为养成模式——重他律轻自律。许多家长用来规范孩子行为的"撒手锏"就是喊"狼来了"。从"善意的恐吓"到"闯红灯警察要罚款"的谆谆教导，客观上都在向孩子传递着这样一种信息：社会行为规范是一种凌驾于一切人之上的"异己的力量"。一个仅仅是为了逃避惩罚才循规蹈矩的孩子，在无人监督的场合可能会怎样行动是不难想象的。"重荣辱、轻是非"的"耻感文化"，使孩子们从小学会了"爱面子""怕警察"，缺少自律的行为习惯。

idea

**思考：**教师应如何指导或帮助家长做好自己孩子的德育工作？

## 调查：当代学生家长的教育观

北京青少年研究所一项关于独生子女适应能力的研究表明，85.6%的家长认为"好孩子、好学生"就是"学习好、分数高"。厦门大学的一份调查报告也表明，无论是独生子女还是非独生子女，父母最关心的都是孩子的学习成绩。其中，独生子女家长做此项选择的为36.74%，非独生子女家长为48.48%；被家长们排在第二位的是身体健康；第三才是道德品行。因此，在一些家庭中，孩子的考试分数便成了性命攸关的大事。1985年北京12岁女孩隋鑫因父母嫌其考试分数低服毒自杀事件、1987年青海的夏斐因成绩不好被母亲打死的事件、1996年江苏宜兴的周源因数学竞赛预选被淘汰上吊自杀等典型事件，均属由于家长过分重视考试分数导致的不该发生的悲剧。①

中国文明网近日发起了"'80后'父母教育观"网络调查，此次调查共回收有效问卷761份。调查显示，面对"独二代"的教育，"80后"们对待孩子未来的期许不再宏大，对

① 张华.优化家庭教育与预防未成年人犯罪的策略[J].青年探索，2007(5).

成功的定义也更加宽泛，从小在“我要当科学家”的人生理想中成长起来的“80 后”则更希望子女成为一个具有良好道德情操和修养的人。67%的“80 后”父母主要通过网络来获取育儿知识，与上一代相比，他们的育儿知识和教育理念更为丰富、多元，70%的“80 后”并不认为学习好才是孩子健康成长的首要标准。有 54%的“80 后”父母认为自己在教育孩子的时候“缺乏耐心，比较粗心”。88.6%的“80 后”父母希望孩子“人格健全，能够独立生活”①。

（来源：中国文明网）

**评析：**家长大多还是对学生的学业成绩更为看重，相应的对学生的压力也相对较大。相对于父辈，“80 后”们对孩子更为宽容，价值观也更为多元，孩子的心理环境也更为宽松，同时他们也基本秉持了老一辈的价值观。但“80 后”们在对待孩子的问题上，缺时间、缺知识、缺耐心的问题也令人忧心。教师如何与家长配合，如何指导家长做好孩子的德育工作，可能是摆在教师尤其是班主任面前的一个新的课题和挑战。

idea

**思考：**教师对孩子的要求可能会与“80 后”们对孩子的要求有一定的差异，如何恰当地处理与“80 后”家长们的不同意见？

## 第三节　他山之玉：国外家庭教育经验

### 一、责任教育

1920 年，有一位 11 岁的美国男孩在踢足球时不小心踢碎了邻居家的玻璃，人家索赔 12.50 美元。闯了大祸的男孩向父亲认错后，父亲让他对自己的过失负责。他为难地说：“我没钱赔人家。”父亲说：“我先借给你，1 年后还我。”从此，这位男孩每逢周末、假日便外出辛勤打工，经过半年的努力，他终于挣足了 12.50 美元还给了父亲。这个男孩就是后来成为美国总统的里根。他在回忆这件事时说：“通过自己的劳动来承担过失，使我知道了什么叫责任。”②

① http://www.wenming.cn/wmcb/201406/t20140616_2006944.shtml. 2014－06－16.

② 朱成良编著. 经典教育案例与评析[M]. 苏州：苏州大学出版社，2007：289－297.

西方国家家长普遍认为，孩子从出生那天起就是一个独立的个体，有自己独立的意愿和个性。无论是家长、老师还是亲友，都没有特权去支配和限制他的行为，在大多数情况下都不能替孩子做选择，而是要使孩子感到他是自己的主人，甚至在什么情况下说什么话，家长都要仔细考虑，尊重和理解孩子的心理。而中国家长则大多要求孩子顺从、听话。顺从的结果是家长包办替代了孩子的一切，孩子不需要为自己和自己做的事情承担责任。长此以往，孩子当然没有责任心。

## 二、礼仪与传统教育

韩国深受中国儒家文化的影响，号称是“礼仪之邦”，在家庭中仍然隐约见到“三纲五常”的影子。男子和父亲一般在家庭中是核心人物，给孩子呈现的是坚强、权威的一面。早晨和晚上，子女一定要向老人请安，用餐时，晚辈要等老人就位、用餐以后，才能开始吃饭。对老人的尊敬还表现在语言上，晚辈对老人说话一定要用敬语，否则将被视为缺少教养的人。长者生日那天，所有的亲朋好友聚在一起，向老人表示祝贺，儿辈和孙辈要向老人行跪礼。宾客的座位也是有讲究的，年老者和德高望重的人坐上座，以示尊重。韩国非常重视传统的民族节日，家庭对传统节日的重视和尊重也是向孩子传授民族文化的一个重要途径。韩国有四大传统节日，即春节、元宵节、端午节和中秋节。每逢节日，韩国家庭都会按照传统礼仪行礼、祭拜和组织各种活动，让孩子们从中体验和领会民族传统。另外，韩国的父母非常重视孩子的意志锻炼，会有意识地给子女创造艰苦的环境，如冬天他们让孩子穿短裤到外边玩耍，有意识地让子女从小就做家务活儿。爬山时，父母从来不会抱着孩子，而是让他自己爬，累了停下来休息，目的是培养孩子坚强的性格和面对困难的勇气。[①]

## 三、自理能力和劳动训练

在德国，小孩子要帮助父母洗碗、扫地和买东西，再大一些的孩子要参加修草坪之类的劳动。在美国，1 岁多的孩子基本上都是自己吃饭，几乎看不到在中国常见的父母端着饭碗追着孩子喂饭的情景。在美国、日本、英国教育法规中，还有专门条款规定孩子的劳动时间，家庭和学校均不得剥夺孩子的这一权利。

## 四、不唯我独尊，善于发现孩子的特长[②]

在 19 世纪著名的数学家、物理学家麦克斯韦很小的时候，有一次父亲叫他画静物写生，对象是插满秋萝的花瓶。等到麦克斯韦画完交卷时，父亲边看边笑了起来，因为满纸涂的都是几何图形：花瓶是梯形，菊花成了大大小小的圆圈，还有一些奇奇怪怪的三角形，大概是表示叶子的。细心的父亲立即发现小麦克斯韦对数学特别敏感。于是

---

① 朱成良编著.经典教育案例与评析[M].苏州：苏州大学出版社，2007：289－297.

② http://blog.sina.com.cn/s/blog_7cc1602d01017u2k.html? tj=1.2013－01－15.

父亲就开始教他几何学，后来又教他代数。果然，麦克斯韦不久就在数学方面显示了惊人的才华。

**评析：**中国家庭中亲子关系带有明显的权威主义和等级制的色彩，父母对孩子享有无限的权力，同时又承担起了对孩子的无限的义务。浓浓亲情中，双方都丧失了各自的独立人格，以及相应的独立的意识和能力。相对而言，欧美国家家庭中父母与孩子的关系更为宽松和民主，孩子的独立性较强，主体性水平较高。其中的差异值得中国的父母们学习和借鉴。

## 第四节　优化家庭教育、家校合作对策探讨

父母是孩子的第一任教师。但许多“第一任教师”可能并不是一个合格的父亲或母亲，家庭教育也存在诸多问题。一份对 430 名中小学生和 1000 余名家长的调查显示，目前中小学生家庭教育中仍然存在许多误区：对孩子的过度关注与溺爱、打骂、冷漠、强制填鸭式的教育、事事包办、百般袒护犯错的孩子、父母教育态度不统一，等等。[①] 学校及社会应当充分重视未成年人的家庭教育问题，充分利用学校和社会的各种资源，充分调动学校和社会相关方面的积极性，积极参与和组织优化家庭教育、促进家校合作的活动。

学校及社区可以通过以下方式参与和优化家庭教育，促进家校合作：[②]

(1) 学校和教师积极担当起对家长的教育，促进家长获得以下知识和技能：人际交往技能、逻辑思维、自信心、营养学方面的常识、按儿童年龄特点组织相应活动、有效的教育教学技能、会利用手边材料组织游戏等。

(2) 建立家长与儿童发展中心。这是建立在社区的一种为家长和儿童服务的教育机构，拥有各种家长与儿童活动的场地和设施，以及相关家长教育人员、儿童发展研究人员、儿童保健人员等，力图达成以下目的：让家长成为自己孩子的合格“教师”，通过家长的参与，巩固家庭，强化家庭功能，加强家庭和社区教育资源的联系，使家长有效地利用社区教育资源等。

(3) 建立家长咨询委员会。家长委员应从学区或社区成员中选出，争取使每位家

① 蒋夫尔. 七大误区困扰家庭教育[N]. 中国教育报，2002-12-25.
② 马忠虎. 家校合作[M]. 北京：教育科学出版社，2001：127-131.

长都能参与到选举中来。

(4) 学校及教师还可以通过家访与家长进行针对性的沟通，帮助家长提高其相关的教育意识和技能、技巧。

## 案例一：家校携手　共塑美好品德①

当前学生家长的苦恼和无助，归纳有三：一是孩子自私，以自我为中心，不会体贴父母，关心长辈；二是用水用电不知道节约，乱花零用钱；三是做事拖拉、磨蹭。的确，我们在生活中也常能看到这样的镜头：

镜头一：祖孙俩坐在肯德基餐厅里，爷爷左手拿着鸡腿，右手端着饮料，一口一口交替地嚼着，自己却舍不得吃上一口，哪怕是一小口。

镜头二：晚上，到房间随手开灯，不知道随手关灯。

镜头三：早晨，妈妈忙着给孩子穿衣服，孩子却边看电视边慢悠悠地伸胳膊、伸腿，一碗饭慢慢地吃，需要家长再三催促。

针对本班学生的现状，我结合教材，开展了一系列的课外延伸活动。实践证明活动开展结果是成功的、有效的。

### 一、了解父母的需要，开展"孝心"活动

"可怜天下父母心"。好吃的给孩子吃，自己舍不得吃一口，常看到大人逗小孩玩：一个小孩子拿着东西在吃，大人逗他说："给我吃一口。"小孩很大方地伸了过来，此时大人们有点激动地说："你吃吧，我不吃。"生活中也如此。久而久之，孩子们会误以为大人们不想吃、不爱吃。其实，不是我们的孩子自私，而是父母强烈的爱掩饰住了自己的需要，我们的孩子不了解，不知情罢了。说穿了孩子的"自私"是大人"宠出来的，惯出来的"。针对这种情况，在学完《在爸爸妈妈关心下成长》这一课后，我让学生去观察，发现父母的爱好，让学生深入地了解父母的需要，做个有"孝心"的孩子。我要求家长在孩子吃东西的时候，可以向孩子要着吃，甚至抢着吃。活动开展一个月后，有个家长激动地对我说她的儿子会关心人了，懂得孝敬她了。

### 二、开展"我与时间赛跑"活动，增强惜时意识

有些家长反映自己的孩子做事磨蹭、拖拉，不知道抓紧时间做。分析原因，有的孩子时间观念差，对时间长短感受不明显，在学完《盼盼迟到了》一课，我开展了"我与时间赛跑"的延伸活动，让学生在做事时，把钟放在自己面前，看一看，算一算自己洗脸用了几分钟、穿衣服用了几分钟、吃早饭用了几分钟、从家到学校用了几分钟，几天下来再做个比较，看着秒针一格一格跳动的身影，听到滴答滴答急促的脚步声，学生的时间概念

---

① 潘慧芳主编.走进德育课堂——小学《品德与生活》《品德与社会》课堂教学百例[M].南京：江苏教育出版社，2006：22－24.

增强了,做事不再磨蹭了。

**三、认识电表和水表,养成节约的习惯**

针对学生不节约水电的现状,在学完《怎样才凉快》一课,我开展了认识水表、电表的活动。当孩子坐在明亮的灯光下他可能感受不到电力的消耗。当他亲眼看到电表的呼呼转动,他能直观地感受到电在一点一点地耗去,从而产生了节约用电的强烈情感,曾听一个学生的家长告诉我,她的孩子在用自来水洗手时一边洗一边说,这流的不是水,而是钱呀!从此便懂得随手关灯,节约用水了。

通过一系列的课外延伸活动,邀请家长参与到活动中,家校携手共同塑造学生美好的品质。家长发现孩子在变、在成长。看到活动给家长带来了喜悦,看到孩子在活动中健康地成长,更坚定了我钻研教材,用好教材,有效开展课外延伸活动的信心。

---

**鲁洁老师的点评①:**钟海燕把这课的主题延伸到了课外,读了她的文章,我认为她的课外延伸工作是建立在以下几点预设之上的。

(1) 从现实生活的事例中儿童看到发生在他们生活之中的一些现象是"读不懂"的,甚至产生理解上的偏差,有一种"误读",如认为爸爸妈妈不吃是因为不喜欢吃,等等。

(2) 教育的作用是要使儿童理解生活,真正读懂自己的生活,要为儿童揭示出生活的真实意义,教育应该怎么办?钟海燕的办法不是靠讲道理、靠说教,她的办法是通过和家长的合作去改变某种生活和行为模式,从过去家长的"不吃"到"我也要吃","我要求家长在孩子吃东西时,可以向孩子要着吃,甚至抢着吃",这样就把过去被掩盖了的生活真实揭示出来了,儿童们逐渐懂得爸爸妈妈是和我同样有各种需要的,不仅要满足自己的需要也要关心他们的需要,懂得了这点他们的行为也就开始有了转变。其实,道理很简单,改变人就要改变他的生活,有怎样的生活就会成为怎样的人,这也是我们生活德育的一个根据。钟老师对这点是把握得很好的。

应该看到,儿童们对于生活的理解是有局限性的,他们往往只看到生活的一些现象,看不到较为本质的东西。再加上中国文化讲含蓄,不直露,儿童们更难于读懂它,生活化的德育的重要任务就是要使儿童读懂生活,向他们揭示生活的正确意义。为达到这个目的,除了钟老师通过与家长联手改变生活用以澄明生活意义的做法以外,还可以有其他的许多做法,如:丰富拓展儿童的生活经验,使他们能够感受到以往生活中所感受不到的东西,如钟老师的第二和第三案例,她把钟表和水电表引进儿童生活,使得儿童对时间和水电的消耗具有更为直观的认识;其他还如可以强化某一方面生活经验等做法。我们要使"品德与生活(社会)"再次回到儿童生活中去,这里有许多工作要做,相信老师们能发挥各自的创造性,做出各自的独特的风格来,钟老师已经开了一个好头。

---

① 潘慧芳主编.走进德育课堂——小学《品德与生活》《品德与社会》课堂教学百例[M].南京:江苏教育出版社,2006:24-26.

**思考：**孩子的“自私”是大人“宠出来的，惯出来的”，这个观点很新颖，也很令人震撼。如何把学校中的德育要求与孩子们的日常生活相结合已经不是一个新鲜的话题，但却是一个绕不开的话题。一个有点老套但又常问常新的问题是：怎样把德育内容与孩子的日常生活相结合？如何指导或帮助家长做好与学校德育的配合工作？

## 政策导向：《全国家庭教育工作“十一五”规划》——推进家庭教育优化“第一课堂”①

家庭教育、学校教育和社会教育是未成年人思想道德教育的三大支柱，而家庭教育又是一切教育的基础和起点，是人生的“第一课堂”。党中央、国务院《关于进一步加强和改进未成年人思想道德建设的若干意见》明确指出：家庭教育在未成年人思想道德建设中具有特殊重要的作用，并强调要重视和发展家庭教育。

按照中央的部署，各地区各部门结合实际创造性地开展工作，形成了党委领导、政府支持、妇联牵头、有关职能部门配合、社会参与的社会化、开放式工作格局，家庭、学校、社会三结合教育网络的衔接配合逐步完善，家庭教育知识的宣传覆盖面不断扩大，家庭教育理论研究不断深入，家长学校、父母课堂、讲座咨询、家教讲师团等各种形式的家庭教育活动广泛开展，家庭教育工作取得了明显成效。

《全国家庭教育工作“十一五”规划》对新时期发展和推进家庭教育做出了新的部署。贯彻落实《规划》提出的各项任务，适应亿万家庭对下一代成长的新期望、新需求，家庭教育还有大量的工作要做。

一是要引导家长更新教育观念，改变重物质关心、轻精神关怀，重智育、轻德育，重言传、轻身教的做法，促进孩子的全面健康发展。二是要推动家长转变教育角色和教育方法，从单纯教育者变为共同学习者，从单向灌输转变为双向互动，尊重孩子的独立人格，多与孩子平等交流与沟通，多给孩子支持和鼓励。三是要促进家庭教育从封闭型向开放型拓展，鼓励家长主动走进学校、融入社区，参与到“三结合”的教育网络中来，支持孩子走出家门，积极参加社区的各类活动，让孩子在活动中愉悦身心、接受教育。四是要关心和帮助农村留守流动儿童的家庭教育。农村富余劳动力的转移使我国产生了2 000 多万农村留守儿童和近 2 000 万进城务工人员子女。这些特殊未成年人群体的

① 李伟. 推进家庭教育优化“第一课堂”[N]. 人民日报，2007－07－07(007).

家庭教育需要我们更多的关心和支持。要积极探索总结、宣传推广成功经验做法，为留守儿童享受到亲情的关爱创造更好的条件，为流动儿童适应新的生活环境营造更好的氛围，使所有的孩子都能在良好的家庭教育环境中健康快乐成长。

## 案例二：家校协同教育案例——教师层面①

我担任班主任工作已经六年，虽然年头不算多，但在这几年的工作当中对“家庭教育和学校教育的相互合作、相互配合”这个问题也颇有些感触，下面针对一名学生的有关案例来谈谈自己的看法。

林林是我们班里为数不多的机灵鬼之一。他见识多，思维敏捷，善于观察，能言会道。课堂上时常有他智慧的火花在闪烁，对于问题的精彩回答经常得到老师、同学们的赞赏。林林还是个热心肠，他经常帮老师分发作业本，有什么累活、脏活也总是抢着干，为此，我还特意任命他为卫生委员。总之，这个孩子总是给我惊喜。

但有一天林林的妈妈到学校找我，见面第一句话是：“林林实在不好管！”原来林林的作业写得不合格，妈妈下班回来后，让他重新写，可是已经很晚了，林林不想写，妈妈让他写，这样母子僵持了好久。我很惊讶，难道这孩子在学校一种表现，在家另一种表现，是个“两面派”？

我又仔细想想林林平时的表现，发现课堂上，林林会出现两种截然不同的状态。只要他集中精力认真听讲，那么一定会有精彩的发言；可一旦精力不集中，那他准又是走神一族，做小动作、开小差，回答的问题当然也不尽人意。聪明的孩子常常会调皮，课间里，他也会想出许多点子和同学疯玩，常会出现危险。

林林在校大多数情况下表现不错，是一个懂事的孩子，很多道理不用多说，他就明白，只是自控能力稍微差了些。面对这一问题的症结所在，我和林林的妈妈商量采取以下的措施：我们商量把林林在校的表现，通过“家校联系手册”或利用“家校通讯”来传达给家长，家长也通过同样的方式把孩子在家的表现传达给老师。通过老师和家长、家长和老师双方的沟通，我们能在第一时间了解孩子的在校、在家情况，出现问题后，能够有的放矢解决它。

林林愿意听到赞扬声，特别是在学校里、在班集体中，他更愿意看到同学的羡慕和老师的赞赏。如果把同学的羡慕和老师的赞赏再扩大到更大的范围——父母那里，那么他将更加高兴！妈妈再也不会说他瞎吹牛了，而且还有老师的亲笔签名。从来没发现林林有那么高的学习热情，每天放学第一时间向我索要“这一天的表现”，以前那个什么都满不在乎的林林像变了一个人，变得什么都在乎。

① http://blog.sina.com.cn/s/blog_e7a89faf0102uw8p.html. 2014-07-03.

通过一段时间的努力，我们惊喜地发现林林转变了许多，成绩有了大幅度地提高，与老师、同学的关系也越来越好了。

**评析**：家庭和学校的社会心理环境完全不同，教师与家长的要求也有很多差异，教师与家长的教育理念也未必完全相同。部分学生在学校与在家里的表现天差地远。在学校可能是个听话、乖巧的好学生，在家里可能是个蛮横无理的“小霸王”。另外，家庭是孩子成长的重要环境，父母的不当观念和言行可能会对学生的身心发展造成巨大的负面影响。因此，加强家校沟通与协调，有时候甚至需要在教育学生的同时，也帮助指导家长。

苏霍姆林斯基曾说过：“儿童只在这样的条件下才能实现和谐的全面的发展，就是两个教育者——学校和家庭，不仅要一致行动，要提出同样的要求，而且要志同道合，抱着一致的信念，始终从同样的原则出发，无论在教学的目的、过程还是手段上，都不要发生分歧。”教师日常教育工作中的一个组成部分就是协调家庭与学校、家庭与教师，尽可能地争取到家长的配合，这会使得学生的教育工作事半功倍。

## 案例三：家校协同促学生健康成长——学校层面[①]

北京市朝阳区黄胄艺术实验小学

### 一、健全机构制度保障

2010 年学校成立家长学校，明确分工职责。学校建章立制，建立《黄胄艺术实验小学家长学校章程》，制定《家长学校工作计划》，为家教协同工作打好基础。家长委员会成为家校沟通的桥梁。委员会成员由各班班主任老师推荐产生，每学期至少召开 1 次家长委员会会议，听取家长对学校工作的意见和要求，动员家长参与管理教育学生。

在上学期，进一步完善了学校家庭教育的制度，开展了黄胄艺术实验小学好家长的评选活动。评选出了第一届“支持学校工作好家长”，并且颁发了奖状。一张小小的奖状，是对家长的最好肯定。家长们出谋划策，畅所欲言，研讨“学生六种美德培养体系”，促进了学校教育教学工作的有效开展，达到了较好的育人效果。

本学期，为了更好地开展家校协同工作，在原家长学校的基础上，学校建立了教师家长协会。协会分为校级教师家长协会和班级教师家长协会两个层面。校级教师家长协会由骨干班主任教师和美术教师、体育教师组成。班级教师家长协会由各班班主任和科任协管教师组成。健全的组织机构和制度，保障了家校工作的顺利开展。

① http://blog.sina.com.cn/s/blog_641604a90102e2x3.html.2013-04-17.

## 二、多管齐下家校工作别开生面

（一）针对主题召开全校家长会

每次召开家长会前，针对学校教育教学中存在的问题，制定出本次家长会讨论研究的主题，全校各科老师进行家长会备课。科任教师主要针对学生参与比赛活动、社团活动等方面进行备课，促进学生全面成长。班主任则在班级管理、习惯培养等方面进行备课。对于年轻班主任老师，家长会备课更要严格把关，德育干部、班主任工作室骨干教师一起协助修改。家长会当天，沈校长做了大会发言。然后由德育主任对学校开展的习惯教育和各项活动进行总结汇报，有时还邀请家长谈经验介绍。

（二）培训讲座专家引领

2010 年 11 月学校邀请了德高望重的关鸿羽教授来校，关教授为全体家长进行了“教育就是培养习惯”的讲座。

2011 年 12 月我们特邀朝阳区教育发展指导团专家组成员张文雅书记到校讲座，主题为：如何提高学生的自信心。

2012 年 11 月朝阳区关工委讲师团靖丽校长，给全校家长进行讲座。主题为“认真做事，快乐生活，培育优秀学生，做合格的家长”。培训会上，提出了“最好的教育现场在家庭”的观点。

（三）运用现代信息技术沟通交流更顺畅

1. 利用家校平台，传递教育信息

教师通过家校平台、家长联系单与家长保持沟通，争取家长的教育力量，促进学生习惯的养成。依靠现代化的网络平台，对学生加强心理疏导，促进家校合作沟通交流，促进学生文化修养的提升。

2. 建立班级博客沟通回复更便捷

学校年轻班主任老师建立起适合本班特点的班级博客。一年级组的四位老师在组长姚莉娜的带领下，建立班级博客。个别班级的学生还建立了自己的个人博客。家长、学生、教师在博客上留言，家长们为班集体建设出谋划策，大家彼此交流教育孩子的好方法，在博客平台上，大家分享、研究、讨论、解惑，随之带给家长的是理解和认同。

（四）家长参与活动育人

2012 年 5 月 26 日，学校开展家长走进国家大剧院活动，家长们全程陪同学生。他们主动为学生化妆，拍照、摄像、组织管理学生，俨然成了老师。在家长们的共同协助下，演出任务圆满完成。歌声飘进国家大剧院，歌声飞进每个孩子和家长的心田……

“六一”儿童节前夕，学校组织了家长开放日活动。学校举行“读书成就人生，艺术伴随成长”六一主题活动，参会的有我校全体师生和部分学生家长。会上，荣幸地邀请到了儿童文学作家梅子涵先生进行讲座。最后为我校第七届读书节评选的书香家庭、书香班级颁发了奖状。全校师生、家长与大作家梅先生一起读绘本，悟人生，心里不禁暖暖的，热热的……

（五）建立实践基地，活动更有成效

1. 科技教育牵手富国海底世界

2012年11月13日，黄胄艺术实验小学邀请富国海底世界的李菁老师，为同学们进行科普知识讲座。富国海底世界已成为学校的资源单位，学生能够零距离与专家老师接触，开阔视野，增长知识。

2. 武警战士、国庆女兵联手拔军姿

为积极参加朝阳区第八届少年军校会演，学校3～5年级的50名女生组成的女兵方阵，2012年7月至9月由武警北京总队第三支队四中队赵王杰班长负责集中训练。香河园街道办事处武装部长派国庆女兵到校亲自指导。通过军校，学生们的身体素质不仅提高了，更重要的是意志品质得到了很好的锻炼，加强了组织纪律性和集体观念。

3. 社区志愿者与学校爱心社携手

叶如陵是香河园街道西坝河西里社区党委一名全国优秀共产党员，2008年北京十大志愿者，北京社区志愿者之星，荣获中国红十字"志愿者之星"奖章。学校邀请叶老到校讲座——"志愿者的榜样"。报告会后，老师和孩子们都写下了自己的感受。一年级的小孩子们用拼音，这样写道：以后我长大了也要成为一名志愿者，我想为大家多做好事。年近古稀的叶老先生正在用"全心全意为人民服务"的精神默默地告诉着人们——关爱他人，传递温暖，共享幸福。

---

**评析**：学校层面的家庭合作与协调更强调制度与机制，强调整个学校的资源整合，重视社区和共建单位的支撑作用，能充分发挥部分家长的优势和带头作用，促进教师树立起重视家庭教育协同的意识和范围，也有助于提升家长的参与意识和责任感。

---

## 附录：家教典范[①]

**编者按**：许多家长缺乏正确引导、教育孩子的意识和态度，更缺乏教育的知识与能力，甚至包括部分教师也未必明了家庭教育的基本规范和法则。名人的家教经验对于教师增加相关知识储备，更好地指导家庭教育具有一定的帮助。

### 一、曹操：堪称对官二代教育的历史典范

史载，曹操一生至少共有子女32个，其中儿子25个，女儿7个。25个儿子中有9个早薨(包括神童曹冲13岁就英年早逝)，长大成人的有16个儿子。曹操的几个儿子

① http://blog.sina.com.cn/s/blog_5dd32efb0102vqhm.html. 2015-03-02.

也很了得，嫡出（武宣卞皇后所生，下同）的曹丕“博闻强识，才艺兼备”；嫡出的曹植才高八斗，嫡出的曹彰武艺超群；早夭的曹冲（庶出，环夫人所生）据说五六岁的时候就达到成人的智力……这些都跟曹操重视家庭教育分不开。

曹操教育孩子目标明确。他要培养的是治国平天下的万乘之才。在他的心目中，孙权是孩子们的榜样，史有“生子当如孙仲谋，刘景升儿子若豚犬耳”一说。孙权属于“官二代”中的佼佼者，雄才大略，独霸一方，不臣曹魏，这是个让他又恨又敬的豪杰。而刘景升（即刘表）的儿子刘琮这个“官二代”就差远了，不忠不孝没骨气，想当年曹操挥戈南下，还没打到荆州，这小子就把他爹辛辛苦苦创下的家业拱手相送了。

为了激励孩子发愤学习，他曾颁布《诸儿令》：“儿虽小时见爱，而长大能善，必用之，吾非有二言也。不但不私臣吏，儿子亦不欲有所私。”意思是说，儿子们小的时候，我都喜欢，但是长大了，我会量才而用，说到做到。对部下，我不偏心，对你们，我也公正，唯才是举，最有才能的人，才配当我的接班人。

为实现既定的教育目标，曹操充分利用手中特权，整合优化教育资源，为儿子们选择配备了最好的老师。曹操为儿子们选择老师的标准是：德行堂堂正正、深明法度，就像邢颙他们那样的人。邢颙，先被曹操点名去辅佐他相当看好的曹植，但是曹植才高气傲，任性而行，饮酒不节，不爱听邢颙唠叨，两人比较疏远。曹丕做了太子后，邢颙又被曹操选派当了曹丕的老师。除了邢颙，曹操还派了“秉德纯懿，志行忠方”、“国之重宝”的邴原和他本人很敬重的张范去辅佐曹丕，曹操很客气地对他们说，我的儿子不成材，怕他难走正路，想请你们去匡正劝勉他。

曹操深谙“不以规矩，不能成方圆”之道。一次，曹操让曹彰领兵出征，临行前告诫曹彰：“居家为父子，受事则为君臣，待人处事须遵王法，尔其戒之！”言下之意是：你即使为将在外，一切也要按规矩来，否则，别怪我不讲父子情分。

**二、诸葛亮：教育子女俭以养德**

三国时期西蜀丞相诸葛亮一生忠心辅佐刘备、刘禅两代帝王，鞠躬尽瘁，死而后已。诸葛亮晚年得子，取名瞻，字思远，希望自己的儿子“志存高远”。诸葛亮非常喜爱自己的这个小儿子，但同时又对他的成长充满了担忧。他在给其兄诸葛瑾的信中曾说道：“诸葛瞻今年八岁了，十分聪慧可爱，但我又担心他过于早熟，最后成不了大器！”可见，诸葛亮十分重视子女的早期教育问题。

诸葛亮虽高居相位，却一生俭朴，他曾经在给后主刘禅的上表中说道：“我在成都有桑八百株，薄田十五顷，此外别无积蓄，而这些也足够家人使用的了。我保证在我死后，家里家外都不会留有多余的财产，不辜负陛下对我的厚恩。”诸葛亮亲自履行着自己“俭以养德”的做人准则，希望子孙后代成为拥有远大理想、勤学俭朴的有为之人。

古往今来，很多名人政要都选择以书信的形式教育子女。诸葛亮就在《诫子书》中写道：“夫君子之行，静以修身，俭以养德，非淡泊无以明志，非宁静无以致远。”

**三、司马光：把俭朴作为教子成才的主要内容**

北宋杰出史学家司马光，进士出身，屡官天章阁侍兼侍讲、御史中丞、尚书左仆射，后追封为温国公。他著述宏丰，其名著《资治通鉴》是我国一部很有价值的历史著作。他的生活十分俭朴，工作作风稳重踏实，更把俭朴作为教子成才的主要内容。

在司马光的一生中，流传着许多动人的故事。据有关史料记载，司马光在工作和生活中都十分注意教育孩子力戒奢侈，谨身节用。他在《答刘蒙书》中说自己“视地而后敢行，顿足而后敢立”。为了完成《资治通鉴》这部历史巨著，他不但找来范祖禹、刘恕、刘攽当助手，还要自己的儿子司马康参加这项工作。当他看到儿子读书用指甲抓书页时，非常生气，认真地传授了他爱护书籍的经验与方法：读书前，先要把书桌擦干净，垫上桌布；读书时，要坐得端端正正；翻书页时，要先用右手拇指的侧面把书页的边缘托起，再用食指轻轻盖住以揭开一页。他教诫儿子说：做生意的人要多积蓄一些本钱，读书人就应该好好爱护书籍。为了实现著书立说治国鉴戒的理想，他 15 年始终不懈，经常抱病工作。他的亲朋好友劝他“宜少节烦劳”，他回答说：“先王曰，死生命也。”这种置生死于不顾的工作、生活作风，使儿子与同僚们深受启迪。

在生活方面，司马光节俭纯朴，“平生衣取蔽寒，食取充腹”，但却“不敢服垢弊以矫俗干名”。他常常教育儿子说，食丰而生奢，阔盛而生侈。为了使儿子认识崇尚俭朴的重要，他以家书的体裁写了一篇论俭约的文章。在文章中他强烈反对生活奢靡，极力提倡节俭朴实。

他还不断告诫孩子说：读书要认真，工作要踏实，生活要俭朴，表面上看来皆不是经国大事，然而，实质上是兴家繁国之基业。司马光关于“由俭入奢易，由奢入俭难”的警句，已成为世人传诵的名言。在他的教育下，儿子司马康从小就懂得俭朴的重要性，并以俭朴自律。他历任校书郎、著作郎兼任侍讲，也以博古通今、为人廉洁和生活俭朴而著称于后世。

**四、范仲淹：教子戒奢侈家风**

“先天下之忧而忧，后天下之乐而乐”，是范仲淹在《岳阳楼记》中写下的千古名句，也是他一生的真实写照。

范仲淹出生在苏州吴县一个贫苦的家庭。早年清贫的生活，使他养成了节俭朴素的良好习惯。后来入朝做大官后，所得的俸禄，往往用来接济穷人，而自己的子侄，却不得不轮流换穿好一点的衣服出门做客。

话说一年的秋天，范仲淹的二儿子范纯仁将举行结婚大礼。范纯仁深知父亲的风节和家规，对操办隆重、奢华的婚礼，自然不敢妄想。纯仁暗暗考虑：成家立业乃人生大事，总得购置些衣服、家什。只买些简单的用品，自然会得到父亲的赞许，但新婚妻子及岳父那边却不好交代；买些稍好点的，妻子、岳父那里自然高兴，但父亲的家规却不好通过。……想来想去，范纯仁最后决定：只买一两件稍贵的物品，父亲、妻子两边都能通过。于是，纯仁将要购买的物品列出清单，壮着胆子交给了父亲。谁料范仲淹接过清单一看，立刻板起了面孔，大声说：“纯仁，你要购买的那两件贵重之物，到底是什么打算？难道我范家的门风，要在你手中坏掉不成？婚姻自然是人生的大事，但是，它与节俭有什么矛盾？又怎么可以借口‘人生大事’，而去奢侈浪费呢？”一番话说得范纯仁满面羞

愧。他低下头,鼓起勇气,向父亲喃喃地说道:"范家节俭的家风,孩儿自幼熟知。购买奢华贵重用品,儿子知错。可是有件事孩儿在心中苦恼多时,今日如实禀告父亲大人。这些天来,新人想以罗绮做幔帐,孩儿知道这不合范家家风,不敢答应,可她父母又出面提出,孩儿碍于他们的情面,没敢再坚持不买。"范仲淹一听,立刻大怒,指着范纯仁说道:"你知错认错,我不再追究你的过错。但是,范家几十年来,以节俭自守,以奢侈为耻。用罗绮做幔帐,岂不坏了我范家的家风?情面事小,家风事大。你可以告诉他们,如果坚持以罗绮为幔,那我范仲淹就敢把它拿到院子里烧掉!"

由于范仲淹的坚持,范纯仁的结婚大礼办得十分简朴,既没购买什么贵重奢华的物品,也没有举办隆重奢侈的婚礼,不仅范仲淹的家风得以维持,同僚们也从中受到很大教育。

**五、岳飞:对待儿子是"受罚重于士,受奖后于士"**

岳飞是中国古代著名的军事将领。南宋抗金名将,民族英雄。

岳飞20岁那年,离家从军。临行前一天,岳母姚氏为了鼓励儿子岳飞树立"以身许国,报效国家"的伟大抱负,在他背上用针刺了"精忠报国"四个大字,要他牢牢记在心,至死为国效力。"岳家军"赏罚分明,纪律严整,金军对他也有"撼山易,撼岳家军难"之叹,最后被秦桧等人以"莫须有"的罪名杀害。岳飞重视人民抗金力量,一贯主张积极进攻,以夺取抗金斗争的胜利。他是南宋初唯一组织大规模抗金战役的统帅。

岳飞自己一共有五个儿子。像母亲当年对自己的一样,他对他们的教育非常严格。按理说,作为一个统率百万大军的主帅,他在当时的薪俸是不少的,可以让子女们的生活过得富裕一些。但是,他始终保持着比较简朴的生活,而把多余下来的钱充作军费,赏给军士。岳飞在家中日常只穿麻布,不穿丝绸。家中平时的饭菜是麦面加蔬菜,很少用肉,而且规定几个儿子不得饮酒。岳飞还经常要儿子们读书之余到农田去从事各种劳动。他说,对于子女,"稼穑艰难,不可不知也"。

岳飞的长子岳云,12岁入伍成为一名小军士。岳飞对岳云的武艺操练要求十分严格。有一次,岳云身披重铠,操练骑马冲下陡坡,一时兴起,忘记注意地形,从山上狂奔而下,结果连人带马栽进了壕沟里,衣服跌破了,脸上也挂了彩,流出了血。岳飞看见了,大怒,命令军士打他100军棍。众将士求情,他仍然不依。他说:"前驱大敌,亦如此耶!"岳飞认为,平时演习就应该当作战时看。如果这种情况发生在两军战斗时,自己不但会丢掉生命,而且还会造成战斗失利。所以,现在不按军法办事,严加教育,表面上是爱儿子,实际上是害儿子呀!由于岳飞的严格教育,岳云很快成长为一员所向无敌的勇将。岳云在和金兵作战中,"勇冠三军",屡建战功,将士们称他为"赢官人"。岳飞却多次对他的功劳隐而不报,等到别的将领多次催促,朝廷又亲自调查,才予以追认。当时,宋高宗下旨给岳云连晋三级,岳飞却上表谢绝。他在表中诚恳地说:"许多兵士出生入死,顶多才升一级,我儿虽然立了一点功,怎么能够连升三级呢?"所以,一些将士说岳飞对待儿子是"受罚重于士,受奖后于士"。

## 六、郑板桥:教子莫为做官而读书

郑板桥(1693～1765)是清朝“扬州八怪”之一。他在山东潍县当县官时,儿子小宝留在兴化乡下的郑墨弟弟家。

小宝6岁时上学了。为了教育儿子,郑板桥专门给他的弟弟郑墨写了一封信,信中写道:“余五十二岁始得一子,岂有不爱之理!然爱之必以其道,以其道是真爱,不以其道是溺爱。”他的“道”是什么呢?他说:“读书中举,中进士做官,此是小事,第一要明理做个好人。”郑板桥自己是个读书人,他并不是看不起读书人,他看不起的是:读书就是为了做官。

郑板桥自己最重视的还是儿子的品德。他对弟弟说:“我不在家,儿便是由你管束,要须长其忠厚之情,驱其残忍之性,不得以为幼子而姑纵惜也。”他主张,他的孩子和仆人的儿女应平等对待。他说:“家人儿女,总是天地间一般人,当一般爱惜,不可使吾儿凌虐别人。凡鱼餐果饼,宜均分散给,大家欢喜跳跃。若吾儿坐食好物,令家人子远立而望,不得一沾唇齿,其父母见而怜之,无可如何,呼之使去,岂非割心头肉乎!”

后来,郑板桥不放心小宝的成长,就把他接到身边,经常教育小宝要懂得吃饭穿衣的艰难,要同情穷苦的人。教育儿子“明好人之理”“爱天下农夫”。由于郑板桥的严格教育和言传身教,小宝进步很快。

## 七、曾国藩家风

曾国藩是近代史上有争议的人物,但其对子女的教育却留给后人很多可借鉴的内容。勤奋、俭朴、求学、务实的家训家风一直为曾家后人所传承。曾国藩曾留下十六字箴言家风:“家俭则兴,人勤则健;能勤能俭,永不贫贱。”

以俭持家。曾国藩一直要求家人生活俭朴,远离奢华。他在京城见到世家子弟一味奢侈腐化,挥霍无度,便不让子女来京居住。他的原配夫人一直带领子女住在乡下老家,门外不许挂“相府”“侯府”的匾。曾国藩要求:“以廉率属,以俭持家,誓不以军中一钱寄家用。”夫人在家手无余钱,亲自下厨、纺织。

勤于治学。除了“俭”,曾国藩对子女的另一条要求是“勤”。曾国藩坚持给子女写信,为他们批改诗文,探讨学业和生活中的种种问题。他写信给儿子曾纪泽,要他每天起床后,衣服要穿戴整齐,先向伯、叔问安,然后把所有房子打扫一遍再坐下来读书,每天要练1 000个字。

曾国藩还敦促家人每日坚持学习,并多次为全家拟定严格的学习计划:“吾家男子于看、读、写、作四字缺一不可。女子于衣、食、粗(工)、细(工)四字缺一不可。”

重视家教。曾国藩有3子5女,小女儿曾纪芬最长寿,活到91岁。1875年,曾纪芬嫁入湖南聂家。曾国藩规定,每个女儿出嫁,嫁妆不得超过200两银子,同时嫁妆中还有父亲亲手书写的功课单。曾国藩想把女儿培养成一个勤俭持家的家庭主妇,实际上女儿做得比父亲期望得更好。

## 八、颜之推《教子篇》

上智不教而成,下愚虽教无益,中庸之人,不教不知也。古者圣王,有“胎教”之法,

怀子三月，出居别宫，目不邪视，耳不妄听，音声滋味，以礼节之。书之玉版，藏诸金匮。生子咳提，师保固明孝仁礼义，导习之矣。凡庶纵不能尔，当及婴稚识人颜色、知人喜怒，便加教诲，使为则为，使止则止，比及数岁，可省笞罚。父母威严而有慈，则子女畏慎而生孝矣。

吾见世间无教而有爱，每不能然，饮食运为，恣其所欲，宜诫反奖，应呵反笑，至有识知，谓法当尔。骄慢已习，方复制之，捶挞至死而无威，忿怒日隆而增怨，逮于成长，终为败德。孔子云："少成若天性，习惯如自然。"是也。俗谚曰："教妇初来，教儿婴孩。"诚哉斯语。

凡人不能教子女者，亦非欲陷其罪恶，但重於呵怒伤其颜色，不忍楚挞惨其肌肤耳。当以疾病为谕，安得不用汤药针艾救之哉？又宜思勤督训者，可愿苛虐於骨肉乎？诚不得已也！

父子之严，不可以狎；骨肉之爱，不可以简。简则慈孝不接，狎则怠慢生焉。

人之爱子，罕亦能均，自古及今，此弊多矣。贤俊者自可赏爱，顽鲁者亦当矜怜。有偏宠者，虽欲以厚之，更所以祸之。齐朝有一士大夫，尝谓吾曰："我有一儿，年已十七，颇晓书疏，教其鲜卑语及弹琵琶，稍欲通解，以此伏事公卿，无不宠爱，亦要事也。"吾时俯而不答。异哉，此人之教子也！若由此业自致卿相，亦不愿汝曹为之。

（作者：乐奕）

主题七

# 小学生问题行为及其预防

问题行为
拓展阅读

主题重点

- 小学生问题行为的现状
- 小学生问题行为的影响因素
- 小学生问题行为的预防策略

儿童问题行为尤其是越轨行为是德育乃至整个学校教育面临的严重挑战，对儿童问题行为认清形势、厘清根源、探讨对策是德育以及学校教育的重大任务。及时察觉、矫正学生的问题行为，无论是对于学生自身的健康成长，还是对于学校德育工作、班级管理，乃至社会的和谐发展都具有极其重要的意义。

## 第一节　内涵与外延：小学生问题行为界说

儿童行为问题，亦称儿童问题行为，包括儿童在行为和情绪两方面出现的异常，被认为是个体与环境互动过程中的不适应表现，即个人行为与环境要求和期待的不一致。一般认为儿童在发育过程中出现的在严重程度和持续时间上超过相应年龄儿童允许范围5%～15%的行为被认为具有行为问题。①

美国教育界关于问题行为常用的定义是：(a) 学校学习存在问题；(b) 人际关系不好；(c) 不合适的行为和情感；(d) 泛化的抑郁和痛苦；(e) 与学校恐怖有关的躯体症状。英国儿童病专家 Rutter 把行为问题分为 A 行为(Antisocial Behavior，即违纪行为)和 N 行为(Neurotic Behavior，即神经症性行为)两类。A 行为包括：(a) 经常破坏自己和别人的东西；(b) 经常不听管教；(c) 时常说谎；(d) 欺负别的孩子；(e) 偷东西。N 行为包括：(a) 肚子疼和呕吐；(b) 经常烦恼，对许多事情都烦；(c) 害怕新事物和新

① 吴汉荣. 儿童行为问题的预防与矫治[J]. 中国学校卫生，2004，25(6)：773－775.

环境；(d) 到学校就哭，或拒绝上学；(e) 睡眠障碍。① 除此之外，还有一类称之为混合型行为(即 M 行为)。Rutter 的定义和分类也是国内研究较为常用的分类方法。

我国学者左其沛把学生的问题行为分为四种类型：过失型、品德不良型、攻击型和压抑型。②

过失型：由不正当或不合理的需要或单纯由好奇、好动、试探、畏惧等心理引起，由于缺乏知识经验和认识能力不足，采取了不适当的行为方式而产生的违反纪律或一般行为规则的行为，带有情境性、偶发性、盲目性等特点。

品德不良型：由不良需要引起，受已形成的某些不良意识倾向或个性特点所支配，有意识地采取有害的行为方式，产生违反道德规范、损害他人和集体利益的不良行为，带有经常性、倾向性、有意性等特点，在青少年中还可能带有集团性。

攻击型：由挫折造成的愤怒、不满等情绪所引起并受一定的气质性格所制约，在与他人发生冲突情况下产生的发泄、对立、反抗、迁怒等攻击性行为。一般带有公开性、爆发性等特点。

压抑型：由受挫折引起的焦虑并受一定的气质性格所支配，在挫折持续作用的条件下所产生的逃避、消极、自暴自弃等行为，一般带有隐匿性、持续性等特点。

越轨行为又称偏离行为，《教育大辞典》将其界定为："违反一定社会的行业准则、价值观念或道德规范的行为。"越轨行为在逻辑上属于问题行为的一种，是问题行为中与特定社会价值规范包括价值观念、道德规范尤其是法律制度规定不一致性的行为。一定意义上可以把越轨行为理解为较为严重的问题行为。

## 第二节 数字与归纳：儿童问题行为的部分状况

中国青少年犯罪研究会的统计资料表明，近年来，青少年犯罪总数已经占到了全国刑事犯罪总数的 70%以上，其中未成年人犯罪案件又占到了青少年犯罪案件总数的 70%以上(人民日报 2003 年 12 月 24 日)。截至 2007 年 7 月 1 日，中文网页上关于未成年人犯罪研究的论文和专题报告已经有 18.3 万项。③

有研究者采用 Rutter 儿童行为问卷对山东济宁市区 2 032 名 6 岁～14 岁在校学龄儿童行为问题进行了调查，结果显示，本市学龄儿童行为问题总流行率为 10.78%，男生行为问题流行率(13.1%)高于女生(8.12%)；重点学校(10.0%)与普通学校

① 王玉凤. 学龄儿童行为问题综合研究(之一)——流行病学调查报告[J]. 中国心理卫生杂志，1989(3).

② 左其沛. 关于中小学生问题行为的研究[J]. 心理学探新，1985(3).

③ 张华. 优化家庭教育与预防未成年人犯罪的策略[J]. 青年探索，2007(5).

(11.3%)、独生子女(9.98%)与非独生子女(12.04%)行为问题流行率差异无统计学意义。在济宁市学龄儿童中,A行为、N行为和M行为的流行率分别为4.87%、3.54%和2.36%,其构成比依次为45.2%、32.9%和21.9%。①

左其沛等人对520份个案分类统计表明,由于年龄的不同,儿童和青少年的问题行为的类型也不同。在儿童期(6岁~11岁),过失型问题行为最多(77.5%),其他依次是品德不良型(12.9%)、压抑型(6.4%)和攻击型(3.2%);在青少年期(12岁~14岁),品德不良型占第一位(38%),其次是过失型(27.5%)、攻击型(27.2%)和压抑型(7.3%);在青少年初期(15岁~17岁),品德不良型问题行为继续增多,占48.4%,其次是压抑型(27.2%)、攻击型(13.8%)和过失型(10.6%);在青年期(18岁以后)品德不良型问题继续增多,占64.2%,过失型和压抑型并列第二(各占14.3%),攻击型占7.2%。②

我国儿童和青少年行为问题在中小学中占有一定比例。对北京城区小学生一至五年级7岁~14岁的2 432名学龄儿童的调查表明,8.3%儿童有行为问题,男女比例4.9∶1,男孩以外向型行为问题较多,女孩以内向型行为问题为主。③

越轨行为是较为严重的问题行为。青少年越轨行为已经成为一个席卷全球的严重社会问题,并被列为继吸毒贩毒、环境污染之后的第三大社会公害。青少年越轨行为种类日趋多样化,暴力犯罪突出,贪利性犯罪已成为主要类型。据统计,在1998年至2003年间,贵州遵义因侵犯财产罪而被判处处罚的未成年人有1 270人,占同期未成年人犯罪总人数的76.85%,2002年的抢劫、盗窃、诈骗三类案件的犯罪人数是185人,占同年未成年人犯罪人数的96.41%,高居首位。④

## 第三节 学生问题行为成因:家庭因素

有研究者于2007年6月对中国东部地区的某省少年犯管教所在押未成年犯进行了问卷调查和个案访谈。结果发现其中11.2%的少年犯是在校学生,其中81.2%的未成年犯承认自己是辍学少年。在辍学未成年犯中25.9%的人在小学阶段辍学,63.2%的人在初中阶段辍学,8.7%的人在中专技校阶段辍学。接受调查的未成年犯中,文盲为0.7%,小学34.4%,初中55.1%,高中、中专8.5%。小学和初中文化程度的少年犯

① 胡建勇英.2032名学龄儿童行为问题调查研究[J].中国行为医学科学,1996(3).

② 左其沛.关于中小学生问题行为的研究[J].心理学探新,1985(3).

③ 王玉凤,沈渔邨等.北京市城区2432名学龄儿童行为问题调查报告:学校行为问题和家庭环境的关系[J].中国心理卫生杂志,1989(3):6.

④ 贺光辉.新时期青少年越轨行为的特点、成因及对策研究[J].理论月刊,2007(2).

成为在押未成年犯的主体部分。这些少年的家庭背景和教养方式呈现出以下特点[①]：

## 一、家庭背景

按照父母职业构成分析，个体经营者子弟犯罪率最高。根据国家统计年鉴提供的数据，个体经营者占城乡就业人员劳动人口的7.14%，但是，在未成年犯中，个体经营者子弟接近1/4。

按照父母文化程度分析，父母初中以下文化程度占绝大多数。在押未成年犯中，母亲文化程度初中以下者达到87.6%，父亲文化程度初中以下者达到81.6%。

按照家庭生活水平分析，80%以上的未成年犯并非来自贫困家庭。接受调查的未成年犯认为自己的家庭生活水平在"一般以下"的只有17.3%，1.6%的调查对象认为自己的家庭"富裕"，79.3%认为家庭生活水平"一般"。

按照家庭结构分析，来自残缺家庭的未成年犯超过总数的1/3。被捕前因父母离异随父亲生活的占15.1%，随母亲生活的占11.2%，父母一方死亡或父母双亡的占9.7%，上述三项合计为36%。按照家庭成员违规行为分析，1/4以上的未成年犯在家庭中有负面榜样。调查对象中，10.6%的未成年犯家庭主要成员有犯罪史，16%的未成年犯明确表示自己的父母有赌博、打架、酗酒等违法行为或不良嗜好。

## 二、家庭教养方式

就亲子关系而言，80%以上未成年犯生活在缺少亲子交流的家庭环境中。接受调查的未成年犯自述，父母平时能够经常抽出时间陪伴孩子、交流、一起游戏的仅占18.7%，55.4%的父母偶尔这样做，1/4以上的父母从不这样做。81.3%的未成年犯在日常生活中缺少亲子交流。被捕以前，15.1%的调查对象与父亲关系严重对立；8.8%的人与母亲关系严重对立。18.2%的未成年犯认为自己的家庭气氛压抑、苦闷、冷漠。他们当中57%的人有心里话不会对父母讲。44.3%的孩子选择了找"朋友"，甚至"小恋人"倾诉交流。其中许多人初次犯罪是被身边的坏朋友所教唆。

就父母教养态度而言，60%以上的未成年犯家长对孩子疏于管教或简单粗暴。56.4%的调查对象自述，父母对自己的学习和思想"偶尔问问"或者"不管不问"；半数父母对孩子情绪变化"象征性地询问""很少过问"或"从不过问"；62.4%的未成年犯反映当自己学习成绩不好时，父母会训斥、唠叨、责骂、体罚或放任自流。近30%的父母关心孩子的方式是关心学习、给足够的钱、买好吃好玩的。57.9%的家庭主要话题常常集中在"生活琐事"方面，6.6%的家庭会经常讨论金钱和物质享受问题。当孩子犯了过失时，22.4%的家长会选择打骂、包庇袒护、置之不理的态度。

父母教育观念与儿童问题行为关系密切。积极的家庭教育观念包括关爱、理解、支持；消极的家庭教育观念包括宠爱或冷漠、拒绝、暴力或放纵。相比较而言，生长于具有

---

① 张华.优化家庭教育与预防未成年人犯罪的策略[J].青年探索，2007(5).

积极教育观念家庭的儿童，不容易或较少出现问题行为；而生长于具有消极教育观念家庭的儿童，更容易出现攻击、退缩、违纪、违法等不良行为。父母如果经常对儿童采取强迫、威胁、生气、责骂、拒绝、排斥等教养行为，经常使用暴力和攻击性言行，儿童也会经常表现出强烈的攻击性倾向和反社会倾向。父母过于严厉的教育方式或过度的保护、拒绝与儿童的问题行为显著相关。而父母的情感支持及说服、启发诱导等民主的对待方式可减轻儿童问题行为的发生。

中国已经进入专业社会。国家劳动保障部已经为 1 000 多个工作岗位颁布了职业标准。然而，中国 33 779 万未成年人（根据 2005 年国家统计局 1.325‰人口抽样调查数据推算）的 67 000 万名家长却基本上都是“无证上岗”。换句话说，除了青少年教育工作领域有限的家长拥有子女教育方面得天独厚的知识技能优势外，绝大多数家长在扮演父母角色之前没有接受任何相关的教育和训练。

## 第四节　学生问题行为成因：学校环境中的挫折

### 一、弱势境遇与社会偏离

现代社会中，社会关系因素已经成为个体消极情绪唤醒方面的主导因素。学生在学校中的社会关系因素包括其社会地位和人际关系两个方面。一般而言，学生在学校中的地位主要取决于其学业成就水平，学生的人际关系则分为师生关系和同伴关系。学习成绩的优秀或领先会极大地提升学生在班级乃至年级学生中的地位和影响，收获其他学生的艳羡、崇敬乃至恭敬，唤醒学生自身的积极情感体验，教师的欣赏与关爱、同伴的接纳和尊重也是学生积极情感体验的来源。反之不堪的成绩和排名、教师的漠视甚至白眼，同伴的冷漠和拒绝常常会导致学生的焦虑、不满，甚至怨恨、愤怒。

多项实证研究也发现，师生关系、同伴关系、学业压力等是唤醒学生消极情绪的主要因素。一项对江苏省多阶段分层整群抽样选择的 17 所中学 5 000 余名学生开展的调查发现，“上学期与教师争吵过、感觉教师讨厌自己、感觉被同学看不起、感觉被同学孤立、感觉同学不关心自己等是中学生发生消极情绪的危险因素。”①根据另一项对成都 4 所中学和 1 所小学共 1 300 余名学生的调查，人际关系不良、学习压力、受惩罚、健康适应差可以增加青少年情绪和行为问题。② 一项对 1 300 余名贫困大学生的调查也表明，“贫困大学生面临的各种生活事件与个体消极情绪之间有一定的联系；相对于其

① 潘晓群等. 江苏省中学生消极情绪及其相关因素分析[J]. 中国学校卫生，2006(12).

② 黄雪竹等. 青少年情绪和行为问题与生活事件的相关性[J]. 中华流行病学杂志，2006(3).

他生活事件来说，贫困大学生的消极情绪较多来源于人际关系和学习压力。"[①]部分学生甚至患上"学校恐惧症"，即一种由焦虑和恐惧情绪主导的、以学校教育为对象的神经症。"进入21世纪以来，我国青少年学生患学校恐惧症的人数在逐年攀升。2009～2011年三年时间里问卷调查抽检北方某省中、小学生1 080名，发现患学校恐惧症的学生比例由2.43%上升到4.69%。"[②]

学生弱势群体是"学校场域中由于特定的家庭社会出身以及由这种出身影响甚至决定了的能力、性格、品德等方面的特征，难以获得学校教育包括教师的公正、合理对待，难以获得教育资源的公平分配，处于不利发展处境的学生个体的集合"[③]。简单地讲，学生弱势群体大致可以等同于学业落后、品德落后，以及其他因为各种原因大家都不喜欢的学生。学生弱势群体由于其弱势境遇，导致学业困境、教师冷漠和同伴拒斥的常态化，易于导致消极情绪的唤醒和累积。同时，学生弱势群体由于其弱势境遇可能更易于感受到这种不堪状况，导致其消极情绪的持续唤醒和累积。

而消极情绪的持续唤醒和累积容易导致社会偏离。社会学意义上的社会偏离即越轨，即违反社会规范的行为，是对社会及其主流价值规范的疏远、背离乃至破坏。这种偏离可能是积极的偏离，如违背、攻击，也可能是消极的偏离，如退缩、疏远。既包括对法律等正式规范的偏离，也包括对道德、习俗等非正式规范的偏离。既可能是行为的，也可能是观念、意识的。[④] 弱势群体的弱势境遇并不必然导致社会偏离。但消极情绪的持续唤醒和累积可能会加剧其社会偏离的倾向甚至促成其社会偏离的现实。尤其是以他人及社会为对象的持续消极情绪可能预示着个体与他人、与社会之间的不和谐关系。对教师、学校及同学的持久厌恶、抵触甚至怨恨、愤怒等，会对个体与教师、与同学乃至与社会的正常关系产生伤害或阻碍，从而易于导致社会偏离。

学校是建立和维持学生个体与社会联系的重要场所和中介。持久的消极情绪代表了学生对教师、学校及其传播的教育内容的疏远、拒斥，代表了个体对其与社会关系的消极认知和评价，也代表了个体与社会之间联系的弱化。这种消极的认知和评价可能是对个体不利的社会处境的真实反映，也可能是个体的误读或放大。但无论哪一种情况都意味着个体与社会的疏远，容易导致学生与社会的隔阂，加大社会偏离的风险。

## 二、压力与学生问题行为

研究者们发现导致孩子出现越轨行为还有一个特殊的原因，那就是压力过大[⑤]。未成年人压力主要来源于学校、家庭、社会三方面(常常有十几种压力作用于孩子身上)。

---

① 周芳勤. 贫困大学生消极情绪及与生活事件关系研究[J]. 黑河学刊，2010(12).

② 谢念湘. 青少年学生学校恐惧症的原因及调适策略[J]. 学术交流，2013(3).

③ 佟雪峰. 学校教育对学生弱势群体生成的实然影响和应然态度[J]. 教育探索，2011(7).

④ 方巍. 外来务工青年的社会偏离与社会排斥[J]. 当代青年研究，2008(11).

⑤ 董毅然. 孩子行为越轨源于压力过大[N]. 北京科技报，2004－09－22(A11).

首先是学习压力。这方面存在不同的压力源，在调查中问卷将学习压力细化。比如有些孩子是因为学习困难才被淘汰的，而并非他不想学习。有些孩子是对学习没有兴趣，老师采取的方法让他反感，或者老师对他恶语相向，让他不想学习。此外，有时公布学习成绩也会给孩子带来压力。

其次，就是期望值与其能力之间存在差距。现代社会对这一代人各方面的期望值都很高，家庭中家长对孩子的硬性期待，业余安排的一些学习活动，这样的压力相当普遍。而学校的压力则是在应试教育的时代，孩子必须走高考这条独木桥，否则就会被淘汰，这反映了目前教育普及与精英教育主导思想的矛盾。

此外，在人际交往中同龄人也是一个最主要的压力源。在与同龄人的竞争中，很多孩子在群体中被边缘化，使得这些孩子不得不去寻找新的群体，于是和校外群体相接触，逐渐开始在社会上的不良交往。

## 三、学生问题行为的教育对策①

现代社会是一个全民焦虑的社会，学生弱势群体乃至优秀学生群体都存在各种各样、程度不同的消极情绪问题。不当的消极情绪不仅影响到正常的知识、能力、品德教育，更重要的是不当消极情绪本身即学生身心发展的问题所在。有效控制学生尤其是学生弱势群体的消极情绪，无论是对学生身心发展还是对班级管理，无论是对学校教育还是对和谐社会建设都是一个急迫的课题。

学校场域中，学生弱势群体消极情绪的唤醒主要源自其学业压力及教师和同伴的对待方式。学生的学业压力是当下教育制度通过教师向学生传递的，与此同时，班级中学生的人际关系也与教师密切相关，教师的态度在很大程度上影响甚至决定着某个学生的地位和其他学生的对待方式。鉴于学业考评制度的不可控制，在一定意义上讲，学生弱势群体消极情绪的唤醒与累积状况主要取决于教师的对待方式。

在中国传统文化语境中，教师承担着道德教化的崇高责任和义务，教师职业被赋予了神圣的光环，师生关系也承载了太多的意义和价值。尽管大多数教师都秉持着美好甚至浪漫的师生关系的理想，但现实生活中的师生关系仍不尽如人意，许多教师不能恰当地对待学生，尤其是对待学生中的弱势群体。这其中的原因大致可以归纳为以下几个方面：

其一，苛刻的考评制度和沉重的升学压力导致的功利主义观念与策略。学校考评制度、升学文化、激烈的竞争以及教师的功利欲望，使得教师不得不把绝大部分精力、兴趣都放在了成绩较好的学生身上，而那些升学无望的学生被忽视是常态，被讽刺、被挖苦也并不奇怪。

其二，繁杂、重复性的教学和班级管理工作导致的职业倦怠。教师即使具有园丁式的高尚情操和雷锋式的道德责任，但教师毕竟是人而不是神，教师的精力有限、时间有

① 佟雪峰.学生弱势群体的消极情绪与社会偏离[J].现代教育科学,2014(6).

限、情感有限，重复性的工作内容、工作形式，无限多样性的学生个案，不高的社会地位和酬劳都易导致教师的职业倦怠或情感枯竭，教师不可能始终如一的保持春风化雨的心态和作风。

其三，相应的教育观念、知识与能力的匮乏。教师即使能拒斥功利主义观念和策略，即使始终秉持润物无声的关爱心态，但由于缺乏相应的教育素养，也未必懂得如何处理学生的消极情绪问题。传统的理性主义教育把知识放在教育和学习的重心，即使近年来开始重视情感、态度和价值观教育，但历史的惯性并不是那么容易更改的，更何况教师本身限于其成长背景和知识积累，并不能充分认识到情绪问题的重要价值和深远影响。即使部分教师已经意识到情绪问题的重要性，也缺乏相应的能力和策略来干预学生的消极情绪问题。

鉴于上述分析，学校及教师应从以下方面入手：

其一，建立多元评价体系。在当前高考制度难以根本变革的天花板下，在学校和班级范围内，努力建立多元评价体系，尽可能地让更多的人，尤其是学生弱势群体获得归属、自尊和成功的体验，唤醒其积极情绪，努力减弱、缓冲学业成就落后带来的消极情感体验。

其二，减少班级人数。当前我国中小学的班级人数大都在 40 人上下，教师的精力有限，难以顾及每一个学生，尤其是各方面都不突出的学生更是难以获得教师的关注和关爱。建议班级人数控制在 25 人左右，一方面减少教师的工作量和工作压力，另一方面也使得教师有充分的时间和精力关注每一个学生尤其是弱势学生的消极情绪问题。

其三，减少班主任连续工作的年限。中小学校长们在班主任任命方面往往采用“能者多劳”的政策，优秀的班主任往往会连续担任班主任工作，被重用的班主任也往往以此为傲。而实际上，相同的工作岗位、相似的工作情景、相近的工作方法容易导致职业倦怠或情感枯竭。建议连续担任班主任 3 年后，卸任一年，以减轻教师的心理和生理负担，保持其在工作时的最佳状态。

其四，提升教师的相关素质。教师应努力构建和谐的师生关系，确立对学生的尊重；放下师道尊严的架子，弃绝体罚、心罚等不良教育手段，努力建立起平等、民主的师生关系；深入钻研教育理论，努力提高对学生身心发展规律的认识；全面推行启发式教学，切实把促进学生的身心健康发展当作日常工作的中心；用民主的方法管理学生和日常事务，努力减少学生消极情绪的激发与累积。

## 第五节　学生问题行为成因：标签理论

标签理论（Labeling theory）认为，每一个人都会“初级越轨”，但只有被贴上“标签”

的初级越轨者才有可能走上“越轨生涯”。个体变为罪犯的主要原因是社会给其贴上了越轨者的标签。在一个家庭中，一个被贴上“坏孩子”标签的孩子，很难进步。在学校，一个被贴上“坏孩子”标签的学生成绩下降、很难有积极进取的主动性。教育工作的一个重要任务就是要通过一种“去标签化”过程来使那些原来被认为是“有问题的人”恢复为“正常人”。

## 一、标签理论及问题学生的产生

标签理论的代表人物雷默特(E. Lemert)认为，每个人在社会生活中都会发生一些不同程度的社会越轨，但大都是临时性的、程度不严重的(即初级越轨)；但是，如果初级越轨者被重要他人或社会观众发现并公布于众，即被标定为越轨者。越轨者会产生自我预言的过程，即认定自己是越轨者。此时的社会越轨变成为习惯性的、永久性的和程度严重的越轨(即次级越轨)。[①]

标签理论认为，倘若学生在学校生活中被老师等重要他人贴上了某个标签，可能会产生两种心理反应，一种是接纳标签，并按照标签修正自我言行，最终与标签一致；另一种是拒绝标签，进行自我形象的修正。对于年幼的学生而言，后者更为困难。

学生被贴上“问题学生”的标签后，教师、同伴会对之另眼相看，拉大与所谓“问题学生”的距离，迫使他不得不与其他越轨的问题学生为伍，问题学生的自我形象进一步被加强，继而有可能形成持续性的问题行为方式，由初级越轨变成次级越轨，由初级问题行为者演变成问题行为者。

问题学生从初次违规到习惯违规的过程大致包括标签的形成—贴标签—认同标签—标签强化等几个环节。首先是教师、父母等重要他人对学生初次违规的觉察，于是重要他人对问题学生贴上违规的标签，于是标签隔离了学生与正常的学生，最后是学生不断效仿标签中所描述的形象改变自己的行为方式，成为真正的问题行为者。

## 二、现实教育实践中的几个案例

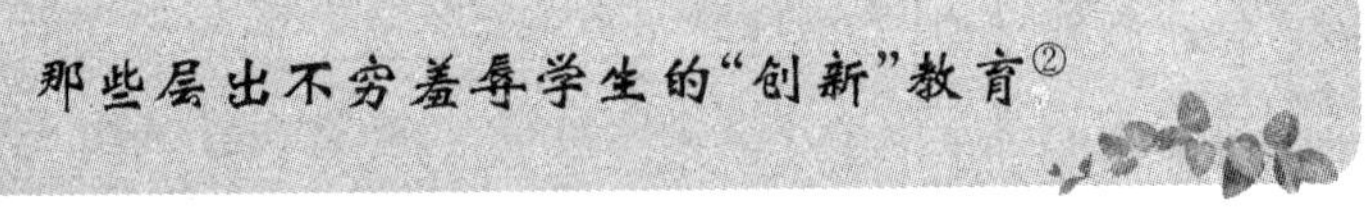

### 那些层出不穷羞辱学生的“创新”教育[②]

盖戳。深圳龙华新区民治街道上芬小学有老师在表现不好的学生脸上盖章以示批评。涉事老师称，该校有一项争优创先的学生评比活动，在具体实施过程当中，她给学生盖有红、蓝两种章，考虑到印章盖在本子上无法消去，就想盖在身上以示奖惩分明，特别是督促表现不佳的孩子努力表现，争取少得蓝章，多得红章。

---

① 项亚光. 西方社会越轨理论与青少年犯罪的预防和控制[J]. 外国中小学教育，2010(6).

② http://news.sina.com.cn/z/gctbqljbz/.

“孩子表现不好，就在他脸上盖个蓝墨水的印章，这跟古代给犯人脸上刺字有什么区别”。昨日，有家长向南都投诉称，龙华新区民治街道上芬小学有老师在表现不好的学生脸上盖章以示批评。

绿领巾。2011 年 10 月 18 日，据媒体报道，西安市未央区第一实验小学一年级学生中，一部分戴着红领巾，另一部分则戴着绿领巾，学生被分成了红、绿两类。有孩子称，“学习不好的才戴绿领巾。”戴绿领巾的孩子则抱怨“不好看，可是不戴的话老师会批评”。有学生一出校门，立刻取下绿领巾，装进书包。对此，校方表示，此举初衷是对孩子加强教育培养，并非有意区分好学生和差学生，“绿领巾的含义，是告诉他要加油努力，争取下次戴上红领巾”。

不听话押金。据新华社 2 月 16 日电近日，江西省吉水县一名学生家长反映，吉水县尚贤乡尚贤中心小学某班主任要求学生上交“不听话押金”，如果小孩在校违纪，押金将会被逐一扣罚。目前，吉水县教育体育局已责成该教师退回押金，并向家长道歉。学生家长罗先生说，自己女儿在尚贤中心小学六年级一班就读，这学期的收费多了一项“不听话押金”。记者看到，班主任老师亲笔写的押金条上写着“今收到某某同学交来的 2012 年上半年在校就读押金人民币壹佰元整，督促该生在校遵纪守法，不无故在晚自习后到校外惹是非，故班主任保管押金至学期末”。

（来源：新观察第 142 期）

## 三、基于标签理论的学生问题行为防控

从标签理论的角度预防小学生问题行为的发生，应该注意四个方面的问题：首先，对学生的知识或品德的判断要慎重，避免对学生偏见的形成和固化，避免形成对学生身心发展的消极判断和观念；其次，即使个别学生出现了问题行为，也不要轻易给学生贴标签，尤其是那些消极的、负面的标签；第三，尽可能防止“问题行为者”群体的出现；第四，对于出现问题行为的学生，不能简单地批评、惩戒，应想方设法发现其闪光点、优点，尽可能为学生贴上“积极”标签。

当某个学生首次违规或出现问题行为时，学校和教师切不可如临大敌，而要以平和、自然的态度来对待他们，尽可能把这些问题行为看作人生过程中的一点小插曲，而不是所谓“恶劣本性”的自然流露。教育工作者在对学生进行评价、批评、惩罚和做出一定裁决与判定之前，一定要慎重，切不可轻易地给他们扣上大帽子，如“懒虫”“小偷”“笨蛋”或“朽木不可雕也”等，以避免太多的“自证预言”的实现。

一些青少年之所以成为违法犯罪者，往往是由于家庭中的父母、学校里的教师、警察机关，以及犯罪矫治机构在处理个人越轨行为时对行为人贴上了“坏”的标签。同样，教师、家长、同伴等对学生贴标签也一方面导致学生本人在不知不觉中捍卫自我形象，确认自己是“坏人”；另一方面导致社会给予学生不良评价，把他们当作危险人物，或歧视，或排斥，进而促使他们在歧途上越走越远。

教师还要做好与“问题学生”有关的非正式群体的工作。被贴上“问题”标签的学

生，或多或少会受到其所在的正式群体的轻视或遗弃，在归属感和自尊心受到创伤的情况下，他们被迫与其他“问题学生”为伍，组成非正式群体，并形成以叛逆为主要特征的“问题学生”亚文化。在此群体中他们由于其个人的问题行为得到其他成员和亚文化的支持和认可而获得自居作用和满意体验，从而强化了他们违反社会和学校规范的意愿，极易导致问题行为的重复出现。教师要重视并抓好非正式群体的教育工作，要帮助“问题学生”客观地分析他人的看法对自己行为的影响，逐步引导他们恢复自信，锻炼和提高他们对贴“标签”过程的抵御能力，让他们以实际行动向周围的群体和机构证明自己仅仅是初级问题行为者，改变别人对自己的刻板印象。在不断强化别人对自己的积极认可的过程中，逐步走出被贴标签的阴影和恶性循环的怪圈。[①]

教师应当善待偶发的初次问题学生，在对他们实行批评、评定、惩罚之前要慎之又慎。随意性的斥责和处罚更容易使他们在违法犯罪道路上越走越远。日常活动中，教师应当弱化对“问题学生”的消极性暗示，减弱所谓的“问题学生”与正常学生的“隔离感”“差异感”，尽可能使他们与其他同学融为一体。

---

① 马向真.社会标签理论对学生“问题行为”的解读与启示[J].西北师大学报(社会科学版)，2004(6).

## 主题八

# 小学德育的困境与探索

德育的理想与现实

- 当代德育的困境和矛盾
- 德育困境背后的社会历史根源和人性根源
- 德育发展趋势探索的思路和实践

## 第一节　小学德育的困境及解读

### 一、记者观察：陷入困境的当代未成年人德育

新华社记者对昆明市未成年人德育的调查发现，当前的德育面临着“榜样过于高大”、“德育生态不平衡”、“德育实践萎缩”、“德育教师素质有待提高”、“学校德育与社区缺乏联合”等问题。

榜样过于高大指的是我们为小学生树立的榜样实在太完美，太高大，这使小学生德育陷入一个不断重复的怪圈：小学生可以在校园内完美地模仿榜样，但在校外却可以彻底忘却榜样。昆明市五华区德育先进学校——红旗小学校长王玲日前很不客气地说，德育课程动辄让孩子学雷锋，学赖宁——其实这样的榜样太“难”模仿。四年级学生雷思承认，在学校可以按照老师的要求，学雷锋，学榜样，学得毫无瑕疵，而且深知这样的模仿深受欢迎，但回到家就完全变了。“因为家里不需要模仿。很多事情大人都做不到，我做了也得不到表扬。”他说，“做榜样太累了！”

德育生态不平衡指的是学生在校园中接受的是“最完美”的德育，善良、关爱、高、大、全……但走出校门往往让他们手足无措，贪婪、丑陋、愚昧、暴力……校内校外的德育生态目前越来越不平衡。不少德育工作者指出，当前德育工作的一大难题是如何将校园内外的鸿沟抹平。不少小学生告诉记者:现实的丑陋让他们只能选择沉默。“老师讲的那些互相关心,互相体谅,尊老爱幼在外面根本没用。被别人欺负,你要是报告老师,他就见你一次打一次。老师管不了,报告老师还有什么用?”

德育实践萎缩指的是学校德育出于各种顾虑,不太愿意也不太敢组织各种校外实践活动。昆明市先锋小学教务处处长邱卫非常怀念20世纪90年代前的德育工作:“我们可以组织学生春游、秋游,可以组织学生到炮兵旅参观,到陆军学院打靶,到爱国教育基地轮流参观。德育必须寓教于乐,这样的德育才能事半功倍。”由于“安全顾虑”,各校组织活动缩手缩脚,德育工作者们不可避免地开始闭门造车。

德育教师素质有待提高指的是德育教师素质差强人意、效率低下、手段生硬。学校教育总喜欢闭门造车,自以为是,教育工作者很少倾听学生的声音,并不喜欢和学生交朋友,即便对学生有相当了解,也往往面临缺乏足够理论支持的尴尬窘境。

## 二、教师视角

上饶县的一位教师关于德育的感受令人深有同感,他认为当前的德育主要存在以下方面的困惑:首先,家长对孩子教育责任的主动放弃,导致学校教育缺乏家长的支持与配合;其次,教师在学生及家长心目中的权威下降,教师的清贫极大地动摇了教师的威望和影响力;再次,黔驴技穷,面对孩子思想品德的反复与倒退,加之社会环境的道德滑坡,教师既缺乏有效的教育手段,更缺乏教育的信心。①

部分家长或者因为忙于生计或赚钱,或者是因为缺乏教育孩子的责任感和能力,导致对孩子的教育问题尤其是品德问题不闻不问,完全把孩子推给学校和教师,对教师和学校的相关工作不感兴趣,缺乏配合的意识和耐心。

另一方面,功利主义大潮下,金钱至上的观念流毒甚深。教师因为其收入和社会地位不高,在家长和学生心目中的社会地位和威望大打折扣。最让这位教师感到难堪的是学生问他:“我爸爸是初中毕业,每年能挣十几万。老师,您一个月多少钱?!”这种情况下教师的思想教育工作很难有什么影响力。

与此同时,部分学生因为家庭的影响和社会不良风气的熏陶,再加上自己的种种原因导致品德发展状况令人担忧,更重要的是,这些学生往往难以接受甚至直接拒绝教师的思想品德教育,而如果教师缺乏相关的知识、能力和理念,则更加剧了这部分学生的思想品德工作的难度,这种状况也让教师们对思想品德工作视若危途,避之唯恐不及。

在农村的许多地方垃圾遍地,污水横流,道路坑洼不平,宗教迷信活动盛行,随处可见麻将场、赌博场。学生在校期间学校和教师要求他们“五讲四美三热爱”,可是回家以

---

① http://blog.sina.com.cn/s/blog_606cea610100g0ly.html. 2009-11-22.

后，所耳闻目染的却是脏乱的环境、龌龊的世风，这些学生，又如何能做到"出淤泥而不染"呢？

## 三、政协和民主党派的调查

中国民主促进会（民进）阳泉市委员会与阳泉市政协文教委员会对阳泉市德育工作进行了较大规模的调查，归纳出了阳泉市德育工作的主要问题：首先，应试教育极大地挤压了德育的空间，德育工作被边缘化。其次，德育目标过高，偏离实际；第三，德育渠道和方法存在重形式、轻实效，重堵截、轻疏导，重言教、轻身教等问题；第四，德育工作分工过细，德育工作缺乏各方面的支持。①

目前德育工作是说起来重要，干起来不重要，学校教育工作尤其是中学教育工作的重心依然是应试教育，德育工作的重要性依然没有得到学校、教师和家长的高度重视。所谓"不能输在起跑线上"与品德和德育没有丝毫关系。另一方面，德育工作曲高和寡，无论是目标还是内容大多是阳春白雪，与学生的日常生活相距甚远，存在重思想政治教育，忽视日常道德行为教育的倾向。

"重堵截，轻疏导"指的是学校习惯于调动一切力量，全力以赴把所有的消极因素消除干净，最通行的方法就是颁布各种"禁止"性的规范，禁止玩电子游戏、禁止上网、禁止破坏公物、禁止打架抽烟等，缺乏必要的疏导，易使学生产生对抗情绪，激化矛盾。

学校德育的另一个较为严重的问题是，德育工作力量单薄，缺乏群众基础和各方面的支持，似乎德育工作就是政治教师、班主任、党团队、政教和学校领导的事，学校其他人员都与此无干，导致德育工作孤军作战。

## 四、理论研究者的归纳：当代学校德育的几大矛盾

学者杜时忠把当前德育面临的矛盾归纳如下②：

1. "德育首位"与"德育无位"的矛盾

一方面是党和国家领导人以及党中央、国务院的文件精神对学校德育的重视，把德育提到了"为首"的高度；另一方面是在教育实践中，德育却处于"说起来重要，干起来次要，忙起来不要"的尴尬地位。

2. 德育政治化与德育生活化的矛盾

德育的政治化指的是德育的政治价值被高估和强调，看不到或者不愿意承认德育也应该为学生的健康成长服务，为学生的幸福生活服务。这导致德育越来越脱离学生的实际生活，越来越形式化，成为一种对上负责而对下不负责的"应景之作"。

---

① http://blog.sina.com.cn/s/blog_451df7a20100gj4b.html. 2009-11-26.

② 杜时忠. 当代学校德育面临的十大矛盾[J]. 当代教育论坛，2004(12).

3. 德育万能与德育无能的矛盾

德育万能可以理解为方方面面对德育价值的认可和重视，也可以理解为方方面面对德育价值的过高期许。德育无能则可以理解为德育实践的低效甚至是无能。主观上和“应然”状态的德育万能，与实际德育低效、德育无能构成了我国德育的“独特风景”。

4. 思想统一与价值多元的矛盾

新中国成立以来，在思想观念和价值导向上，学校德育一直坚持爱国主义、集体主义和社会主义的“主旋律”。另一方面，当代中国阶层分化日益明显，相应的价值多元化趋势也日益显现。在一个价值多元的时代，学校德育如何把人们的思想统一到“主旋律”上来呢?

5. “大德育”与“小德育”的矛盾

我国现行德育内容包括了政治教育、思想教育、道德教育、法制教育和心理教育五个大的方面，所以也被称为“大德育”。但是这五个方面内容不同、性质各异，教育策略也不尽相同。德育实践采用同一、统一的方式方法，势必会导致削足适履。因此，越来越多的人呼吁“小德育”即德育就是道德教育(moral education)。不过，“小德育”能够避免“大德育”所存在的混乱，却无法全面概括我国学校德育承担的任务。

6. 学校“主渠道”与校外影响之间的矛盾

学校教育依然是学生道德发展的“主渠道”，但这种“主渠道”的影响力正在不断衰减。目前的现实是学校讲集体主义，家庭行个人主义，社会兴利己主义；与此同时，现实生活中的经验在学校又得不到承认。这种德育与社会的脱节、学习与生活的分离已经造成了学生对学校、对社会的道德“信任”危机。

## 五、小学德育困境解读

记者、一线教师和政协的有关德育困境的观点有许多相同或相近之处，归纳起来主要包括德育目标问题、德育内容问题、德育方法问题、德育工作者素质问题和德育生态问题等几个方面。

1. 小学德育中的目标以及榜样的“高大全”问题

这与儒家文化传统的精英主义追求有关。儒家传统文化一直把培养“君子”作为教育的目标，把八目即正心、诚意、格物、致知、修身、齐家、治国、平天下作为道德修养从低到高的阶梯，把治国平天下作为最终目标，拒绝承认人性的弱点，不屑于甘于平庸，不屑于日常生活中的柴米油盐酱醋茶的俗务，言利者一概被视为“小人”，只有那些胸怀天下，“先天下之忧而忧”的“君子”才是人生应当的追求，才是教育的目标。问题在于，道德一旦走上“高大全”的路子，就会成为圣人、精英的专利。对普通人来讲，道德就会变得可望而不可即，道德只能沦为某些精英人物的时髦话语，而当这些话语与权力结合，必然导致虚伪盛行和流行。

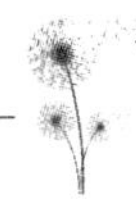

2. 德育内容问题

传统德育也被称为"知识中心主义"或"主知主义"，指的是传统德育过于重视道德知识的学习和记忆，相对忽视道德实践的要求和训练，导致把德育及道德当成一门"课"来上，完全忽视了德育和道德的实践本质。传统德育的"知识中心主义"或"主知主义"理念的流行可能与两个因素有关：

一是知识与权力的联姻。权力的知识化始于科举制度，知识的多寡成为选拔官吏的标准，这也意味着知识的多寡代表着地位的高低和权力的大小。道德修养的个人化与道德判断的困难也使得对道德知识的衡量成为评价个体道德发展的唯一依据。关于道德的知识遂成为各方面关注的重点。

二是人性本善的观念。这一观念代表了儒家对人性抱有积极的乐观主义的判断，传统儒家认为人只要懂得了道德、懂得了道理，就必然遵循道德和道理，表现出善的德行。这与苏格拉底的观念不谋而合，苏格拉底认为知识即美德，没有人为有意为恶。按照这一观念，道德学习的主要内容即关于"善"的知识。

3. 德育方法简单化问题

德育方法简单化与德育工作者的专业素养有关，也与道德政治化、神圣化有关。一方面，教师缺乏相关的知识、能力和观念，即使具有丰富的能力和方法储备，也难以应对复杂的、差异化的道德实践和道德个体；另一方面，因为道德本身的地位和神圣性不容置疑，也就难以容忍理性的批判和怀疑，除了死记硬背、盲目遵从外，也实在是找不到更好的办法了。在道德政治化、神圣化的光环下，道德已经成为鲁迅先生所谓的"吃人"的工具、控制的工具，已经完全失去了人性智慧的光辉。

4. 德育工作者的道德素养问题

在传统中国文化条件下，道德享有极高的地位。从董仲舒"罢黜百家，独尊儒术"开始，道德就与政治联姻了，儒家的道德精英主义与政治结合，构成了传统中国文化的一个重要特征"道德政治化"。道德成为考量人才的重要依据和标准，道德也借政治的力量渗透于民众的日常生活，也控制了民众的日常生活。按照儒家的理想标准，各级权力位置"唯有德者居之"，道德文章成为选拔官吏的重要标准。反过来，权力也披上了道德的外衣，没有人怀疑过"大人"的道德形象(儒家认为君子有三畏，其中之一就是"畏大人")，这也就意味着所谓的"大人"当然地享有道德特权。身居末位的"小民"在道德面前，在所谓的"大人"面前，除了匍匐在地，除了俯首帖耳，还有什么选择？相对于学生而言，"大人"即教师的道德形象是不证自明的，学生既没有怀疑的可能，也没有质疑的必要。在这种情况下，教师本身的道德素养是不可能受到质疑的，就提升道德素养而言，教师既缺乏内在的动机，也缺乏外在的压力。

5. 德育生态问题

德育生态问题可以简单地理解为学校内部德育的内容和要求与学校外部现实环境之间的差异问题，即学校德育向学生宣传、灌输的观念与学生现实生活之间的距离过大，导致学生在学校德育的理想主义要求与当下现实生活的压力之下无所适从。从这个意义上讲，德育的生态问题一方面与学校德育目标的过于理想化有关，另一方面也与当下社会因为商品经济的发展、功利主义思想的膨胀导致的道德滑坡有关。

## 案例一："孔融让梨"的困惑——该不该让梨？

**编者按：**关于孔融该不该让梨问题的讨论表面上是对传统美德的质疑，本质上反映的是当代社会多元价值观之间的碰撞。在这种价值多元的情况下，德育是否还应该坚守，应该坚守什么，值得深思！

上海一名小学生在回答语文考试题中的"如果你是孔融，你会怎么做?"题目时称"我不会让梨"，被老师打了大大的叉。这名小学生很委屈，认为 4 岁的孔融其实并不会这样做，坚信自己没有答错。这件事情被传到网上，引起广泛热议。[①]

观点一：不妨变"孔融让梨"为"与人分享梨"

"文以载道"是我们的传统之一，它能源远流长几千年，自有其合理性。具体到流传了一千多年的"孔融让梨"故事，其中蕴含的"仁者爱人"的儒家道德理念，也不能说就是迂腐的。不少网友说，不能拿圣人的标准要求如今的孩子，这话没错，可就算无法成为圣人，了解圣人如何为人处世也未必就是坏事。即使在教育理念最为宽松的美国，其小学课本里也不乏类似的道德灌输。

从这个角度说，阅卷老师对"孔融让梨我不让"打上叉，是在执行其教育任务。如果要说欠缺，该老师缺的是一份教育的智慧，他只知道忠实执行教学大纲，而忘了教学除了判断学生答题的对与错，更在于教化、引导孩子心智的全面成熟。

所以，如果是一个有经验有爱心的老师，他会采取更有技巧的办法，在表扬这名小学生说出心里话的同时，也委婉告知：如果和其他小朋友分享梨，把一个快乐变成两个快乐，岂不是更好？从传统儒家理念的"孔融让梨"到颇具现代气息的"分享梨"，这是灵魂工程师的价值所在。

观点二：当"孔融让梨"成标准，答案也就只有一种

从人性的角度来看，人都是自私的，人也都渴望拥有更好的。当一个小孩去伸手拿最大的梨时，只能说他没有做违背自己的内心，而是真实地表达出了自己的内心想法。如果你以此来评判一个小孩的对与错，其本身就是一种错误。

其实，谦让是美德，诚实亦是美德。既然同样都是美德，何来对与错，又何来优与劣？你若批评了诚实，虚伪就占了上风；你若批评了谦让，自私就占了上风。由此可见，两者并没有什么对与错，两者也不应该放在一起进行是与非的比较。

---

① http://edu.sina.com.cn/zxx/2012-04-20/1024335127.shtml.2012-04-20.

由此可见,唯一有错的,并不是我们的孩子,也并不是我们的老师,只是错在我们的教育上。在我们的教育理念中,标准答案都是正确的,也是"颠扑不破"的真理。我们必须跟着标准答案走,否则你无论怎么做都是错误的。应试教育泯灭了人的个性,久而久之我们就都被培养成某种模式所灌输出来的"标准答案"。

观点三:强迫孩子学孔融,教育该被判错

笔者首先想问那名孩子的老师,在你面对评先树优,面对各种物质奖励时,你会不会让"梨"呢?即使你能做到,你会教育那些同事都这样做吗?如果这些你都做不到,你又怎么能苛求一个只有几岁的孩子让梨呢?一个梨对几岁的孩子诱惑是成人难以想象的,每个孩子都能做到让梨也就表现不出孔融谦恭的伟大了,即使孩子不让梨显然也是情有可原。

社会转型期的学校德育教育陷入困境是事实,但是谎言堆积充斥着德育课堂显然也不是教育之幸。杭州几位语文教师就经过调查发现《爱迪生救妈妈》《华盛顿和樱桃树》等人们熟知的故事,要么查无凭证,要么根本经不起常识常理的推敲,一度引发热议。笔者认为,在被谎言充斥的社会里,恪守内心诚实的底线才是最重要的。

观点四:"不能不让梨"是"泛道德化"的恶果

因为其中的"尊老敬长"之意,使得孔融让梨的故事千百年来一直为人津津乐道,不仅被写进了古代儿童启蒙读物《三字经》,也写进了现代的小学语言课本。不过,仔细推敲起来,有些问题值得深思,如果让梨是一种美德,那么,不让梨是不是失德呢?

"泛道德化"倾向即给一切事物都赋予道德性,某个事物接受或不接受、做或不做都与道德与非道德联系起来。"泛道德化"的结果就是,学生们真实的想法不敢或不能被表达出来,反而为了迎合某种主流观点或道德判断标准而说一些违心的话。"如果你是孔融,你会怎么做",这样的问题本身就是开放式的,不可能有标准答案。回答"不让"的学生,在生活中未必真的不让,而如果标准答案要求必须填"让",那么,回答"让"的学生,在生活中却未必真的会让。与其让学生违心地按标准答案回答,不如鼓励他们说出自己的真心话——了解学生们的真实想法,恰恰是进行针对性教育的基础。

(作者:张楠之)

## 案例二:理想主义的德育与现实主义的社会的冲突

### 一、该不该教育学生"见义勇为"?①

近日,在武汉,一小偷用镊子当街夹某女钱包,被事主发现并夺去镊子,小偷反当众羞辱该女并抢回镊子。围观者虽众,竟无人相助,反有人劝道"你还给他算了"。这让我

① http://news.sina.com.cn/o/2004-10-03/11103828611s.shtml.2004-10-03.

想起另一件事——一年前，北京新的《小学生行为规范》中，去掉了"遇见坏人坏事敢于斗争"一条；同时，将"见义勇为"驱出《中学生行为规范》；更彻底的是，很多学校还将小英雄赖宁画像也"请"出教室。据说，这些做法得到了媒体的普遍赞同，认为中小学道德教育"更加人性化"了。

两件事情本来关系不大。然而，如将二者联系起来思考，社会的懦弱和冷漠与我们的教育之间的因果关系，便显得意味深长起来。

不错，让手无缚鸡之力的中小学生去见义勇为确实有些危险和"不人性化"。然而，当舆论一致普遍叫好时，却没有人想到：有一天，孩子们终会长大，我们不能指望他们身强力壮后，某一天他们的大脑中突然就凭空产生"见义勇为"、"敢于斗争"等崇高观念。当前本来就存在社会道德滑坡的问题，此时，又草率将"见义勇为"、"敢于斗争"从儿童德育中驱除，岂不是雪上加霜？

其实，所谓"见义勇为"、"敢于斗争"，对儿童来说，象征意义远远大于实际意义，它更多是一种对正气的弘扬和培养。相反，如果轻率地否定这些观念，虽然在客观上可能会减少儿童"做傻事"的概率，却可能产生两个恶果：其一，孩子从小就"正气缺失"；其二，使"打不过坏人就自保"的潜观念显性化，进一步遏制整个社会见义勇为精神的勃发。

（来源：广州日报）

## 二、该不该教育孩子"乐于助人"？①

日前，河南省平顶山市中级人民法院一审判决了一起强奸案，摧残了13名少女的吴建廷被判处死刑，剥夺政治权利终身。人们在为"禽兽"受到严惩称快的同时，也在担忧："有陌生人向孩子求助时，孩子难道不该助人为乐吗？"

吴建廷是平顶山市湛河区北渡镇农民，现年36岁。从2000年8月12日至2002年8月5日两年间，他连续采用暴力、胁迫手段，奸淫少女13名。据法院查明，其每次犯罪得逞，竟都是利用少年儿童乐于助人、天真无邪的特点。

与别的同类案件有所不同，吴建廷实施犯罪都是在白天。他先从市内公园、新华书店、小学附近、街头等公共场所将孩子诱骗到偏僻的地方，之后便凶相毕露对女孩子实施性犯罪。他诱骗少女的方法很简单，却十分奏效。他要么告诉孩子，他的钥匙丢了，需要帮助寻找；要么告诉孩子，他有一个和其年龄相仿的女儿，但她生病了，不吃药，需要小朋友去开导安慰她；要么告诉孩子，他的女儿天真可爱，希望和其交朋友……

听了吴建廷的谎言，孩子们居然都会轻易地相信，并产生要"助人为乐"的念头，从而轻易地被吴建廷从热闹的公共场所用自行车、摩托车、汽车等带到偏僻处。

吴建廷虽然必将为自己的"兽行"付出代价，但对孩子们的摧残却难以弥补。吴建廷强奸案引出了对孩子德育教育的困惑，引起了很多有良知、有正义感的人们的忧虑。

"怎么会是这样？看来我们家长还真得对孩子进行安全教育。不过，该怎么教育

① http://www.people.com.cn/GB/shehui/1063/2183580.html. 2003-11-12.

呀？难道要教育孩子们不再助人为乐？那孩子们不就会变得越来越自私了吗？”这位家长的担忧几乎代表了所有家长的心声。

平顶山雷锋小学是河南省唯一的以“雷锋”名字命名的小学，对学生进行美德教育是该校的一项很有传统的工作。该校教师高俊玲听了吴建廷案后，同样困惑不已：“俗话说，‘路见不平，拔刀相助’，见义勇为是中华民族的传统美德。可现实生活中见义勇为者的境遇往往不妙，甚至可以说非常凄惨。比如本案中那些受害的孩子们，她们的不幸遭遇，不仅会让她们稚嫩的心灵对助人为乐产生排斥，她们的家人、同学、朋友们同样也会对助人为乐产生怀疑：助人为乐怎么会不对呢？我们作为教育工作者，对于孩子们的这种诘问，该如何回答呢？社会的日趋复杂，事实上也正在向传统道德教育发出挑战。我们必须正视这个问题。”

（来源：人民日报，作者：何向东）

## 第二节 德育的伤痛：农村留守儿童群体问题

来自全国妇联的数据显示，我国农村留守儿童数量已达 6 102.55 万，其中独居留守儿童已达 205.7 万，留守儿童的心理和情感贫困程度比物质贫困更为严重。2014 年 5 月，共青团中央中国青少年研究中心组织实施了“全国农村留守儿童群体状况调查”，并最终形成了题为《农村留守儿童存在的九个突出问题及对策建议》的课题报告。我们编发此报告，目的是呼吁全社会都来关心农村留守儿童这一特殊群体，关注他们学习、生活和心理面临的诸多问题。其中的许多问题都与德育相关，摘编如下：①

1. 留守儿童的学习成绩较差，学习兴趣不足

留守儿童学习成绩较差，有 20.4％的留守儿童自评学习成绩偏下，82.1％的人有过成绩下降的情形。留守儿童学习不良行为较多：没完成作业（49.4％）、上学迟到（39.6％）、逃学（5.5％）的比例分别比非留守儿童高 8.6、4 和 1.3 个百分点；不想学习（39.1％）和对学习不感兴趣（43.8％）的比非留守儿童高 5.6 和 3.2 个百分点。

2. 留守儿童社会支持较弱，心理健康问题比较突出

30.5％的留守儿童认为校园里或周边有不良帮派团伙，25.7％认为有同学加入不良帮派团伙，分别比非留守儿童高 4.3 和 1.4 个百分。老师对留守

① 为留守儿童守住一片天——关于农村留守儿童群体存在问题及对策的调研报告[N]. 光明日报，2015-06-19.

儿童的支持更多地体现在学习辅导上，情感支持相对欠缺。此外，还有17.6%的留守儿童表示社会支持主要来源是自己，这表明他们感知不到社会支持。社会支持弱化使得留守儿童消极情绪更多，经常感到烦躁(46.0%)、孤独(39.8%)、闷闷不乐(37.7%)，以及经常无缘无故发脾气(19.7%)的都多于非留守儿童。

3. 留守男童问题行为令人担忧

留守男童问题行为多，学习及校园生活中的障碍也多。留守男童迟到(41.8%)、逃学(7.4%)、受老师惩罚(73.5%)的比例比非留守男童高5.3、1.9和5.4个百分点；不想学习(40.4%)、对学习不感兴趣(44.8%)、很难集中注意力学习(64.4%)、没完成作业(54.8%)、成绩下降(83.2%)的比例比非留守男童高3～10.7个百分点，也都高于留守女童。

某县综治委的同志说，留守男童是当地青少年犯罪的重要群体，称他们为“110的后备大军”。其原因：一是缺乏有效的监管，这是留守男童不良行为相对突出的直接原因。男生成熟较女生晚，更需要来自父母的监控，否则在日常生活中难以养成良好的行为习惯，难以理解、掌握和内化社会所提倡的价值观念、行为规范和道德准则，从而导致价值观和行为偏差。数据显示，留守男童更赞同诚实守信的人容易受欺骗(55.1%)、一夜成名的人令人羡慕(47.1%)和做好事经常得不到好报(39.0%)等说法，比留守女童高4～6个百分点。

二是家庭中父亲角色的缺失对留守男童影响较大，本次调查中有91.9%的留守儿童父亲外出或双亲外出。父亲外出缩小了儿童的生活和活动空间，也使得家庭中缺少权威形象，使男孩的管教和监督变得更为困难。此外，对于男童而言，父亲还提供了男子的基本模式，供其参照和认同，父亲远离不利于留守男童的性别认同。

4. 父母外出对小学四年级儿童影响更大

在四年级到初三6个年级的留守儿童中，过去一年，有3.6%的四年级儿童遭遇触电，比例最高；而非留守四年级儿童为1.5%，比例最低。在上网的留守儿童中，有26.9%的四年级儿童玩网络游戏，9.9%在网上浏览色情暴力内容，在6个年级中位于前两位。此外，有10.6%的四年级留守儿童在生病后选择自己忍着。

因为觉得这个阶段的孩子长大了，已经适应校园生活而又尚未面对升学压力，外出父母及代理监护人容易对其放松监管。这不仅使得他们更易遭受意外伤害，也忽视了他们一些不良品德和行为的滋生和发展。按心理学家皮亚杰的划分，十岁左右的儿童正处于道德水平从他律向自律过渡的关键阶段，需要更多的关注和引导。

感觉父母外出后自己更容易被欺负(23.7%)、被歧视(19.8%)、性格比原来内向(41.7%)、胆小(18.9%)的四年级留守儿童比例在6个年级中也最高。

他们经常想念父母(76.7%)、担心见不到父母(59.2%)、担心父母不爱自己(34.6%)的比例最高,比初三学生高21.3、25和11.1个百分点。

(中国青少年研究中心,张旭东　孙宏艳　赵　霞)

## 第三节　突破德育困境的尝试

鉴于当前德育的困境及原因的分析,许多机构、学校和研究者提出了多种的探索路径。这些思路大体可以归结为以下几种:

一是"大德育"与"小德育"的厘清:政治教育、思想教育与道德教育的分离。这种分离不是简单的切割,而是在厘清的基础上,分别采用不同的内容、途径与方式,避免一刀切、一锅烩,政治教育、思想教育、道德教育包括心理健康教育各行其道、各司其职。这方面的典型尝试是《新公民读本》的探索和发行。

二是道德教育的生活化:把道德教育定位于"好人教育",即愿做"好人"和会做"好人"的教育。把道德教育与学生的日常生活紧密结合,把道德教育变成学生日常生活的指南,引导学生过一种道德的生活。

三是对弱势群体的社会支持。道德教育的核心目的在于学生的身心健康发展,在于学生的道德成长。弱势群体尤其是农村留守儿童,既缺乏父母的陪伴与关爱,容易受到各种不良社会影响的侵袭,也缺乏学校与社会的关注与支持,容易导致消极情绪情感的唤醒与累积,进而容易导致问题行为乃至越轨行为的发生。对弱势群体的社会支持能够满足学生的心理需求,避免消极情绪的唤醒和累积,有助于学生更好地融入社会,完成其社会化进程。

### 一、《新公民读本》的探索

1. 从《新公民读本》到公民教育

培养合格的社会公民是现代教育的终极目标。2005年末,由北京大学出版社推出的八册系列丛书《新公民读本》小学版正式出版,其内容全面体现了公民教育的框架,被学界称为新中国成立以来"第一套针对中小学生的完整意义上的公民教育读本"。

这套丛书基本立意在于,以世界眼光和历史视野审视中国的现实教育,试图突破和超越传统的德育教材和政治教材,充分突出人类普适的价值观念,充分突出中国优秀的传统道德教育资源,充分突出公民的权利、责任和参与意识,立足于民族化、本土化,以强烈的时代感、高度的前瞻性和全新的教育理念,力求为中国公民教育探索一条更容易深入人心的新路。

《新公民读本》内容之"新"表现在四个方面——公民道德:有仁爱、宽容、感恩、友谊、尚礼、诚信、责任、尊严、合作等主题；公民价值观：有自由、平等、人权、民主、法治、正义、和平、爱国、追求真理、与自然和谐相处等主题；公民知识：有国家与政府、民主政治、政党制度、司法公正、社会公共生活、公民的权利与责任等主题；公民参与公共生活的基本技能：有与人沟通、演讲、讨论、组织活动、参与选举、处理纠纷、维护权益、向责任部门或媒体反映问题和提出建议等能力。

循序渐进是这套丛书在内容编排上的明显特征——小学三四年级主要学习做学校的小主人，学习仁爱、交友、礼貌、规则、守时、友爱、自我保护等；小学五六年级主要学习诚信、热爱自然、性别平等、民主与协商、维护儿童权利，了解怎样打官司、政府的钱从哪里来的等；初中阶段除了继续培养公民道德外，还着重培养自尊、自信、理性精神、公益心，认识契约、正义、宪法、选举、全球化和多元文化等；高中阶段比较深入地讨论公共领域和生活领域中的公民道德、公民的政治生活及法律生活。

为了便于中小学生接受，读本在逻辑结构上，依据这四方面内容及其相关主题，按照学生由个体→家庭→学校→社区→国家→世界这样的认知规律，从小学、初中到高中，试图由浅入深又系统准确地诠释公民教育的目标：传播公民知识，培育公民意识，张扬公民权利，呼唤公民责任，为21世纪中国培养合格公民。

此外，读本还在打通政治教育、道德教育、法制教育和社会教育方面有所努力，并增加了诸如生态教育、国际合作和理解教育等新的教育内容。因此，这套丛书既可作为单独开设的校本教材，也可作为现行思想政治、法制、道德教育的辅助教材，还可作为学生自学的课外读物。

回顾新中国近半个世纪的课程体系，一个政治教育取代公民教育的大转换轨迹清晰可见。尽管“公民”与“政治”相关，但概念却大不相同，公民教育主要强调个人与国家间的权利和义务，而政治教育所培养的则是“接班人”、“建设者”和“螺丝钉”。

思想品德教育强调个人对国家、社会的服从和责任，公民教育则以公民的权利和义务相统一为基础，去理解个体与国家、社会的关系和责任；思想道德教育包括了执政党的政治倾向、主张和价值取向，公民教育则以公民社会的要求为基本取向；思想道德教育是以应然的道德性为本，公民教育则以实然的合理性为本。以公民道德为例，思想道德教育追求先进性的完美道德，公民教育则要求公民应当遵循最基本的道德。

2. 走出德育困境的尝试：《新公民读本》的探索①

传统德育教材对孩子的期望值极高，期望他们将来都当圣人，“修身、齐家、治国、平天下”。然而，正如雨果所说：“做一个圣人，那是特殊情形；做一个正直的人，那是为人的常规。”长期以来，我们的传统德育，恰恰忽略了最基本的“为人的常规”。成年人“圣人”的崇高道德理想常常被作为教育孩子的目标，以至于传统德育总是“一壶永远烧不开的水”，用力甚巨而收效甚微，使德育工作者十分尴尬。学生对学校德育不怎么“买账”，这和传统德育要求过高、说教过多、脱离学生实际、学生缺乏道德体验等有直接的

① 走出传统德育的困境：《新公民读本》的探索[N]. 中国教育报，2005-12-29(006).

关系。

《新公民读本》不期望每个孩子都成为圣人、伟人、超人。她主张让孩子们根据自己的兴趣和特长立“普通”之志，做快快乐乐的“凡人”，快快乐乐地读书，在点点滴滴的生活体验中，懂得责任、爱心、尊严，拥有良好的心智、健全的人格，具备合格的现代公民道德素养。

公民教育不是“圣人”教育。公民教育的首要目标不是培养圣人，而是培养合格公民。这并不是说我们反对“圣人”。社会多一些“圣人”固然好，但我们不能期望每个学生都成为“圣人”。我们只有立足于公民教育，培养学生的公民意识，传统德育才能找到走出困境的突破口。

## 二、生活德育的探索

生活德育是“通过具体道德的生活来学习道德……是从生活出发、在生活中进行并回到生活的德育”①。生活德育着眼于学校日常生活，强调学校教育气氛、同伴关系、同伴群体等非制度的、日常的社会关系与互动的德育意义。“生活德育模式就是按照受教育者身心发展规律，以受教育者的生活为出发点和落脚点，通过践行德育，进而关注受教育者生命自由成长、德性养成的德育新模式。”②

生活德育模式首先源于对德育政治化的超越。德育政治化或政治化德育所遵从的是政治逻辑，把学校德育完全变成了现实政治的附庸，它有三个特征：一是试图把所有学生培养成共产主义者，毫无现实可行性；二是德育内容被严重窄化，只剩下单调乏味的政治教条；三是德育方式的运动式与成人化。③

生活德育的另一个来源是对知性德育的超越。知性德育是指在德育过程中过分强调道德知识、品德知识的传授，把德育简化为道德规范、道德知识的传承。知性德育的显著特征就是对受教育者系统进行主流价值观和伦理观的传授与强化。知性德育忽略了德育过程与智育过程的区别，过分强调教师的主体，忽视学生的积极性、主动性，不利于学生的道德判断能力和分析处理道德问题的培养，易造成学生知行脱节的倾向。同时，知性德育常常以灌输、死记硬背的形式让受教育者接受，易导致受教育者对德育的反感，产生负作用。再者，知性德育过度重视道德知识的传承，却远离了学生的现实生活，失却了对学生现实生活的引导和指导价值，道德成为外在于学生生命的牢笼和枷锁。④

生活德育强调，学校德育应从“天上”回到“人间”，要制订切实可行的德育目标，强调德育的目的在于“成人”本身，应真正把成人、人的生活当作德育的目的。生活德育理论指导下的《品德与生活》、《品德与社会》课程标准，基本理念就是“回归生活”，以生活为

---

① 高德胜. 知性德育及其超越[M]. 北京：教育科学出版社，2003：2.

② 任伟. 生活德育模式研究[D]. 山东大学，2009：10.

③ 杜时忠. 生活德育论的贡献与局限[J]. 教育研究与实验，2012(3).

④ 林宁. 从知性德育到生活德育的转化[J]. 青海民族大学学报(教育科学版)，2011(4).

本。生活德育论指导下的德育课堂形态由以道德知识教学为中心，转变为以道德主题活动为中心；德育新课程以儿童直接参与的丰富多彩的活动为主要教学形式，强调寓德育于活动之中。德育课程的学习，由传统生硬的记诵式学习，转变为旨在充分调动、发挥学生主体性的多样化的学习方式。[①]

## 案例一：生活德育："贤"致力行"奉"以出彩[②]

学校实施的"生活德育"，将德育从"说教"变为"力行"；教育从"概念"变为"生活"；培养从"外表"变为"自省"。尤其是充分利用"奉贤"的德育资源，注重从生活中引导，走出了一条学校德育让学生乐于接受、勤于体验的新路。

投入火热的生活：生活德育的来源。学校通过德育回归生活世界，丰富德育内容，拓宽德育渠道，开放德育途径，丰富德育形式，改进德育方式，从而实现四个"回归"：

一是德育从"假、大、空"向现实的"生活世界"回归；

二是德育从"学科世界"向"生活世界"回归，促使两个"世界"的统一；

三是德育从"知识世界"向"生活世界"回归，加强德育实践性；

四是德育从预设内容向真实"生活世界"回归。

学校构建以德育回归生活世界为切入点的德育模式，逐步形成学校生活、家庭生活、社会生活三大实施系列。

学校生活让德育充满活力。坚持开展一年一度的爱生节、体育节、传统文化节、感恩节、科艺节五大传统节庆活动，节庆的主题拟定、内容安排、项目策划、招标组织等，都在教师指导下由学生做主，让学生充分展示个性和特长，锻炼和提升自主发展的能力和意识，享受成功的喜悦。

家庭生活让德育贴近现实。开展"我为家庭添欢乐"、"今天我们怎样做儿女"、"双休日生活指导"主题活动，进行"家庭投资与理财"的课题研究，增强学生家庭责任感，提高生活自理能力。

社会生活让德育美化心灵。开展江南文化古镇行、红色之旅、军营一日、交通岗值勤、农村社会实践、见习居委会等校外活动项目，提升社会实践能力；成立志愿者服务队，长期为孤寡老人、烈军属、特殊学校学生奉献爱心；建立义工制度，规定学生必须完成一定学时的义务劳动，为受到资助的学生提供主动回报社会的机会。

---

① 杜时忠.生活德育论的贡献与局限[J].教育研究与实验，2012(3).

② 生活德育："贤"致力行"奉"以出彩[N].文汇报，2009-11-24(008).

## 案例二：把德育融于生活之中①

威海市环翠区提倡的“德育生活化”，就是将德育融入生活之中，融入学生成长过程的始终，让学生在具体的生活中如春苗小树般健康成长。

德育工作的生命在于贴近实际，环翠区教育局在各个学校实施的“三三八德育工程”和开展的“雏鹰争章”活动，把德育融于生活之中，真正实现了“德育生活化”的目标。

所谓“三三八德育工程”，就是在中小学实施“三件事、三尊敬、八学会”的做人规范要求。即在小学一年级至初中二年级的学生中，要求每天“帮助爸爸妈妈做一件事”，在初中三年级以上的学生中，要求每周留心记下“最感动的一件事”和“最让我深思的一件事”，并记在“人生笔记”自检本上。在做好三件事的同时，还要做到“三个尊敬”和“八个学会”。

“三个尊敬”即尊敬父母，尊敬师长，尊敬他人；“八个学会”即学会做人，学会做事，学会求知，学会思考，学会健体，学会生存，学会合作，学会创造。“三个尊敬”和“八个学会”是“三件事”的主体内容，是学生一朝一夕行为养成和品格形成的自律兼他律的道德规范。

环翠区各学校开展的“雏鹰争章”活动，就是引导孩子从小事做起，从身边事做起，把大的道德内容具化为思想教育、政治教育、品德教育、法纪教育和心理教育 5 个方面，量化为具体的小项目，要求学生从做好每一件小事入手，逐步养成良好的品德。学生每做好一项得章一个，每学年争得 8 个以上章的学生为“雏鹰标兵”。这样，空泛的德育目标就变成了学生生活实践的一个一个的具体小模块。有了“近、小、实、亲”的奖章，学生就有了摘食“桃子”的动力源与兴趣源，德育的目标就在学生自我追求中达到了。（本报记者陶继新）

## 案例三：杭州湾职校“101 个细节”让德育生活化②

近日，浙江宁波慈溪市杭州湾中等职业学校面向全校学生征集“金点子”，制订出了孝德教育的“101 个细节”。这些细节分为爱国、爱集体、爱家三部分，每部分都有对应的几十个细节，如爱国要做到“周一升旗仪式大声唱国歌，行注目礼”，爱家要做到“和父母打电话时不能先挂电话，等父母摁断了我们再挂断”等。

① 把德育融于生活之中[N]. 中国教育报，2004 - 01 - 14.
② 杭州湾职校“101 个细节”让德育生活化[N]. 中国教育报，2015 - 03 - 31(003).

占地300亩的学校,没有一名专职绿化工,校园的角角落落却绿意盎然;整个教学区的24个厕所,没有一名专职保洁员,洁净度却堪比星级宾馆;校园公共场所,没有一个流动垃圾桶,但地上难见一片纸屑……

从2011年积极探索与实践"德育生活化"以来,杭州湾职校所发生的一切改变了人们对职业教育的传统印象。

调查显示,杭州湾职校64个班级的2 800多名学生绝大部分来自农村。用教师们的话来说,"他们普遍内心自卑、生活习惯差、不愿读书"。相对普高而言,职校更需强调"立德树人",否则难免一些孩子会误入歧途。

为此,学校在教室、寝室、实训室等场所推行了7S管理,要求做到物品定位、有序排列。同时,学校还制定爱国主义教育30个细节,每班每周上1节军事训练课,对学生晨跑、早自习、上课、出操、实训实习、课外活动等进行指导和管理。一年下来,学生精神面貌焕然一新。

"地上有一片纸屑,一个脚印,虽然不起眼,但这说明自己的工作没做好。"这是杭州湾职校学生王辉在周记里写下的一句话,如今王辉已成为一家知名汽车厂商宁波分公司业务骨干,他坦言:"以前感觉做什么事情都有'差不多就行'的想法。但是现在,做每一件事我都会提醒自己要认真。"

在杭州湾职校,德育围绕着学生的学习与生活展开,渗透到各种小事与琐事之中。学校还调整了原有的值周班制度,实行德育实践活动周。每周轮流安排一个班级,由班主任带领,负责整个校园的洒扫、礼迎与督查。从那以后,校园里的绿化认养区承包给了每个班级,厕所卫生也通过招标交给学生打扫。

劳动实践周、军事化管理,严格的训练铸就了该校学生吃苦耐劳、严以律己、敢于担当的良好品行,毕业生也由此成为周边企业争抢的对象。

## 三、对留守儿童的社会支持

作为一个学术概念,社会支持最初源于20世纪70年代初精神病学关于生活压力对身心健康影响的探究。社会支持一般被看作个体从他人或其社会关系网络中获得的物质或情感方面的支持,这些支持可以帮助个体应对工作或生活中的问题与危机。

我国学者李强从心理健康的角度认为:"社会支持应该被界定为一个人通过社会联系所获得的能减轻心理应激反应、缓解精神紧张状态、提高社会适应能力的影响。"①社会联系是指来自家庭成员、亲友、同事、团体、组织和社区的精神上和物质上的支持和帮助。

一般认为,社会支持从性质上可以分为两类:一类为客观的、可见的或实际的支持,包括物质上的直接援助和社会网络、团体关系的存在和参与……另一类是主观的、体验

① 李强.社会支持与个体心理健康[J].天津社会科学,1998(1).

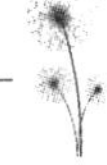

到的情感上的支持，指的是个体在社会中受尊重、被支持、被理解的情感体验和满意程度，与个体的主观感受密切相关。①

社会支持从内容方面可以分为四种：一是工具性支持，指提供财力帮助、物质资源或所需服务等；二是情感支持，涉及个体表达的共情、关心和爱意，使人感到温暖与信任；三是信息性支持，提供相关的信息以帮助个体应对当前的困难，一般采用建议或指导的形式；四是同伴性支持，即能够与他人共度时光，从事消遣或娱乐活动。② 从社会支持的主体来看，社会支持可以分为正式支持与非正式支持，前者是指来自正式社会系统如政府与各种正式组织机构的支持，非正式支持指源自个人社会关系网络如家人、亲友、邻居、伙伴等的支持。

良好的社会支持有利于身心健康。对于处于不利处境的留守儿童而言，及时、可靠、全面的社会支持对其身心健康发展的作用大致体现在两个方面，即一般情况下的增益作用和应激状态下的缓冲作用。具体说来包括以下三个方面：

(1) 社会支持能够满足儿童归属和尊重需要，帮助学生建立恰当的自尊，促进儿童产生较多的积极情绪体验，提高儿童的适应能力和主观幸福感。

(2) 社会支持能够为儿童提供较为丰富的信息资源，有助于儿童对日常生活事件的认识、理解和应对，避免不恰当的行为方式。

(3) 社会支持在一定范围内能够为儿童提供恰当的人力和财物资源，有助于提高其应对突发事件的能力和自信心。

## 案例四："代理家长"让留守儿童沐浴阳光下③

随着城乡一体化、城市化进程的加快，大批农民工进入城市打工或经商，其留在农村家中的未成年子女则成为留守儿童。由于亲情缺失和管理真空，留守儿童的健康成长与发展成为社会广泛关注的问题，一种名为"代理家长"制的模式在这种背景下应运而生。

鸣玉镇 412 名留守儿童有了"代理家长"：

去年才选派到重庆南川区鸣玉镇工作的陈美环是 2005 届大学毕业生。尽管陈美环还没谈过恋爱，她却有一个时时挂念的"女儿"。相处一年后，名叫路遥的"干闺女"已经习惯地趴在"干妈"身上撒娇了。在陈美环的教育下，小路遥养成了良好的生活学习习惯。每个周末，小路遥会来到"干妈"办公室认真做作业，听"干妈"讲故事更是路遥最高兴的事……这是鸣玉镇"代理家长"制的一个缩影。

① 汪向东等. 心理卫生评定量表手册[M]. 中国心理卫生杂志社，1999：128.
② 刘晓，黄希庭. 社会支持及其对心理健康的作用机制[J]. 心理研究，2010，(1).
③ 让留守儿童沐浴阳光下[N]. 工人日报，2006－12－03(001).

2005年4月，重庆南川区鸣玉镇就在该市推出“代理家长”制。鸣玉镇启动“代理家长”制做的第一步是全面建立留守儿童信息库，每学期开展一次调查，及时更新各方面情况，建立儿童成长记录，健全留守儿童档案。

所谓“代理家长”，就是让年龄合适的镇机关干部职工、村社干部和有帮扶能力的共产党员及社会有识之士，自愿与留守儿童组成“家庭”，做这些孩子的生活知情人、学习引路人和成长保护人。“代理家长”每学期要针对帮带儿童制订帮扶计划，定期与留守儿童及老师沟通，并且每学期接受两次心理教育专家的培训。目前，鸣玉镇412名无人管护的农民工留守儿童有了“代理家长”。去年底，南川区开始全面推广“代理家长”模式。

如今，“代理家长”的亲情关爱，在全国许多地方已经生根发芽。今年7月14日，来自安徽省淮北市烈山区妇联的8位“暑期妈妈”在古饶镇草庙村与农民工的留守儿童举行结对仪式。8位“暑期妈妈”把留守儿童接到城里，让孩子们度过了一个不再寂寞的快乐暑假。

重庆市精神文明办常务副主任李继才说，留守儿童问题不可能在短时间内彻底解决，但通过“代理家长”等关爱教育机制，可以为这些孩子创造良好的成长环境，让社会主义新农村更加和谐。

与同龄人相比，留守儿童少了一份来自父母的呵护与亲情，多了一份生活与成长的压力。因此，这些处于少年时期的留守儿童的健康成长，更需要社会各方面的特殊关心和爱护。这不仅关系到这些家庭的幸福稳定，还关系到社会主义新农村建设与和谐社会的构建。

（本报实习生贺婷）

社会支持从性质上可以分为两类：一类为客观的、可见的或实际的支持，包括物质上的直接援助和社会网络、团体关系的参与等；另一类是主观的、体验到的情感上的支持，即个体在社会中受尊重、被支持、理解的情感体验和满意程度，与个体的主观感受密切相关。①

社会支持从内容方面可以分为四种：一是工具性支持，指提供财力帮助、物质资源或所需服务等；二是情感支持，涉及个体表达的共情、关心和爱意，使人感到温暖与信任；三是信息性支持，提供相关的信息以帮助个体应对当前的困难，一般采用建议或指导的形式；四是同伴性支持，即能够与他人共度时光，从事消遣或娱乐活动。②

从社会支持的主体来看，社会支持可以分为正式支持与非正式支持，前者是指来自正式社会系统如政府与各种正式组织机构的支持，非正式支持指源自个人社会关系网络如家人、亲友、邻居、伙伴等的支持。

良好的社会支持有利于身心健康。对于在学校场域中处于不利处境的学生弱势群

① 汪向东等. 心理卫生评定量表手册[M]. 中国心理卫生杂志社，1999：128.

② 刘晓，黄希庭. 社会支持及其对心理健康的作用机制[J]. 心理研究，2010(1).

体而言，及时、可靠、全面的社会支持对其身心健康发展的作用大致体现在两个方面，即一般情况下的增益作用和应激状态下的缓冲作用。具体说来包括以下三个方面[①]：

(1) 社会支持能够满足学生归属和尊重需要，帮助学生建立恰当的自尊，促进学生产生较多的积极情绪体验，提高学生的适应能力和主观幸福感。

(2) 社会支持能够为学生提供较为丰富的信息资源，有助于学生对日常生活事件的认识、理解和应对，避免不恰当的行为方式。

(3) 社会支持在一定范围内能够为学生提供恰当的人力和财物资源，有助于提高其应对突发事件的能力和自信心。

关于社会支持的增益和缓冲作用已经得到了许多实证研究的证实。有研究发现“社会支持水平不同的初中生在学校适应的质量上存在显著差异，高支持水平学生的适应质量显著高于低支持水平学生的适应质量，高支持水平的初中生表现出较少的内化问题行为和外化问题行为，孤独感较低，学习成绩较好，同伴的评价更高，对学校的态度也更为积极。”[②]

“代理家长”的亲情关爱向学生提供较为丰富的情感支持和信息支持，让留守儿童在缺乏父母情感关怀的情况下，从其他主体方面得到情感的补偿，满足其安全需要、归属和爱的需要，对于维护和促进留守儿童的心理和精神的健康发展具有显著价值。这种做法值得各地方和学校借鉴和推广。

① 佟雪峰.中小学生弱势群体的社会支持[J].现代教育科学，2012(4).

② 李文道，邹泓，赵霞.初中生的社会支持与学校适应的关系[J].心理发展与教育，2003(3).

# 参考文献


[1] 唐凯麟等.伦理学纲要[M].长沙:湖南人民出版社,1985.
[2] 林崇德.品德发展心理学[M].上海:上海教育出版社,1989.
[3] 理查德・哈什等著.傅维利等译.道德教育模式[M].北京:学术期刊出版社,1989.
[4] 任顺元.奇妙的教育心理效应[M].北京:教育科学出版社,1990.
[5] 魏英敏.新伦理学教程[M].北京:北京大学出版社,1993.
[6] 唐凯麟,龙兴海.个体道德论[M].北京:中国青年出版社,1993.
[7] 鲁洁,王逢贤.德育新论[M].南京:江苏教育出版社,1994.
[8] 鲁洁.德育社会学[M].福州:福建教育出版社,1998.
[9] 马忠虎.家校合作[M].北京:教育科学出版社,2001.
[10] 郭德俊.小学儿童教育心理学[M].北京:中央广播电视大学出版社,2002.
[11] 张向葵,刘秀丽.发展心理学[M].长春:东北师范大学出版社,2002.
[12] 魏薇等.中外教育经典案例评析[M].济南:山东人民出版社,2005.
[13] 中国教育学会小学德育研究会编.春泥护花:小学德育实践案例选[M].广州:广东教育出版社,2005.
[14] 唐汉卫,张茂聪.中外道德教育经典案例评析[M].济南:山东人民出版社,2005.
[15] 高国希.道德哲学[M].上海:复旦大学出版社,2005.
[16] 乔建中.道德教育的情绪基础[M].南京:南京师范大学出版社,2006.
[17] 潘慧芳.走进德育课堂——小学《品德与生活》《品德与社会》课堂教学百例[M].南京.江苏教育出版社,2006.
[18] 崔宜明.道德哲学引论[M].上海:上海人民出版社,2006.
[19] 张传有.伦理学引论[M].北京:人民出版社,2006.
[20] 徐向东.自我、他人与道德[M].北京:商务印书馆,2007.
[21] 尧新瑜.道德课程论[M].徐州:中国矿业大学出版社,2007.
[22] 朱成良.经典教育案例与评析[M].苏州:苏州大学出版社,2007.
[23] 王耘,叶忠根,林崇德.小学生心理学[M].杭州:浙江教育出版社,2007.
[24] 杨韶刚.道德教育心理学[M].上海:上海教育出版社,2007.
[25] 陈德华.教学中的心理效应[M].上海:上海教育出版社,2009.
[26] 李霞.中外德育比较研究[M].武汉:湖北人民出版社,2009.
[27] 王华兴,黄中伟.主体性德育:思考与行动[M].上海:上海科技教育出版社,2009.
[28] 冯建军.教育哲学[M].武汉:武汉大学出版社,2011.
[29] 黄永明.牵着孩子的手,慢慢走——中小学德育案例集[M].宁波:宁波出版社,2013.
[30] 蒋一之.品德发展与道德教育[M].杭州:浙江大学出版社,2013.